本书系国家社会科学基金西部项目"西北困境儿童抗逆力生成及福利服务研究"（项目编号：17XSH014）阶段性成果；教育部人文社科规划研究一般项目"长期患病家庭抗逆力生成机制及提升研究"（项目编号：15YJA840016）阶段性成果。

　　本书获西北大学学术著作出版基金资助。

抗逆力

留守儿童研究新视角

KANGNILI   同雪莉 著

Liushou Ertong

Yanjiu Xinshijiao

中国社会科学出版社

图书在版编目（CIP）数据

抗逆力：留守儿童研究新视角/同雪莉著. —北京：中国社会
科学出版社，2017. 11
ISBN 978 - 7 - 5203 - 1606 - 4

Ⅰ. ①抗… Ⅱ. ①同… Ⅲ. ①农村—儿童教育—研究—
中国 Ⅳ. ①G61

中国版本图书馆 CIP 数据核字（2017）第 284390 号

出 版 人　赵剑英
选题策划　刘　艳
责任编辑　刘　艳
责任校对　陈　晨
责任印制　戴　宽

出　　版　中国社会科学出版社
社　　址　北京鼓楼西大街甲 158 号
邮　　编　100720
网　　址　http://www.csspw.cn
发 行 部　010 - 84083685
门 市 部　010 - 84029450
经　　销　新华书店及其他书店

印　　刷　北京明恒达印务有限公司
装　　订　廊坊市广阳区广增装订厂
版　　次　2017 年 11 月第 1 版
印　　次　2017 年 11 月第 1 次印刷

开　　本　710×1000　1/16
印　　张　21
插　　页　2
字　　数　322 千字
定　　价　88.00 元

序言一

在世界范围的儿童研究中，中国农村的留守儿童是特殊的一群。全国有留守儿童 6102.55 万，占全国儿童总数的 21.88%。其中，单独居住的留守儿童高达 205.7 万。[①] 他们有特殊的家庭，有特殊的学习环境，最重要的是，他们在自己成长过程中，在还未有足够的经验以及能力去面对特殊的风险时，风险已经出现或者潜伏在他们身边。他们是联合国儿童基金会指出的生活在风险中的特殊弱势群体，对他们的研究，是近几年中国儿童研究中的重大议题。围绕这个重大议题，社会学、社会工作、社会福利、社会政策、心理学、教育学等学科都展开了研究，但成熟的、有影响的、能够直接支持社会工作服务方案的研究成果还很少。

同雪莉在大量的文献回顾基础上，结合西部某农村地区的前期调查，认真思考了以下几个核心问题：

（1）同样遭遇逆境，缘何一些儿童能够适应良好而其他却不能？传统的心理治疗注重挖掘个案儿时的负面经验，强调父母的失败。而精神健康专业领域一向过度关注病理学，其临床训练也更多为症状如何做出诊断，却很少关注个体功能健全的部分。现在学者们的发现使得从积极心理学的视角解释人的行为成为可能。积极心理学的问世设定了发现潜能，积极应对的思路，为正面解释个人成长提供了理论支持。

（2）抗逆力理论（resilience）的提出是否为个体或组织在困境中

---

① 《我国农村留守儿童、城乡流动儿童、状况研究报告》，全国妇联，2013 年。

的成长提供了一个理想的理论假设？通过研究她发现，抗逆力理论不仅仅是困境中个人成长的假设，也推进了人本主义心理学理论中关于个体潜能假设的现实检验。抗逆力的分析架构在临床医疗与社会服务领域具有重要的意义，抗逆力意味着抗压、克服危机与承受漫长困境的能力。强调抗逆力取向的服务模式与专注缺陷的服务模式相反，它着重于激发个体的力量和潜能来应对挑战，抗逆力不仅要应付或解决问题，还包括正面转化与成长。如家庭在建立关系的抗逆力时，会形成更强的联结，以求有效面对未来的挑战。因此抗逆力架构下的服务模式同时包含了预防的效益，并教会实务工作者如何对潜能进行辨识和激发。

（3）消除外部风险研究的有效性和有限性在哪里？与积极心理学及抗逆力的理论相比，病理取向研究的理论逻辑往往认为，只要消除造成服务对象问题困扰的外部风险，就能够使问题获得改善。然而这样的理论取向其实存在逻辑问题：第一，造成服务对象困境的风险因素，并没有造成所有人陷入相同的困境，但我们很少探究究竟原因何在。第二，找到形成问题的原因，不等于就找到了解决问题的办法。例如，我们知道留守儿童存在的孤独、抑郁、行为失范等问题与父母教育缺失有关，但实际上无助于这些留守儿童的孤独应对或问题行为的改变。第三，个人改变动机不仅仅是受到自身心理认知历程的影响，结构性的影响其实更为关键。纵观相关研究不难发现，改变动机是影响个体处遇成效的关键因素，因此融合生态系统的观点，将能够更好协助服务工作者更准确地理解服务对象为何改变或不改变。

雪莉基于对上述问题的思考，采用抗逆力理论和生态系统理论建立本书的分析框架，探讨西部某地留守儿童由于亲子分离导致的家庭养育功能低下甚至缺失，分析留守儿童面临着比其他儿童更多的风险压力，指出由于家庭关系不良、亲子沟通困难等留守的继发风险使得留守儿童需要面对更多的逆境。然而，同样身处逆境之中，缘何有些个体能够发展良好甚至优秀？这是抗逆力研究的核心课题，对于留守儿童研究来讲，是哪些原因导致了他们的成功抗逆？这些因素如何作用于他们的抗逆过程？也是核心问题之一。她旨在探索留守儿童抗逆力的生成机制，并进一步探索针对留守儿童抗逆力提升的培育机制。

她的研究采用定性与定量相结合的多元研究方法，从留守儿童成长发展的生命周期视角，引入生态系统论的观点，探索留守儿童抗逆力的生成机制。在定性分析部分，将留守儿童生态系统分为微系统、中系统和外系统，分析每个系统中影响留守儿童成功抗逆的因素。在定量分析部分，将抗逆力（因变量）操作化为认知适应、学业适应和心理适应，自变量则是三个系统中的影响因素，用以对不同系统中定性分析结果进行验证。

她发现：留守儿童微系统是其抗逆力生成之核心，包括生物系统、心理环境及社会认知。生物系统决定了抗逆力生成的物质基础，其中开始留守年龄和性别是影响抗逆结果的重要因素。心理环境中依恋关系、自我概念及解释风格是影响留守儿童抗逆力生成的心理基础，拥有安全的依恋关系、高自尊、高自我复杂性及现实的自我差距能有效调节留守儿童的抗逆过程；积极情绪和乐观信念能帮助留守儿童自主应对压力、迎接挑战；留守儿童的自利归因偏向是其抗逆力的有效反应机制，而他们对外部社会支持的感知水平则是成功抗逆的重要保护。

留守儿童中系统对其抗逆过程具有重要缓冲功能，其中包括来自家庭及扩大家庭的缓冲、代偿作用。留守儿童家庭子系统对其缺失的家庭功能具有重要弥补作用；明确的家庭规则能提供给留守儿童边界意识，促进儿童自我独立性及归属感的形成；良好家庭关系有助于留守儿童乐观品质的培养；清晰坦诚的家庭沟通能帮助留守儿童习得压力应对策略，有效缓冲风险逆境的消极作用。扩大家庭往往是留守儿童留守期间的代理监护人，这些亲缘性自己人提供的安全依恋关系、明确的监护责任及社会学习榜样示范都能有效补偿留守儿童家庭功能的缺失，并通过对效能感与归属感的提升促进抗逆力的生成。外系统是留守儿童抗逆力的远端资源保护机制，学校教育中良好的师生关系有助于留守儿童学校归属感的获得，积极适当的教师期望有助于留守儿童学业效能的激发；同伴网络是青春期留守儿童自我认同的外群体资源，邻里社区的良好互动则有助于留守儿童安全感的满足。

　　基于实证研究她得到如下发现：抗逆力是个体与其生态系统交互作用的结果，当留守风险作用于儿童，儿童原本平衡状态变为失衡，此时环境中的保护资源如果能够及时提供足够的缓冲和保护，留守儿童便可成功抗逆，抗逆力得到生成与发展，但当环境中的支持保护不足以应对留守风险带来的压力时，则会抗逆失败，儿童抗逆力也无从得到生成与发展。另外，抗逆力存在情境共通性与情境特异性两类特征，安全依恋、高自尊等能促成抗逆力情境共通性部分的发展，而留守年龄、家庭子系统功能等则能促成留守情境下的抗逆力生成与发展。由此她深化了中国农村留守儿童的研究，丰富了抗逆力的理论，建立了三个层次的生态系统与抗逆力的关系，构建了留守儿童的抗逆力—生态系统模式。

　　雪莉是一个具有积极学习取向的学生。主动性是博士生非常重要的特质。她刚刚入门时就积极和我沟通，以便确定自己研究方向。我一直认为博士生学习期间研究选题是一个大学问，一是要有创新性，二是要有意义，三是要能结合博士生期间的研究，形成未来五到十年的研究方向。好的选题才能给一篇好的博士论文打下基础。在分析了她的背景和本领域的发展后，我认为她有良好的心理学背景，长期开展针对青少年的心理咨询服务；其次我通过文献回顾和国际会议，发现国内开展抗逆力研究的学者很少，这是一个值得研究的领域；三是我当时带领团队在相对来说较为丰富的前期研究基础上，设计提升儿童抗逆力的社会工作服务方案，开展针对城市低收入社区外来务工人口子女的社会工作服务。本着教学—实务—研究一体化的 TPR 原则，我推荐她向这个方向发展。她执着地钻研，勤于思考，一步一步地完成博士论文调研和资料分析。她提出的留守儿童的抗逆力—生态系统模式具有理论发展和实务推动两个方面的重要意义。

　　基于博士论文的研究和博士论文有共同的地方，也有不同。博士论文完成是一个句号，好的博士论文还可以发展成为更大规模的研究。恭喜雪莉在博士论文研究的基础上获得 2017 年国家社会科学基金的资助，在形成自己学术特色、学术贡献以及学术团队的路上有了新的平台。建议未来的研究可以注意以下几个方面：抗逆力理论与其

他理论的整合和发展，中国学者贡献是什么？化解西部留守儿童生活
风险，文化和制度保护因子有哪些？提升西部留守儿童抗逆力的对策
和服务，社会福利制度能够支持什么？

　　读博士不易，在职读博士更不易，在职女老师读博士更多不易。
一些人比我们优秀，在起跑线上抢到更好位置和时间的人，但不一定
能够跑到人生马拉松的终点。一些人比我们有天赋和机遇，早就学有
所成，但不一定服务弱势有所贡献。好的研究不仅仅在于个人好的起
点、天赋和机遇，还在于不断学习和努力前行。天开教泽，吾道无
穷。美美与共，天下大同。共勉。

彭华民

2017 年 8 月 6 日南京仙林

序言二

　　本书属于社会学、心理学领域的专业新著，其中的相关主要内容获得了国家哲学社会科学基金和教育部人文社会科学项目的资助。这些来之不易的高水平项目支持，从一个侧面说明了该研究的成功并不是偶然的。因此，我十分乐意为本书作序。

　　这本《抗逆力：留守儿童研究新视角》新著具有以下几个显著特点：

　　一、研究选题介入了当代学术前沿领域，不仅具有重要的学术价值，而且具有现实启发意义。

　　风靡十来年的积极社会学、心理学以其独特的研究视角和方法曾经吸引过全球人的目光。积极社会学和积极心理学打破了长期以来学术界过多关注心理障碍的传统模式，倡导社会学要实现从消极被动向主动积极的模式转换，通过激励人类的积极力量和品质，实现人类的幸福与发展，被誉为是"当代国际社会学界的第四次浪潮"。积极社会学和心理学的目标是完成视角的转变，也就是从只关注于修复生命中的问题，到同时致力于建立生命中的美好品质。着重研究个体积极的主观体验、幸福感和满足（对过去）、快乐和幸福流（对现在）以及希望和乐观主义（对未来），探索、理解、开发并培养人类自身所具有的潜在优势，而不仅仅局限于启发人们避免自身的不足与劣势。

　　抗逆力的概念提出几乎是与积极心理学的发展相伴而生，它的核心问题就是同样遭遇逆境，缘何一些人能够适应良好而其他却不能？半个世纪以来的研究发现使得从积极心理学的视角解释人的行为成为可能，也为困境中的个体成长提供了一个非常理想的理论假设。抗逆力理论来到中国时间并不久远，也就十多年的发展历程，但无论我国学者对 resilience 一词如何界定，抑或如何将之应用于不同群体的干预设计，都无法掩饰这种优势取向的解释逻辑对理解人的贡献。

二、对国际上新的前沿热点问题，在理论上不仅开展了有深度的探讨总结，同时进行了"接地气"的本土化服务模式探索。

抗逆力概念的提出为积极取向的弱势群体发展研究提供新的视角，因此很快得到众多学者的关注。迄今为止，有关抗逆力究竟何以产生及发展，学者们也提出了众多的观点，如抗逆力的行为目标模型、层次策略模型、抗逆力作用机制模型、抗逆力运作过程模型等。但究竟抗逆力在弱势群体发展中如何产生，它是一种特质、过程、能力、还是一种策略机制？为此学者们也是众说纷纭。但就目前研究结论而言，抗逆力与个体内在固有特质有关，是在个体与外部环境的交互作用中完成抗逆过程的，而这种交互作用的效果又同时受到个体内、外部生态环境的交互促进或抑制，这些已经成为大家的共识。但这些内容究竟如何作用于抗逆力的生成，仍旧是很多学者孜孜以求之的。作者用生态系统理论很好地整合了目前研究中呈现出的碎片化现状，将研究对象放置于其所处生态环境之中进行考量，无论对抗逆力理论的发展还是更好地理解人的主观能动性都具有积极的意义。为此，她研究中所得出的结论也更能客观完整地解释留守儿童这一弱势群体的抗逆力生成过程。

抗逆力研究终极目的是为了更好地为弱势群体提供服务，尤其在个体所处生态系统之中的针对性服务模式探讨。目前，不同学科对抗逆力的研究取向仍各有侧重，社会工作专业更多注重环境中的保护因素与个体保护因素之间的交互作用，更强调服务对象受环境结构的压迫，或对抗生存困难的充权取向，更强调社会工作者应该要反身性地思考自己对服务对象持何种看法；而心理学背景的研究中更为注重心理认知取向，注重服务对象的理性与潜能，探索个体层面的具有抗逆功能的特质培育；医学领域研究则更注重对服务对象的干预，包括心理和药物干预，主要作用于各类疾病患者和药物成瘾人口。不同学科的服务侧重点不同，作者对留守儿童的抗逆力培育路径探索比较微观具体，可操作性强，在目前精准扶贫背景下更适合于儿童切身利益的发展。

三、在研究方法上的学术实践创新，是本书的另一个重要特点。方法创新是学术研究的灵魂。本书在积极借鉴当前国际上兴盛的质化叙事方法的基础上，对农村留守儿童开展了深度访谈研究。

后现代的建构主义思潮为积极心理理念下的质化叙事提供了理论依据。与现代实证主义的观点不同，建构主义打破传统的主客二元对立观点，认为不存在抽象的客观真理，而只有在特定情境下个体建构的真实。个体对外部事件意义的赋予和自主建构的结果是真正影响个体的内在"事实"，而个体如何对外部事件进行建构和赋予意义则是其抗逆力形成的关键。人所共知，农村留守儿童是在"三农"问题的宏观背景下产生的，由于亲子分离导致的家庭养育功能低下甚至缺失，留守儿童面临着比其他儿童更多的风险压力。他们如何对所处环境进行建构，是父母的抛弃，抑或无奈之下的选择？尚处认知发展之中的他们要如何对所处逆境赋予意义，是成长中的淬炼，抑或为家庭经济改善挑选的牺牲品？他们的主观事实又如何作用于他们面对逆境中的选择，是主动应对，抑或被动逃避，或习得性无助中"随它去"？他们的应对方式又塑造了怎样的结果，是学业进取，抑或心理退缩，或失范行为？

作者在对这些问题的思考下，开展了对留守儿童及其监护人的深度访谈，从留守儿童微系统、中系统和外系统三个层次对留守儿童抗逆力的生成机制进行探索，并对这些影响因素的作用效力进行实证检验，将定性研究与定量验证结合，得出了一系列很有价值的研究结论，并据此提出对留守儿童基于抗逆力提升的培育路径。

作者的研究虽然是基于对留守儿童的抗逆力生成机制的探索，但这种研究方法也为其他弱势群体抗逆力生成逻辑的深度探索提供了一种思路。事实上，目前国内外对抗逆力的研究已经广泛应用于各类弱势群体，如长期患病家庭、同性恋家庭子女、AIDS 患病儿童、精神疾病患者家庭、残疾儿童及家庭等等，并且得到了比较丰硕的研究成果。将作者的质化叙事研究方法和生态系统论的研究框架应用于其他弱势群体的研究中，能够为我国弱势群体抗逆力研究开拓一个新的思路，必然也能得出更多有价值的研究成果。

我与本书作者同雪莉博士偶然在三年前的一次学术会议上相识，无意中听到她在做抗逆力方面的博士论文，还了解到她承担民政部和李嘉诚合作进行的女村官培训项目，还对长期患病家庭的抗逆力问题开展了学术访谈研究，内心非常感动。在目前学术界研究风气浮燥的形势下，我亲眼看到了一位研究视野开阔、学风严谨扎实、吃苦耐劳、勇于拼博的年轻学术新秀在奋进成长。她的这种研究风格，不仅值得年轻一代人努力学习，而且是我们这些年富力强的中老年学者需要认真借鉴的可贵品质。

中国心理学会理论心理学与心理学史专业委员会副主任、
陕西师范大学心理学院博士生导师霍涌泉谨识
2017 年 6 月于古城西安

目　　录

第一章 导论

逆境教会人们学习适应，并为生命留下诸多印记。大多数经历过创伤的孩子会把记忆封存，压抑恐惧，随后会感受到痛苦，甚至可能持续一生。他们可能会有不同程度的身体症状，伴随着焦虑与压抑；他们可能自信减少，社交退缩；他们也可能采取外化的路径，把恐惧和折磨摆在桌面上，让自己变得更具侵略性。创伤的余波就是对伤害的控制，他们控制内在的情绪，控制自己的身体，避免它们再次被伤害唤起；或者他们试图控制环境以逃避未来可能发生的再次伤害。个体的发展进程是无数内部、外部因素相互博弈的过程，其中先天气质、父母心理类型、社会模式、兄弟姐妹及同伴和老师的影响、支持性和创伤性的环境都在路径选择中发挥作用。它们相互改变着对方、改变着自己，以相对平衡的方式继续着适应之旅。

第一节 研究背景

一 民工潮与留守儿童

城市化、民工潮、农民工、留守儿童、社会转型、户籍制度等，这些概念似乎是相伴而生的，它们的出现各有早晚，然而它们作为一组相互关联的变量，频频出现于学者们的视野中，却也是近 20 年的历史。

其实，农村人口的"外流"现象在我国向来不绝如缕，他们的存在也为我国农村的教育、经济、社会、文化等的发展带来了深刻的影响。现有的研究多认为从 20 世纪 80 年代，也就是改革开放以来，中国出现了历史上独有的民工潮现象。历史学家池子华①专门考察了我国历史上的"民工潮"现象，发现在20世纪中叶就出现了民工潮现象，并且这种现象并非中国独有。

当然改革开放对于民工潮的促进作用不容忽视，尤其是20世纪90年代以来，城市经济的快速发展和我国户籍管理政策的松动使得民工潮在规模上出现了前所未有的强劲势头。据国家统计局发布的每年"全国农民工监测调查"数据显示，农民工的数量一路攀升，2014年全国农民工达27395万人，其中持续6个月以上、工作于本人户口所在城镇之外的农民工为1.68亿人，而在本城镇内从事非农业务工或经营活动并持续6个月以上的本地农民工也有1亿多人（10574万人）。

如表1.1所示，我国外出农民工包括了住户中外出农民工和举家外出农民工两类。住户中外出农民工是指家庭中的成员（一个或多个）离开户口所在地进城务工，而其他家庭成员仍留住家中的家庭结构变化形式，而举家外出农民工则是指虽然离开其户口所在地，但是并没有因此而带来家庭结构的变化。

表1.1　　　　　　　　　　农民工规模　　　　　　　　　单位：万人

	2010年	2011年	2012年	2013年	2014年
农民工总量	24223	25278	26261	26894	27395
1. 外出农民工	15335	15863	16336	16610	16821
（1）住户中外出农民工	12264	12584	12961	13085	13243
（2）举家外出农民工	3071	3279	3375	3525	3578
2. 本地农民工	8888	9415	9925	10284	10574

资料来源：2014年全国农民工监测调查报告，国家统计局。

我国外出农民工从绝对数量上来看可谓庞大，但受各种条件限制，能够举家外出的农民工大约只占到总数的五分之一。也就是说，

---

① 池子华：《中国"民工潮"的历史考察》，《社会学研究》1998年第4期。

八成左右的农民工无法做到举家外出，所以他们选择了与家人的暂时性分离。正因为这种居住方式上的"空间分离"，使得农村产生了数量庞大的农村留守老人、留守儿童、留守妇女，也被大家戏称为"99、61、38 部队"。

所谓留守儿童，在现有的大多数文献中，都指父母或者其中一方流动到其他地区，孩子仍留在户籍地，因此无法与父母双方共同生活的儿童。他们中可能是父母均外出打工，也包括只有父亲或者母亲其中一方出去打工的；他们有些与爷爷奶奶、姥姥姥爷生活在一起，有些与兄弟姐妹一起生活，也有些托付给亲戚抚养，还有较少数则自己独立生活。有些文献中将他们的年龄限定于 0—14 岁，也有文献将其统计到 18 岁以下，而在政策文件中则将留守儿童年龄定义为 16 岁以下。他们的父母外出时间多被定义为半年以上，但对于曾经留守而目前属于非留守状态的儿童不被列入留守儿童的研究范围之内。

相对于农民工的庞大规模，留守儿童到底是一个怎样的群体？目前文献中使用的数字多为学者们的抽样调查之后推算出的结果，因此差异也颇大。其中被大家频繁引用、最为权威的数字是全国妇联根据 2010 年全国第六次人口普查数据为样本而统计得出的：我国农村留守儿童超过 6100 万人（0—14 岁）。这个数据与 2016 年民政部公布的摸底排查数据相去甚远，全国摸底排查出留守儿童 902 万，其中由祖（外）父母监护的有 805 万，占 89.3%；由亲戚朋友监护的有 30 万人，占 3.3%，无人监护的有 36 万人，占 4%；另外，近 32 万名由祖（外）父母或亲朋监护的农村留守儿童监护情况较差，还有少数留守儿童辍学或尚未登记户口。学者估计数据远大于摸底排查的结果，源自摸底排查的筛选标准不包含父母其中一方外出，且儿童不存在生活困境的情形。留守带来的风险不仅仅表现为生活困境，在市场经济充分发展的今天，对于留守儿童来说，发展困境较生存困境则更为严峻。因此仅就亲子分离带来的风险研究对象中应该包括父母一方外出的所有儿童，因为对他们的社会化发展来说，父母中没有哪一方是多余的。

留守儿童进入大家的视野是自 2000 年"三农"问题被提出之后，

留守儿童作为"三农"问题的副产品而受到关注，尤其是 2004 年 5 月教育部召开"中国农村留守儿童问题研究"研讨会，成为留守儿童报道、研究、干预工作的重要推力。之后农村留守儿童研究从数量上得到迅猛增长，研究范围也从家庭教育、学校教育到个体发展，从学习问题、监护问题、行为问题、安全状况、到留守儿童人口特点、群体特征等。

近年来农村留守儿童作为一个弱势群体更是受到政府的关注。2016 年 2 月 14 日，国务院发布《关于加强农村留守儿童关爱保护工作的意见》，提出加强对留守儿童的干预与保护工作部署，如建立强制报告机制等具体举措；李克强总理专门强调，全社会要伸出援助之手，保障关爱农村留守儿童；民政部、教育部、公安部在全国范围内开展农村留守儿童摸底排查工作，并建立农村留守儿童信息库；更有新闻信息称外出务工父母对留守子女若只生不养，将担负法律责任。

二 "留守儿童"作为一个社会问题

"留守儿童"问题是在"三农"问题背景下作为一个社会问题而被提出的，所以从一开始对留守儿童的调查几乎都是为了揭示其负面信息，如他们大多成绩较差，相当一部分对学习没有兴趣，有部分人存在一定的心理问题或已经出现较为严重的心理危机，给农村社会稳定埋下隐患等。研究对这些问题的解释多从父母养育的缺失出发，如儿童成长发育的关键期缺少了父母的教育引导，缺少了父母情感上的关爱与呵护，缺失了亲子互动和价值观指引，因而容易产生认识上或价值上的偏离，或者个性发展不良，心理发展异常，甚至出现社会失范行为而走上犯罪道路。

农村留守儿童的确出现过一些令人惋惜的意外事件。仅在贵州省的毕节市，就有一系列让人心酸的故事。2015 年 6 月 9 日晚，贵州省毕节市 4 名留守儿童在家集体服药自杀身亡。最大的哥哥 13 岁，最小的妹妹只有 5 岁，报道中称父亲常年在外地打工，母亲被人拐跑。还有渐渐被人淡忘的：2012 年 11 月，毕节市 5 个男孩在冷雨的深夜躲进垃圾箱生火取暖，一氧化碳中毒，夺去了他们的生命，他们中最大的 13 岁，最小的 9 岁，全部是留守儿童。2013 年 12 月，毕节市 5 名儿童放学路上遭遇车祸死亡。2014 年 4 月，毕节市小学生遭教师强暴案发，至少涉及 12 名女生，她们中最小的年仅 8 岁，大部分是留守儿童。

单看上面的文字显然有太多的悲情色彩，然而这样的报道也最为牵动人心。留守儿童都面临着如此凄惨的困境吗？如果是，我国 6100 多万留守儿童的发展，将对我国表面的经济繁荣带来重创；如若不是，那么是否存在一些留守儿童，同样遭遇了与父母或一方的长期分离，但依然能够成长完好？

当然也有不少学者并不这么认为，他们觉得留守儿童只是一种生存状态，并非问题儿童，因此那些将留守儿童作为一个社会问题来对待的做法是夸张的，是对这一群体污名化了的，因此强烈呼吁不要对留守儿童污名化。

留守儿童生活境况到底如何？谭深[1]就在 2010 年之前的留守儿童调查状况中发现，农民工子女中约 75% 留守在家，但这些儿童中约有一半曾经存在流动的经历。并且父母会根据子女发展阶段选择外出打工与否，学前儿童留守率最高，而初中阶段许多家长选择了回家照顾。同时在进一步的研究中发现，留守儿童心理发展或学业发展与留守模式、父母离开时的年龄、父母分离时间、家庭经济状况等都有关系。而真正影响学业发展或心理问题的，往往并非由单一因素决定，更多是几类因素相互叠加并交互作用的结果，如研究中已经发现，留守模式中与父亲单独留守的儿童某些方面适应结果差于父母均不在家的情况，因为这种情况往往与家庭贫困有关，而贫困又与歧视或自卑相联系，这类儿童也是目前农村儿童中真正的弱势群体。

三　积极心理学与抗逆力视角

20 世纪前半叶，随着现代心理学的发展，学者们开始对各种形式的心理疾病原因进行探索。当时人们普遍认为个体所经历的压力/

---

① 谭深：《中国农村留守儿童研究述评》，《中国社会科学》2011 年第 1 期。

逆境是导致后期发展中的心理疾病和精神失调的重要原因，因此对个体的成长环境也给予了高度的关注。20世纪后半叶，有关危险/逆境经历的个体身心发展的影响研究迅速发展，探讨各种危险因素与心理行为问题的关系研究也成为学界的一个热点问题。然而正当大家致力于危险因素如何与心理不良适应的发展进行关联的同时，却忽视了另外一种现象：尽管有些人经历了严重的危险/逆境，但并没有发展为人们最初预期的身心障碍或不良适应，相反他们发展完好，甚至很优秀。积极心理学和抗逆力的概念也因此产生并逐渐成为学者们关注的焦点。

积极心理学最早由马斯洛在其《动机与人格》一书中提出，但直到1998年在美国心理学年度大会上，作为美国心理学会主席的马丁·赛里格曼（Seligman）明确提出将积极心理学的发展作为自己在任的一项重要任务，这时"积极心理学"这一名词才真正进入学者的关注视野。

现代心理学无论心理治疗或干预，在精神分析理论的强力影响下，总是给个体的早期生活境遇和发展给予了特别的关注，甚至随后的行为主义和人本主义的理论中，依旧赋予早期不良生活经历以更多消极的色彩。然而自从20世纪50年代积极心理学问世以来，赛里格曼建议不要将目光凝聚于生活中的问题或障碍，转而从个体的优势和资源的角度理解生活，理解个体，理解人的发展，这种理论视角的转向也为基于积极视角的心理干预带来了新的挑战。随着积极心理学的迅速发展，学者们对资源取向和优势视角的社会心理干预进行了不懈努力并取得了丰硕的成果。

积极心理运动主张通过对人们内在美德与活力的培养，充分发挥个体固有的潜力，促进个体和社会发展，帮助人们完成对幸福的追求。积极心理学与传统心理治疗的根本不同在于将关注点放在对个体良好品质或美德的发展，是一种预防性心理服务理念，而传统心理治疗关注引起个体不适的问题和症状，重在减少症状失调而非如何发挥个体积极功能。

积极心理学对心理现象的诠释视角与传统的科学心理学不同，它一改以往对心理症状的病理心理关注视角，将心理学的研究落脚在良好心理发展或心理健康的状态，旨在促进个体、群体及社会的完善发展以及自我实现目标的达成。因此积极心理学不仅强调逆境中的人们如何获得生存与发展，更要帮助原本发展良好的个体如何获得高质量的生活，也即变得更好的追求目标。因此，积极心理学的发展，为后现代的心理治疗与干预工作提供了一个全新的视角。

抗逆力（resilience）研究几乎与积极心理学的发展并驾齐驱。抗逆力概念的提出源自加梅齐（Garmezy）等人对生活于危机情境中的儿童的纵向研究。他们发现同样生活在危机环境中的个体有一部分得到了良好的适应，并不像传统发展心理学和精神病学所认为的早期不良生活事件必然导致不利的后果。因此学者们认为这些儿童具有能够战胜困难或不为逆境所折服的力量——抗逆力。从此有关抗逆力的研究开始出现并在半个世纪后的今天有了繁荣之势。

抗逆力的研究历程大约经历了四次浪潮[①]。从第一次浪潮中对韧性儿童保护性因素的探索、第二次浪潮中对抗逆过程变量的描述、第三次浪潮对抗逆力的应用研究，到第四次浪潮中对抗逆力生态研究的视角转换，都在致力于回答一个问题：缘何有些人可以发展良好？国内抗逆力研究时间要短一些，在近二十年学者们共同努力之下，如今已经取得了相对丰硕的成果。不论研究在国内国外抑或哪个发展阶段，抗逆力研究对弱势群体中积极因素的关注视角却从未改变。

关于留守儿童研究的积极取向近年内也层出不穷。胡心怡[②]在对儿童心理健康与生活事件关系研究中发现，整体上非留守儿童压力水平低于留守儿童，但他们在心理健康各指标上没有显著差异。他们认为，虽然父母外出打工对留守儿童来讲是一个不利生活事件，但并未直接作用于心理健康，其间有其他保护性因素在起作用，如经济状况，父母、老师、同伴的社会支持，以及自身的积极应对方式等都在

---

①　Masten A. S., "Resilience in developing systems: progress and promise as the fourth wave rises", *Journal of Development and Psychopathology*, Vol. 19, No. 3, 2007.

②　胡心怡：《生活压力事件、应对方式对留守儿童心理健康的影响》，《中国临床心理学杂志》2007 年第 5 期。

起着调节作用，与非留守儿童相比，留守儿童生活自理能力更高，因为需要照顾其他兄弟姐妹，部分儿童还表现出更多亲社会行为，为此获得周围人的认可，从而他们社会支持网络也得到拓展。

另外，虽说父母的外出打工改变了家庭本来的抚育结构，但这并非意味着家庭完整性的破坏，也没有改变儿童对家庭的认同。农村的亲缘关系给留守的孩子提供了可利用的社会资本，当家庭结构发生变化，其扩大家庭会围绕"抚育"中心，按照由亲至疏或由近及远的差序格局，形成以血缘或亲缘为基础的社会性抚育模式，用以弥补核心家庭亲子关系在时空分离作用下的情感缺失①。

总之，留守儿童的出现是"三农"问题的一个副产品，相对非留守儿童，他们的生存环境中面临着更多的压力风险，而报道中的留守儿童适应状况也使得他们成为一个社会问题受到学者的关注。积极心理学和抗逆力的研究视角为留守儿童问题研究提供了另外一个视角，有些留守儿童适应良好甚至更好，为什么？这也是本书想要探讨的话题。

第二节　研究对象与研究问题

一　概念界定

（一）留守儿童

"留守"这一概念自古就有，中国古代"留守"是指士官留在原地担任守卫，联系工作，因此它作为官名而使用，也指部队离开原驻地时留下少数人担任守卫、联系工作。20 世纪 90 年代，我国城市"出国热"流行，留守被用来指夫妻中一方出国另外一方在国内抚育孩子、赡养老人，后来扩展为"留守家庭""留守子女""留守孩子"等。

"留守儿童"早期专指父母出国的隔代抚养的孩子（1995 年之前），后来随着城市化的进程，其概念转换为父母外出打工在农村留守的孩子，或寄养在亲戚朋友家里的孩子。学界目前对留守儿童的概

---

① 姜又春：《家庭社会资本与"留守儿童"养育的亲属网络——对湖南潭村的民族志调查》，《南方人口》2007 年第 3 期。

念仍存在较大争议：一是对留守儿童年龄的界定，遵循国际通行标准（《联合国儿童权利公约》中将儿童年龄界定为 18 周岁以下），留守儿童年龄应定为 18 周岁以下，但也有很多文献将年龄限定为 14 周岁、16 周岁、17 周岁以下等；二是对留守儿童生活区域的界定，根据概念本身含义，生活在城市或农村的留守儿童都应包含在内，但目前文献中多专指农村留守儿童，并未将城市留守儿童包含在内；三是对留守儿童抚养情况的争议，目前多数文献将父母其中一方单独抚养视为留守儿童，但也有文献强调父母均不在家的抚养状况下才可视为留守儿童；另外就留守时间也存在争议，如父母短期外出的情况是否视为留守儿童，曾经的留守儿童现在已经摆脱留守状态可否视为留守儿童，等等。

因此，本书将"留守儿童"界定为农村中父母或者其中一方流动到其他地区，儿童仍留在原户籍地，因此无法与父母双方共同生活的儿童。留守模式包括父母双方都不在家、父亲或母亲一方不在家；儿童共同生活对象包括父亲或母亲一方，或爷爷奶奶、姥姥姥爷等其他扩大家庭成员，也包括寄养在亲戚家、住校、独立生活、与兄弟姐妹共同生活的留守儿童。留守时间是评定留守与否的另外一个重要指标，本书沿用多数研究中对留守时间 6 个月以上的定义，并依我国政府文件将儿童年龄限定为 16 周岁以下。

（二）抗逆力

抗逆力的概念及其内涵在近四十年的研究中不断发生着变化。西方文献中 Resilience 一词源自拉丁语 resilie，是"跳回"的意思，而英文中的 resilience 一词含义丰富，本义有"回弹性、跳回、弹能"等含义，形容具体物体的性质和运动状态，常用于自然科学（如物理学等）研究中，后来被引申为恢复力、复原力、弹性等，更多与人的情绪及健康相联系。

对抗逆力的定义，由于不同学者的知识背景和研究领域不同，因此其概念也有很大的变化，目前尚没有比较一致的看法。国内学者的翻译也有抗逆力、心理弹性、心理韧性、复原力之说。目前国内心理学文献中多使用"心理弹性"，而在社会学研究中则多用"抗逆力"，缘于心理学研究中多从抗逆个体的特殊特质的角度对 resilience 进行解释，而社会学中更多将 resilience 定义为一种能够促使个体得到良好发展的能力①，并多从生态系统的角度对抗逆力进行理论发展和干预路径的探讨。自 1950 年布劳克（Block）首次提出抗逆力（ego-resiliency）概念②之后，学者们对抗逆力的定义大致有三种观点："特质说""结果说"和"过程说"。

特质说的概念提出源于精神病理学视角下对严重生活逆境中的儿童研究。学者们发现，即便生活于贫民窟并暴露于其他逆境如离婚、酒精滥用或精神疾病等严重风险环境中的个体，有部分人长大之后并没有发展出人们所预期的行为不良或心理障碍，反而他们适应良好，因此认为这些人身上具备他人所不具有的独特特质，使其在逆境之中仍能"刀枪不入"③。基于特质说的概念，研究倾向于对影响个体成功抗逆的特质进行探索。结果说则从个体"适应结果良好"这一角度对抗逆力进行定义④，他们更多关注怎样的结果可称为"适应良好"。而过程说则是随着生态系统理论的发展而提出，认为抗逆力是一种具有流变性质的能力，能在压力后进行反弹，并且受情境制约，即在特定情境下具有而其他情境并不具备，也就是说，取决于人与环境交互作用的结果⑤。

综合上述抗逆力的概念，抗逆力需具备以下几点：

生活事件是抗逆力的产生前提。抗逆力概念的基本前提就是生活

---

① 彭华民、刘玉兰：《抗逆力：一项低收入社区流动儿童的实证研究》，《中国教育学刊》2012 年第 4 期。

② Block J. H. and Kremen A. M. , "IQ and ego-resiliency: conceptual and empirical connections and separateness", *Journal of Personality and Social Psychology*, Vol. 70, No. 2, 1996.

③ Connor K. M. and Davidson J. R. T. , "Development of a new resilience scale: the Connor-Davidson Resilience Scale (CD-RISC)", *Journal of Depression and Anxiety*, Vol. 18, No. 2, 2003.

④ D'lmperio, R. L. , "Factors related to resilience for adolescents facing chronic adversity in an urban setting", Paper Presented at the Seventh Annual Meeting of the Society for Prevention Reseaceh, New Orleans, LA. 1999.

⑤ Rutter M. and Silberg J. , "Gene-environment interplay in relation to emotional and behavioral disturbance", *Journal of European Psychiatry*, Vol. 53, No. 1, 2002.

事件的发生，此时个体需要发展出适应的保护性因素以减少生活事件产生的影响，或者以消极应对的方式使个体重新恢复新的平衡状态。

抗逆力的结果必定是适应良好。结果是发生在对前提出现之后的抗逆力终点，抗逆力结果被表示为面对逆境之后的有效应对和身心健康的结果。许多文献中将抗逆力结果描述为整合、自我控制、心理调适、个人成长和有效应对等，也有人从发展心理学的视角将这种适应结果描述为儿童和青少年完成适当年龄的发展任务如学习读写技能、入学、与同伴的互动、形成积极的行为习惯或积极的结果等。

（三）生成机制

《现代汉语词典》中"生成"，是产生、形成的意思；而"机制"在语义学上有四层含义：（1）机器的物理构造或工作原理；（2）有机体结构、功能及相互关系；（3）物理、化学中的自然现象或规律；（4）泛指系统内部各要素间相互作用过程或方式。本书对上述四层含义进行综合，将"机制"定义为事物及其各要素间交互作用的方式、过程、规律及原理。生成机制指事物的发展变化过程中，受哪些因素影响？因素之间是如何相互作用或相互制约的？文章运用系统分析的方法，将抗逆力的生成与发展过程看作一个有自身组织结构及其功能的、多种因素共同作用的系统，探讨在抗逆力的生成、发展及变化过程中，各因素之间交互作用的方式、过程和原理。

二 研究对象

本研究的研究对象为留守儿童，主要讨论留守儿童在既定环境下与家庭、学校、社区、同伴及其他相关因素如何交互作用以使其抗逆力得以生成和发展的。研究希望通过对留守儿童抗逆过程的对比分析以得出抗逆力的生成机制，并为其他类似留守儿童群体的抗逆力干预及培育项目提供理论依据。

与非留守儿童相比，受家庭结构和养育方式变化的影响，留守儿童需要经历更多的发展困境，因此本研究将留守儿童作为成长需要不能满足的弱势群体纳入研究视野之中，对其在所处逆境中如何成功适应和发展进行分析。在具体的分析内容上，研究采取生态系统论的抗逆力分析框架，将个体置于其所处生态环境之中进行探讨，分析其个体内在、外部环境中的风险和保护资源如何相互作用以贡献于抗逆力的生成和发展的。在分析方法上，研究结合定量分析方法与定性分析技术，从比较的视角分析"留守"为儿童发展带来的逆境；进而在质性资料收集与分析的基础上，探讨这些风险和保护性因素是如何相互作用并贡献于抗逆力的生成与发展的。从定量角度对留守儿童抗逆状况及其影响因素的效应机制进行分析，了解其风险因素与保护性因素的交互机制，同时对定性结果进行验证。

本书对留守儿童界定为由于父母外出务工而被留在家乡交由他人代为看管的 16 周岁以下的儿童。儿童生活区域界定为农村，因此不包含城市留守儿童。由于本研究对对象认知水平的要求，因此将研究对象限定在四年级至初中三年级阶段，通过对这些儿童的问卷调查数据分析和深度访谈，了解留守儿童风险、保护性因素以及贡献于抗逆力生成的作用机制。

三 研究问题

根据全国妇联的调查分析，留守儿童在全国大约有 6100 万人，面对如此庞大的群体，许多研究提出留守儿童普遍存在着诸如心理问题、安全问题、学业问题等，并呼吁全社会要关注留守儿童需求和发展，似乎留守儿童本身就是问题所在。尤其是国务院发布的《关于加强农村留守儿童关爱保护工作的意见》，明确提出对留守儿童建立强制报告机制，并明确各部门、机构的职责。而一些自组织机构或地方政府行动更早，它们已经针对留守儿童的保护和服务开展了一系列相应的活动，如建立专门档案，定期召开会议，设立咨询机构，师生结对子等，试图化解因为人口流动带来的留守问题，以满足留守儿童的发展需求。然而也有研究发现似乎学者列出的诸多问题并非都是留守带来的问题，还有很多源自社会、政策等所致。因此有许多学者想要为留守儿童"正名"，因为留守并不意味着"问题"。学者们在调查中发现，大部分留守儿童发展良好，他们的入学率高于非留守儿童，有更好的学业成绩；他们的自理能力更强，他们中的一部分还表现出相当的亲社会行为，获得更多周围老师同学的认可；他们的社会支持网络好于非留守儿童……缘何同样处于留守的养育状态，一部分留守儿童却可以发展良好，甚至比非留守儿童更好？他们在面对因为留守带来的逆境中如何满足自身需求，得到更好的发展？这些都是本研究想要探讨的问题。

因此，本研究基于此议题之上，围绕一个核心问题而展开：部分留守儿童的抗逆力是如何生成与发展的？围绕这个核心问题，研究需要探讨目前留守儿童因为留守需要面对哪些风险和挑战？哪些是因为留守带来的，还有哪些不是？能够顺利适应的留守儿童中，他们所处的家庭、社区与社会在其中扮演着什么样的角色？为留守儿童的抗逆过程提供了哪些保护性资源？这些资源是如何在儿童抗逆过程中发挥其作用的？是补偿、免疫还是调节了留守风险的影响？

在回答上述问题的基础上，研究继续探索针对这些留守儿童如何能够促进他们抗逆力的发展？在他们抗逆力生成发展过程中，家庭、社区及社会如何进行相应的干预和保护，有利于他们抗逆力的生成，以便更有效地面对未来发展中的困难？在父母外出打工的前提下，对留守儿童的何种补偿能够满足其健康发展的需要？

第三节　研究理论与现实意义

一　理论意义

儿童阶段是每个个体必经的成长阶段，也是人类漫长生命历程中最为脆弱的发展阶段之一，因此各个国家均将儿童工作视为最为重要的民生任务而予以建设。国内关于农村留守儿童问题的论著，理论上大多受发展心理学中关于儿童社会化发展部分的论述影响。发展心理学中有一套关于儿童发展的话语体系，包括对儿童"非理性""不成熟""普遍性"与"自然性"的论述，认为儿童是尚需成人照顾、教化和监管的客体，所有儿童的发展都遵循固有的程序或阶段，当前一阶段发展遭遇不顺利时，后一阶段的发展就会受影响（如埃里克森人格发展八阶段理论）。社会化被定义为个体从生物人发展为社会人的过程，儿童的社会化发展是依赖性的、需要成人教育引导的、持续发生变化的，个体只有在不断吸收社会公共价值准则和基本信念的过程中才能完成社会化的发展任务。

当代著名儿童文化研究者威廉·科萨罗（William A. Corsaro）提出不同的观点，因为以往对儿童社会化的理论假设都将儿童作为社会化的作用对象，也即被教化的对象，遵循社会再生产或社会传承的研究视角，将儿童视作社会复制的结果。这样的研究中忽略了儿童作为一个主观能动的主体性作用，因为儿童不仅是成人认为的有待成长的被动客体，也是一个主动的社会建构的主体，他们通过诠释性的社会再生产进行着自我的建构过程。他提出儿童发展的网状模式，认为儿童发展并非简单的线性过程或阶段化过程，而是以家庭为中心，从幼年、童年、青少年到成年不断向外扩展的网状发展方式，个体的发展领域也非线性，而是多领域同时进行并呈现出网状展开的过程。本研究针对留守儿童网状发展过程中的风险与资源分析，及儿童发展过程中的能动作用进行探讨，对于儿童发展理论和社会工作服务理论的进一步发展具有一定的拓展意义。

另外，以往的研究中将儿童福利作为妇幼问题研究下的一个议题进行，这样的设置造成对儿童的理解难以跳出成人的思维。当儿童作为社会系统之中的一个社会群体时，他们的生存、发展及资源需求等社会处境与安排不能仅仅依靠成人视角的观点而来，他们需要被作为一个能动的个体，享受被倾听的权利。因此在本书对留守儿童抗逆力生成机制的研究中，希望能够将儿童作为能动的主体，分析他们所处的特定情境在人口流动影响下，他们生态系统中的资源与风险之间如何互动以促成他们的成功适应，这对于未来儿童抗逆力的干预研究也具有重要的理论指导意义。

二 现实意义

留守儿童不仅是单个家庭的问题，还是具有时代特点的社会问题。留守儿童的成长状况事关家庭的幸福、社区的安全稳定甚至国家的未来发展。因此，对留守儿童的抗逆力生成机制研究对于家庭养育、学校教育、社会服务、临床实践，甚至国家相关政策法规的制定实施都具有重要现实意义。

家庭养育方面。家庭是儿童社会化的最重要场所，家庭中儿童的发展关系着整个家庭的发展方向和成员主观幸福感。作为儿童最重要的监护人，父母养育方式及监护模式直接影响着留守儿童的健康成长。目前有学者建议通过宣传教育方式提高父母对留守儿童的认识，在物理空间隔离的条件下，增加联系方式，强化联系纽带①，使儿童虽说与父母空间隔离但管教不缺失。也有人建议通过其他方式弥补儿童依恋对象的缺失。本研究期望能够对留守儿童家庭养育提供相对应的理论支持，以应用于留守儿童的家庭养育指导过程。

学校教育方面。子女教育受人口流动的负面影响②，由于留守儿童父母监管的时空阻隔，留守儿童家庭与学校之间的沟通关系往往受到信息隐瞒、信息扭曲或信息阻隔而呈现出断裂状态，导致儿童在主观或客观方面均无法平等地获得良好的教育资源、学习环境或适当的教育方式。同时，留守导致的隔代养育也衍生出教育方式与教育绩效等诸多问题，如道德教育弱化或缺失。本研究关注学校教育中的哪些资源对于留守儿童的成功抗逆具有促进作用，对于他们抗逆力的生成和发展具有积极导向功能，研究结果对于学校教育中留守儿童的抗逆力干预具有重要的借鉴意义，使学校在留守儿童发展中提供更多保护性资源，促进留守儿童在校学习、生活及个体的成长和健康发展。

社会服务与临床实践方面。随着留守儿童群体的备受关注，越来越多的社会服务组织和研究机构开展了针对留守儿童的多种服务项目，项目关注点主要放在对留守儿童的健康照顾、学习促进、心理疏导、行为引导等方面，服务形式也包括师生结对帮扶、同学结对帮扶、资助帮扶等，推进留守儿童关爱行动，预防失范行为的发生。然而这些服务的基本假设就是留守儿童都是发展不良的，具有一定问题缺陷的。这样的假

---

① 王秋香、欧阳晨：《论父母监护缺位与农村留守儿童权益保障问题》，《学术论坛》2006 年第 10 期。

② 杨菊华、段成荣：《农村地区流动儿童、留守儿童和其他儿童教育机会比较研究》，《人口研究》2008 年第 1 期。

设显然对于广大留守儿童的现实状况来讲是武断的，甚至是不公平的、被污名化了的。因此本研究着力于探讨这些儿童中发展良好儿童是如何发展良好的，这将有助于留守儿童群体的社会服务更具针对性，使社会服务能够从儿童自身的需要出发，帮助他们更好地适应和发展。

政策制定方面。思考农村留守儿童问题表现背后的原因及对问题解决和免疫的抗逆机制是梳理、反思和合理解决问题的重要前提。农村留守儿童困境在目前的研究中往往把矛头指向父母、养育者、老师、学校等，认为他们只注重经济发展或学习成绩，其他方面关心不足。当然最终原因往往归结为城乡二元体制、城乡分割的户籍制度等方面，但这样的归因对于儿童发展问题的解决往往没有直接帮助。因此，留守儿童的研究需要放置于农村劳动力大量外出的时代背景下。本书通过实地调研对不同监护模式下的留守儿童面临的逆境、困惑、心理状况、保护性资源及抗逆力状况进行描述和分析，揭示他们抗逆力的生成机制，并试着针对留守儿童抗逆力促进方面提出相应的对策建议，以期对留守儿童健康发展与抗逆力的培育提供帮助。

本章小结

留守儿童的形成源于"三农"问题的宏观背景和户籍制度本身的资源区隔。许多研究都提出农村留守儿童在其成长发展中面临着诸多困境，甚至成为社会稳定发展的隐患。但也有研究表明留守儿童并非都会发展出各类问题，相反有些发展良好。因此在积极心理学和抗逆力研究理论视角下，在"三农"问题和民工潮的大背景下，致力于缘何有些留守儿童能够发展良好这一问题的回应。在对留守儿童、抗逆力、生成机制等基本概念的界定中，本书的研究对象确定为留守儿童，研究问题明确为留守儿童抗逆力的生成机制，并在此基础上提出相应的干预策略，为抗逆力理论拓展和干预研究做出贡献，同时希望在留守儿童家庭养育、学校教育、社会服务甚至政策制定方面提供相应的支持及建议。

第二章　文献回顾

毫无疑问，留守儿童是一个需要关注的群体，但是对这个群体如何关注，从什么样的视角、基于何种假设来关注这样一个时代性的弱势群体，需要我们认真思考。积极心理学的问世和抗逆力研究视角的提出，为学者们的关注打开了一扇充满阳光的窗户。如何使这些儿童更有能力适应多舛的环境，更好地发展自我，甚至更有机会获得自己人生的成功和价值，是抗逆力视角下的研究思路。

第一节　留守儿童问题研究

一　留守儿童基本状况

人口的大规模持续性流动是我国现阶段最令人瞩目的现象之一，它给我国经济、政治、社会各方面带来了深刻的影响，数以千万计的留守儿童就是其中之一。据估算，2008 年我国 0—17 岁的留守儿童占儿童总数的 17.83%，大约为 5500 万人，而现在的文献数据中更多使用了段成荣（2008）估算的 6100 万，占全国儿童的 21.88%，并呈现出继续增长的趋势。

西方国家在移民问题研究中发现移民家庭的儿童多呈现出愤怒、孤独、悲伤及躯体化症状反应，并伴有更多的犯罪行为。我国对留守儿童研究结论有类似之处。2004 年 5 月教育部召开的"中国农村留守儿童问题研究"座谈会可以说是留守儿童问题研究的里程碑事件。在座谈会中总结出农村留守儿童面临的六大问题，其核心是"身心发展问题和反社会的隐患问题""被侵害问题""辍学、失学"问题等，认为留守儿童问题表现在人格发展不健全、学习成绩滑坡、道德发展危机、违法行为趋多等四个方面。我国农村留守儿童生存状况到底如何，就学者们的调查结果整理如下。

（一）留守儿童养育状况

目前文献数据中使用段成荣（2008）估算的我国留守儿童为6100万，占全国儿童的21.88%，并呈现出继续增长的趋势。而根据2016年民政部公布的全国摸底排查结果，全国共有留守儿童902万（该数据中不包括单亲留守的儿童），其中由祖（外）父母监护的有805万，占89.3%；由亲戚朋友监护的30万人，占比为3.3%，无人监护的有36万人，占比为4%；另外，近32万名由祖（外）父母或亲朋监护的农村留守儿童监护情况较差，还有少数留守儿童辍学或尚未登记户口。而在2013年国家统计局对留守儿童调查结果中，我国留守儿童中父母只有一方外出的占比为57.2%[1]，他们的养育状况理论估计要优于民政部的排查结果，但也存在养育主体的缺失问题。

留守儿童与外出的父母沟通有限。由于长期与父母分隔异地，儿童对父母现状知之甚少，只有30%左右儿童对父母外出的工作有所了解，40%左右儿童每年与父母见面不足三次。15.1%留守儿童平均每年与父母见面次数少于一次。按照这样的比例，全国6100万留守儿童估算中大约有1794万儿童一年中只能见到父母1—2次，有921万儿童一年与父母见面不到一次[2]。

（二）留守儿童的心理状况

由于亲情的弱化或缺失，留守儿童心理健康有潜在威胁。具体表现为情感冷漠、内心封闭、自卑懦弱、缺乏爱心、行为孤僻，交流缺乏主动，情绪表现多冲动、暴躁、易怒，会因为小事打架斗殴，吸烟、喝酒等不良行为高发。就其原因分析，留守儿童心理发展与父母

---

[1] 国家统计局、联合国人口基金、联合国儿基会：《中国儿童人口状况——事实与数据》，2013年。

[2] 段成荣、吕利丹、郭静、王宗平：《我国农村留守儿童生存和发展基本状况——基于第六次人口普查数据的分析》，《人口学刊》2013年第3期。

的监护功能长期缺失有关。更进一步研究发现，与父亲外出相比，母亲外出的儿童更多表现为烦乱度、迷茫度更高，而愉悦度更低。北京师范大学在留守儿童发展研究《白皮书》中分析认为，对于小学阶段的儿童来说，母亲的在场可以提供相对稳定安全的生活条件，对于儿童未来信念的增强具有重要作用；反过来，母亲的外出务工往往与家庭贫困和夫妻关系不良有关，甚至可能父母离异，这一事实导致留守儿童遭遇更为重大的风险逆境，对其生存条件和发展信念都有重要的负面影响。这些都是导致儿童迷茫与烦乱增加、愉悦度减少的原因。

在群体比较研究中发现，留守儿童较非留守儿童更容易出现心理问题，他们在 SCL-90 测试中恐惧、偏执、敌对、躯体化、强迫和人际关系敏感 6 个因子得分较非留守儿童更高[1]，且存在年级和性别差异。初中留守儿童心理状况好于小学，高中好于初中，并且年龄越小问题越突出。女孩抑郁、焦虑、躯体化、恐惧四因子得分高于男孩，而男孩外显症状少于女孩[2]。

留守儿童自我意识相对消极，自尊较低[3]，有严重的自卑感，自我评价消极，尤其在外貌、智力、幸福感方面。事实上留守儿童与普通儿童在聪慧性上没有显著差异。留守儿童应对方式较为被动，对外部支持性资源利用度较低，遇到问题的应对方式选择依次为幻想、合理化、退避、求助、解决问题和自责。初中阶段的农村留守儿童中，男生随着年龄增大，应对方式渐趋成熟，而女生则相反。在对问题的归因模式中，留守儿童倾向于对结果进行外部归因[4]，有盲目反抗权威的心理，并且大多对父母充满怨恨。

在情感和社会支持方面，留守儿童情绪相对较不稳定，报告孤

---

[1]　王东宇：《留守孩的心理健康状况、人格特征以及影响因素的探析》，全国心理学学术大会论文，2005 年。

[2]　黄爱玲：《"留守孩"心理健康水平分析》，《中国心理卫生杂志》2004 年第 5 期。

[3]　刘玉兰：《生命历程视角下童年期迁移经历与成年早期生活机会研究》，《人口研究》2013 年第 2 期。

[4]　凌辉、张建人、易艳：《分离年龄和留守时间对留守儿童行为和情绪问题的影响》，《中国临床心理学杂志》2012 年第 5 期。

独感最多，其次在委屈难过、焦虑、抑郁①等指标上显著高于非留守儿童。初中年级留守儿童主观幸福感中等偏上，女生显著高于男生，独生子女主观幸福感高于非独生子女，社会支持较少，尤其是自己主观意识到的支持资源少，人际关系和自信心方面都低于非留守儿童。

留守儿童人格特点的研究相对较少，主要研究结果显示留守儿童相较非留守儿童更为内向，人格特征中的冷淡、孤独、自卑、冲动、任性、压抑、抑郁、焦虑、紧张、自我中心等方面相对较为突出。

（三）留守儿童行为问题

问题是以外显行为表现出来的。留守儿童表现出更多的违法违纪行为问题②，社会适应不良，有一定的社交焦虑问题表现③，有比较严重的人际交往困难，在交往过程中更多表现为行为放任、自暴自弃、任人欺负、攻击行为等④⑤。有部分留守儿童表现为不服从家长或老师管教，有赌博、酗酒、抽烟、小偷小摸、抢劫等行为，甚至有少数儿童走上违法犯罪道路。

研究表明在城乡教育差距背景下，农村留守儿童受教育机会劣势和父母缺位的共同影响，学业现状呈现严重的问题⑥，与非留守儿童相比，学习习惯不良的留守儿童人数居多⑦。同时，留守儿童

---

① 程培霞、达朝锦、曹枫林：《农村留守与非留守儿童心理虐待与忽视及情绪和行为问题对比研究》，《中国临床心理学杂志》2010 年第 2 期。

② 刘霞、范兴华、申继亮：《初中留守儿童社会支持与问题行为的关系》，《心理发展与教育》2007 年第 3 期。

③ 张顺、王良锋、孙业恒：《小学"留守儿童"社交焦虑现状流行病学调查》，《现代预防医学》2007 年第 3 期。

④ 张德乾：《农村留守儿童交往问题的实证研究》，《安徽农业科学》2007 年第 6 期。

⑤ 赵景欣：《养育者行为监控与农村留守儿童的孤独、反社会行为》，《中国临床心理学杂志》2013 年第 3 期。

⑥ 胡枫、李善同：《父母外出务工对农村留守儿童教育的影响——基于 5 城市农民工调查的实证分析》，《管理世界》2009 年第 2 期。

⑦ 马艳琳：《对初中"留守儿童"学习习惯现状的调查研究》，《当代文化与教育研究》2007 年第 3 期。

学习态度不端正，学习兴趣不高①，辍学现象严重，厌学、逃学、迷恋网吧现象突出②。进一步的研究发现，留守儿童进入初中之后，在校就读比例急剧下降，许多人无法顺利完成九年义务教育③。根据第六次人口普查推算，流动人口中15—17岁的青少年堆积程度加剧，34%的16岁流动人口在近一年内离开户籍所在地，64%的17岁流动人口近两年内离开户籍所在地，18岁流动人口中则有高达85%是近三年内离开户籍所在地的④，可见这部分青少年的教育机会处于劣势⑤。留守儿童存在不和谐的师生关系、同伴关系，并且在校园暴力的得分上显著高于非留守儿童，尤其在小学阶段⑥。

留守儿童与父母的关系相对较为疏远⑦，父母在亲子教育过程中的榜样作用缺失，父母监控功能弱化⑧，家庭亲密关系、情感表达、娱乐性、知识性低，亲子矛盾突出，独立性较强⑨，家庭教养方式多为惩罚干涉等消极方式⑩。留守儿童学校生活和社会生活中往往表现

---

① 周宗奎、孙晓军、刘亚、周东明：《农村留守儿童心理发展与教育问题》，《北京师范大学学报》（社会科学版）2005年第1期。

② 曹春华：《农村"留守子女"学习状况分析研究》，《当代教育论坛》2007年第5期。

③ 周福林、段成荣：《留守儿童研究综述》，《人口学刊》2006年第3期。

④ 段成荣、吕利丹、郭静、王宗平：《我国农村留守儿童生存和发展基本状况——基于第六次人口普查数据的分析》，《人口学刊》2013年第3期。

⑤ 吕利丹：《从"留守儿童"到"新生代农民工"——高中学龄农村留守儿童学业终止及影响研究》，《人口研究》2014年第1期。

⑥ 高文斌、王毅、王文忠、刘正奎：《农村留守学生的社会支持和校园人际关系》，《中国心理卫生杂志》2007年第1期。

⑦ 叶敬忠、王伊欢、张克云、陆继霞：《父母外出务工对农村留守儿童学习的影响》，《农村经济》2006年第7期。

⑧ 陈京军、范兴华、程晓荣、王水珍：《农村留守儿童家庭功能与问题行为：自我控制的中介作用》，《中国临床心理学杂志》2014年第2期。

⑨ 范方：《亲子教育缺失与"留守儿童"人格、学绩及行为问题》，《心理科学》2005年第4期。

⑩ 唐有才、符平：《亲子分离对留守儿童的影响——基于亲子分离具体化的实证研究》，《人口学刊》2011年第5期。

为自理能力差、依赖性强、社会责任感缺乏①，并且与农村的问题少年交往更多。

综合上述留守儿童生存状况，与非留守儿童相比，留守儿童在养育状况、心理健康、行为表现方面都存在更多问题，留守儿童生存状况堪忧。

二 留守儿童研究视角

（一）群体比较的视角

最典型的留守儿童群体比较研究是对留守儿童与非留守儿童之间的比较，目的在于了解留守儿童与非留守儿童成长发展中的差异，这种比较视角起源于对留守儿童问题化的反思。最初人们对留守儿童的了解源自新闻媒体对留守儿童发展问题的披露，之后学者们开始探索以留守为分类标准的群体差异，但无论新闻媒体的报道或学者们的调查研究，结果呈现出的都是留守儿童"问题化"的弱势群体形象。

早在 2002 年《光明日报》（李陈续）中就报道："规模庞大的留守儿童群体中的很多孩子，因为家庭生活和教育的缺陷，无法享受同龄孩子的'花季''雨季'……辍学失学现象严重……德育智育发展滞后……心理生理发育失衡。"在 2004 年教育部召开中国农村留守儿童问题研讨会之后，媒体中对留守儿童的各类报道更是铺天盖地。媒体报道往往以少数极端个案为例，假定了亲子分离必然造就未成年子女的负面发展，报道方式也是聚焦问题，如抢劫、偷盗、性侵、自杀、他杀等。在新闻业的催生中这种悲情式的留守儿童问题宣传，必然给人留下留守儿童的问题化形象。

诚然，调查中的确发现留守儿童存在着诸多问题：行为方面不听从家中的祖辈教导，不遵守学校规章制度；性格方面的冷漠、孤独、任性、内向；学习方面更多儿童成绩较差，有厌学、逃学、甚至辍学

---

① 黄艳萍：《家庭教养方式对农村留守儿童心理健康的影响》，硕士学位论文，江西师范大学，2006 年。

现象①。相比媒体中对特殊个体事件的关注，学者们的大样本调查结果更具有科学性和说服力，其影响也更为广泛。因此随着调查结果的涌现，整个社会开始了对留守儿童问题的争论与关注，留守儿童的问题性也更为深入人心。

针对这种研究取向的问题化倾向，也有人开始反思：研究中对留守儿童遭遇亲子分离必然出现行为、心理、情感、学习等问题的普遍性假设是否可靠？这些问题是真实存在的还是社会建构的？抑或是被夸大的结果？因为虽说留守儿童调查中呈现出了学习、行为、心理等方面的不良表现，但从社会事实上，同样存在许多品学兼优、乐观自信、独立自立的留守儿童。那么，调查中留守儿童的问题表现是否同样存在于其他群体之中？他们的问题到底是发展性问题、社会性问题、还是留守带来的问题？基于这样的怀疑，就需要进行群体之间的比较性研究。

在目前的研究中，已有一些学者进行了群体之间的对比分析研究范例，这些对比主要以留守与否为分类标准进行，比较多从儿童学业成绩、学习行为、生活状况、心理健康、社会化程度、社会支持的外部资源等方面进行。虽说有些研究尚存在一些不妥之处，如抽样方法、测量工具甚至结论和推断等，但这些比较至少揭示了所谓留守儿童的"问题"并非留守儿童特有的，在非留守儿童身上也同样存在，这样的问题似乎就不能归结于留守本身带来的问题②。

群体间的一致性和群体内的差异性都提示群体比较需要更为细致深入，这样才能做到对留守儿童更为全面的了解。因此一些学者摆脱了对留守儿童现状描述，致力于对留守影响的过程机制进行探索，因此新的研究逻辑框架出现，群体内部比较成为深入研究的新趋势，研究根据不同的留守指标进行分类比较，如留守模式、留守经历、监护

---

① 林宏：《福建省"留守孩"教育现状的调查》，《福建师范大学学报》2003年第3期。

② 闫伯汉：《基于不同视角的留守儿童研究述评》，《学术论坛》2014年第9期。

类型、留守事件等①②③④⑤⑥⑦⑧。这些研究能够从更为细致的角度对留守儿童学习、生活、个性、心理等方面的影响进行分析，以便从比较的视角进一步扩展留守儿童的研究领域，推动研究的细致化发展。

诚然，群体比较能够有效得出两个群体之间的差异，当其他无关变量得到良好控制之后，群体差异便可归因于自变量的贡献。留守儿童问题研究中使用最为普遍的就是留守与非留守之间的差异，但存在不足之处也在于无关变量控制不够严格，这样导致群体差异的结果归因存在偏误。因此在留守儿童群体比较中注重对无关变量的控制是需要格外注意的。如根据留守儿童的界定，将留守与非留守的生态环境因素能够得到良好控制，这样的对比结果就更有说服力。另外，在比较分析中对于群体差异的内生性问题也关注不够。农民选择外出务工并非随机产生，劳动力流动本身受个体身体状况、受教育程度、子女数量、子女学习状况及家庭经济等共同影响，这些因素导致了农民工外出务工或在家留守的选择效应⑨，这种系统误差也导致外出务工与留守人口对新环境适应能力的差异，他们的子女在环境适应方面能力也应有不同，这样的混淆变量使得影响因素的差异存在系统性误差，导致研究结果的信度不高。因此需要在进行比较研究中引入倾向值匹

---

① 陈丽：《流动儿童和留守儿童的生长发育与营养状况分析》，《中国特殊教育》2010年第8期。

② 赵苗苗：《贫困农村地区留守儿童与非留守儿童健康差异及影响因素研究》，博士学位论文，山东大学，2012年。

③ 杨菊华、段成荣：《农村地区流动儿童、留守儿童和其他儿童教育机会比较研究》，《人口研究》2008年第1期。

④ 张莉：《不同留守时间下儿童公正感的特点及其与主观幸福感的关系》，《心理发展与教育》2011年第5期。

⑤ 凌辉：《分离年龄和留守时间对留守儿童行为和情绪问题的影响》，《中国临床心理学杂志》2012年第5期。

⑥ 范兴华：《不同监护类型留守儿童与一般儿童情绪适应的比较》，《中国特殊教育》2011年第2期。

⑦ 范兴华：《不同监护类型留守儿童和一般儿童问题行为比较》，《中国临床心理学杂志》2010年第2期。

⑧ 唐有才、符平：《亲子分离对留守儿童的影响——基于亲子分离具体化的实证研究》，《人口学刊》2011年第5期。

⑨ 李强：《农民工与中国社会分层》，社会科学文献出版社2012年版。

配的技术①消除研究中自变量的内生性问题。目前为止在留守儿童实证研究领域上很少看到有文献②③使用此方法进行实证分析。同样在定性资料分析中仍需要关注这种内生性问题，以获得更为科学的结论。

（二）动态视角

动态视角研究的出现也源于对流动儿童问题的反思。目前学术界对流动儿童定义基本通过外出父母的数量（一方外出还是双方外出）、外出的时间长度（3 个月、半年、一年）、孩子的年龄（18 岁以下、16 岁以下还是 14 岁以下）三个指标进行界定。但这种做法的前提假设就是父母是流动的，而儿童是非流动的。但在实际生活中这种状况相对较少，更多的是留守儿童会随着父母阶段性地流动，并非绝对性地留守。同时也存在因为照顾者的流动或其他原因而引起的留守儿童的流动状态④。总之，留守儿童的留守并非贯穿始终的生活模式，而只是一段时间内的生活状态，这种状态会随着父母的外出工作或随父母城市生活而变化，也会随着父母的回家而结束⑤，因此也有学者认为留守儿童与流动儿童是一个群体而非两个不同的群体。在这样的背景下，对留守儿童的发展性研究就需要从整个生命历程的动态发展角度，从父母的流动和儿童的留守经历两个方面对儿童整个生命历程不同阶段的学习、生活和人格发展的影响机制进行分析⑥。

在目前研究中还有一种现象是容易被留守研究所忽略的，那些曾经留守儿童的经历对他们的发展产生什么样的影响。因为研究中对留守儿童的界定往往忽视了那些曾经留守而现在已经摆脱留守状

---

① 胡安宁：《倾向值匹配与因果推论：方法论述评》，《社会学研究》2012 年第 1 期。

② 陶然：《父母外出务工与农村留守儿童学习成绩——基于安徽、江西两省调查实证分析的发现与政策含义》，《管理世界》2012 年第 8 期。

③ 李云森：《自选择、父母外出与留守儿童学习表现——基于不发达地区调查的实证研究》，《经济学》2013 年第 3 期。

④ 谭深：《中国农村留守儿童研究述评》，《中国社会科学》2011 年第 1 期。

⑤ 罗国芬：《留守儿童调查有关问题的反思》，《青年探索》2006 年第 5 期。

⑥ 唐有才、符平：《亲子分离对留守儿童的影响——基于亲子分离具体化的实证研究》，《人口学刊》2011 年第 5 期。

态的儿童，忽视了他们曾经留守的时间或者经历如何。这样的对象选择显然会导致曾经留守经历的影响无法纳入研究框架之中，导致的结果当然会有一些偏误。但是，如果将曾经留守这一变量考虑进来，就需要在研究中结合儿童生命发展历程进行分析，这样的动态视角有助于发现曾经的经历是怎样与变化着的环境一起影响了儿童的成长和发展的。

因此，这样的基于生命历程的动态视角的研究需要改变目前对留守儿童状况的静态分析模式，将生命阶段变量与留守状况变量结合起来共同分析。近年来抗逆力的研究视角提倡从个体动态发展的角度对其环境中的风险及保护性因素进行分析[1]，但目前的研究中尚很少有实证研究资料的支持。关注保护性因素是抗逆力研究中的一个重要模式，它强调个体逆境之中的保护性、支持性因素能够使个体对风险进行调节和免疫以避免发展出不良的适应结果，但在目前研究中对影响因素的关注较多，对风险因素与保护性因素的作用机制分析缺乏。动态发展的视角强调风险因素对留守儿童的负面影响，同时关注保护性因素对留守儿童的支持功能。动态视角建议将留守儿童研究与其生活经历和环境变迁结合起来，强调外部环境的变化对留守儿童发展影响的过程机制。因此动态视角既关注当前留守儿童生活状态，还注重儿童曾经的生活经历。与群体对比视角相比，动态视角无论在方法上、内容上或研究意义上都具有明显的进步意义，也必将推进留守儿童问题研究新进展。

（三）再生产视角

儿童是有待成长的客体，留守儿童之所以成为问题其实质就是亲子分离的负面影响，但亲子分离并非留守儿童特有，甚至并非中国特有。留守儿童进入大家的关注视野另外一个重要原因来自对农民工这一特殊群体的关注。留守儿童代表了目前中国一个特殊的弱势群体——农民工子女，他们中很多人不可避免地即将成为农民工

---

① Luthar S. S., "The Construct of Resilience: A Critical Evaluation and Guidelines for Future Work", *Journal of Child Development*, Vol. 71, No. 3, 2000.

的后备力量。因此可以说留守儿童是"三农"问题的产物，是城市化进程的附属品，是劳动力、农民工和阶级再生产的问题。再生产视角下从宏观角度强调劳动力的更替或更新，突出社会阶层固化特征而不是阶层流动，这为宏观社会学研究提供了一个新的视角。在此视角下，研究不仅需要从微观角度了解留守儿童成长过程，关注亲子分离带来的负面影响，关注儿童成长环境，还需从宏观上分析这种状况产生的制度性与结构性原因。因此再生产视角的研究者已不仅仅将亲子分离作为留守儿童问题的罪魁祸首，更将其放置于社会转型的特殊背景下，考察其结构性、制度性原因，因而也更能体现社会科学人文关怀的思想。

再生产的研究视角是将农民工与其子女问题整合研究的思路。从20世纪90年代开始，农民工问题一直是经济发展、社会转型为背景的一个热点，因此也涌现出大量有关农民工问题的文献，却鲜有文献对农民工的再生产问题的关注。21世纪初，农民工子女作为一个弱势问题群体才逐渐进入大众视野，并引发大量讨论，讨论多涉及这些儿童发展、教育、安全问题，几乎没有农民工再生产角度的问题研究。这就导致农民工群体的研究与农民工子女的研究一直处于两个相互平行的过程，各行其是，缺少对话。再生产视角另辟蹊径，认为是社会结构的不利因素导致农民工子女的社会（向上）流动受到各类限制，以致不可脱逃地成为未来农民工的后备力量，这样就把二者合二为一，整合研究。

沈原①就注重对劳动力再生产的维持研究，他首度呈现了农民工再生产的特定模式。熊易寒②发现就读于公办学校的留守儿童，一方面渴望能够通过学习向上流动，但另一方面受主流价值观的影响，也存在着制度性地自我放弃。无独有偶，已经进城的城市流动儿童，在农民工子弟学校通过反校园文化方式赢得自尊，同时心甘情愿地进入次级劳动力市场。二者虽有差异，却都导致了阶层固化与阶级再生

---

① 沈原：《社会转型与工人阶级的再形成》，《社会学研究》2006年第2期。
② 熊易寒：《底层、学校与阶级再生产》，《开放时代》2010年第1期。

产。周潇①在对留守儿童与流动儿童对比中，认为是"劳动力更替的低成本组织模式"导致了农民工阶级地位的再生产，一种是农民工自身劳动力再生产在城市，孩子留在农村；而带孩子一起进城市务工的另外一类，孩子却处于城市边缘状态。这两种模式最终都导致了阶级地位的再生产。谭深②则提出"拆分型的家庭模式"在维持了留守儿童正常生活的同时导致了传统支持资源的减少，而这些根源在于户籍制度、城乡二元分割制度。

综上所述，群体比较视角是留守儿童研究中最为常见的，与农村非留守儿童的比较假设了两组之间除了留守之外其余环境因素的一致性，因此对于无关变量的控制相对较好，当然如果需要知道城乡差异甚至城乡差异遭遇留守的交互效应，就需要从多角度进行群体对比。动态研究视角提示我们留守儿童的留守状况并非静止，需要将留守儿童的发展适应放置于自身生命发展历程中进行探讨，是研究进一步细致化的方向，也为研究活动的开展提出了更高的要求。而再生产视角则建议将农民工问题与留守儿童问题结合起来进行，从阶层固化和阶级再生产的角度看留守儿童的发展问题，是从留守儿童适应结果的角度考虑宏观背景中留守儿童的发展状况，而忽略儿童发展的过程性特征。在对留守儿童抗逆力生成研究中，对农村留守与非留守之间的比较是必然需要的，但留守儿童作为发展中的群体，其在不同生命历程中的发展任务不同，发展所需的外部资源也必然存在差异，因此在不同年龄阶段的留守儿童研究中，需要根据其所处生理、心理发展阶段考虑他们的需要以及需要满足状况；同时，留守儿童作为一个能动的个体，其在生命发展过程中虽说与其他儿童有不同的经历，但在同样困境应对中，他们如何发挥自身能动特征，应用于环境适应进程中，仍是研究需要关注的。因此简单的群体比较、动态视角均无法客观描画留守儿童的适应进程。

---

① 周潇：《劳动力更替的低成本组织模式与阶级再生产》，博士学位论文，中国社会科学院，2011 年。

② 谭深：《中国农村留守儿童研究述评》，《中国社会科学》2011 年第 1 期。

三 留守儿童问题建构逻辑

在对留守儿童问题研究中，学者们采取各种研究范式，在每种研究方法的背后都有其研究假设，然而这些假设有些时候并非绝对可靠，下面就学者们常见的研究方法背后的问题建构逻辑进行分析。

（一）研究假设逻辑

首先，现有研究中常常使用群体分类方法对留守儿童与其他群体进行对比分析，探讨留守儿童的特定问题，是好于、差不多还是差于其他群体。但在这种分类对比中的前提假设可能并不存在，如根据监护方式将其分为祖辈监护留守儿童和父母监护非留守儿童两类，这样的分类预先假设了对于非留守儿童而言，祖辈是不参与教育和抚养的。但在实际经验中往往发现，相当数量的核心家庭是与祖辈共同生活的，非留守儿童中也存在很多与祖辈共同生活的情况，这种情况下，祖辈有大量的机会协助照顾儿童，因此并非留守才存在隔代养育，单方父母的留守也可能有隔代养育的情况。另外，也有留守儿童研究中根据对儿童的监护模式将其分为单亲监护、隔代监护、亲属监护、自我监护等，但是对于非留守儿童却不做这样的再分类。默认了非留守儿童的家庭结构只是与父母共同的生活的核心家庭模式，这在实际经验中也难以满足。当然做出这样的分类还有一个背后的假设，认为父母双双外出后主要依赖祖辈监护，而祖辈的学历低下、溺爱孙辈对儿童成长会有不良影响，这在现实生活中也存在多种情况，并非如此绝对单一。

其次，目前研究中更多关注留守儿童是由谁来监管，如父母中的一方、祖辈、亲戚、教师或其他人，而对于外出人员对儿童的教育支持作用忽略不计。这样的假设即认为离开家乡外出务工的家长对孩子的教育或成长是没有任何作用的。但实际上，许多家长虽说不能留在家中监管孩子，但是与子女之间的联系并未割裂，有些甚至有良好的交流互动，因此子女的亲子教育与监管并未因为父母的离开而缺失。

最后，在目前对留守儿童概念操作化中存在时间变量的界定问题，如多数文献中将留守时间（亲子分离时间）界定为一次连续半年以上，这样的界定本身使得留守儿童的群体边界缩小，因为并非所有外出务工的父母都是连续很长时间不回家的，有相当数量的农民工每年都有数次能够回家，每次回家留宿的时间并不长，但每次出门半年以上的比率并不高。因此也有人提出使用累积留守时间代替一次连续时间，如父母双方或一方外出务工四个月或累积外出六个月。但这样的操作化给对象的选择带来困难，因为农民工外出累积时间往往比较模糊而难以计算。

基于以上对留守儿童研究的基本假设之不严谨，可见目前研究中从研究对象选择到问题建构的基本假设尚有可推敲之处。

（二）问题建构逻辑

对留守儿童问题的关注缘起于 20 世纪 90 年代的民工迁徙，但真正进入大家的视野要稍晚一些，大约在 2004 年留守儿童问题研讨会之后。随着农民工迁徙首先被大家关注的是流动儿童入城之后的边缘化地位和教育歧视问题的解决，然而留守儿童从备受关注的那一刻起，他们似乎面临的境况相比流动儿童要更具劣势。

依据社会建构理论，社会关注是一种问题/状况/人群进入公共场域的基本条件[1]，留守儿童是社会建构的结果[2]，留守儿童作为问题的提出则是权力关注与媒体关注的结果。在流动儿童问题得到一定的关注、解决之后，留守儿童作为数倍于流动儿童数量的弱势群体便逐渐进入了大家的视野。学者、大众媒体对留守儿童中极端个案的介绍分析描述出了父母外出之后儿童的堕落与被害经历，这种充满同情的问题化表述推动着问题研究的深入进展。

官方与学界的问题聚合为留守儿童弱势建构打下基础。一个社会问题的形成需要多方主体活动的聚合效应，当不同时空的个案归纳为一种社会类型，个案问题便被普遍化为一个社会问题。留守儿童问题的聚合首先是对他们学业、生活、个性培养中的困难与问题的关注，媒体方法作用下，问题迅速聚焦，吸引社会各界的关注与思考；其次应该是对群

---

① 闫志刚：《社会建构论视角下的社会问题研究：农民工问题的社会建构过程》，中国社会科学出版社 2010 年版。

② 江立华、王斌：《农村流动人口研究的再思考——以身体社会学为视角》，《社会学评论》2013 年第 1 期。

体规模的估算引发的连锁效应，21世纪初开始，对留守儿童规模的估算数字就有1000万、2000多万、6700万、1.3亿等多个数字，当然其中不少数字源于臆测，但这种数量上的迅速增长足以带来惊动与震慑。2004年教育部召开的留守儿童问题研讨会可以说标志着留守儿童问题进入政府干预的议事日程，也意味着留守儿童问题建构的基本成功。

（三）问题解析逻辑

留守儿童问题的出现，有其特定的时代背景。纵观留守儿童研究20年来的发展，可以发现，留守儿童问题是在巩固"普九"成果，降低农村辍学率的过程中被揭示的；是青少年犯罪和犯罪低龄化议论中强调的；是规模推论的社会震动中强化的。

问题解决的前提需要对问题进行归因。对留守儿童问题成因的解释有微观层面和宏观层面两类。微观层面的解释往往趋向于认为父母的缺席导致家庭结构的变化，而这种结构性的变化必然导致对儿童成长的监管失效，对儿童情感发展的照顾缺失，因此导致儿童发展出各类问题，如身心健康不良、道德品质低下，缺乏自我保护意识而受到人身安全威胁，等等。宏观层面的解释则将问题的源头追溯到城乡二元体制的影响，因为户口制度和城乡经济体制的差异，留守儿童往往是城市化过程中被选择的结果。农民工工作体制的低成本运作使得他们无法将子女带入城市享受平等的受教育机会，因此被选择留在家乡完成劳动力再生产过程。因此，留守儿童也便成为"三农"问题、民工潮、农村劳动力转移等的副产品，也便导致了儿童中的又一类边缘或弱势群体的出现。

然而在这种问题化的归因中存在一些不严谨之处：首先就是对问题化的分歧。现有研究对留守儿童受家庭结构变化的影响存在分歧，一类研究认为只有父母双方都离家外出打工的儿童才可界定为留守儿童，因为他们认为父母若有一方在家情况下，可以较好地监护子女成长，因而不构成问题；而另一类研究却持不同的观点，认为无论父母双方或一方外出均带来儿童监管的缺陷，都是问题原因，因此也将留守儿童的界定调整为只要有一方或双方都外出的情况均被认为是留守儿童。然而不论是父母双方的缺席还是其中一方，对于留守儿童来讲，问题出现在哪些方面？其严重程度如何？仍有待进一步探讨。其次，留守儿童作为研究对象是一个群体还是问题。留守儿童的概念界定是为了研究对象的筛选服务，然而现有研究中对留守儿童的各类问题描述都使人们产生这个群体问题重重的认识偏见，因此留守儿童作为一种身份标志还是被标签化和污名化的问题群体也为研究带来重重阻碍。再次，许多研究解释倾向于认为家庭结构的变化引起家庭功能的缺失是留守儿童问题产生的重要原因，然而应对策略中又提出"代理家长""代理父母"等替代式的照顾弥补，因此可见这种问题归因本身是有待商榷的。最后，问题归因中多采用宏观或微观方式进行，那么联结二者的中观层次的解释又该如何呢？缺少对中观层面留守儿童问题形成机制及应对机制的解释，也是目前更进一步的细化研究中需要进一步努力的方向。

总之，受研究资料的限制，目前研究中对留守和隔代养育两个问题是混为一谈的。留守是一种生活状态，而并非问题本身，对留守儿童的界定应该从研究的对象群体角度进行，而不应该将留守作为问题本身；留守儿童的父母虽说与儿童从时空上产生隔离，但是他们的养育关系并非断裂，家庭养育功能仍是留守儿童研究中需要进行评估考虑的；留守时间往往影响了留守儿童的适应状况，尤其当留守时间与儿童成长关键期的交互，这样有利于对留守儿童现存问题的合理归因。这些都是后续研究中需要关注的。

第二节　抗逆力理论研究进展

抗逆力的研究几乎与积极心理学的发展并驾齐驱。早期的心理治疗和干预在精神分析理论的强力影响下，总是对个体的早期生活境遇和发展给予了特别的关注，甚至在随后的行为主义和人本主义理论中，依旧赋予早期不良生活经历以更多消极的色彩。然而，自从20世纪50年代积极心理学问世以来，赛里格曼建议不要将目光凝聚于生活中的问题或障碍，转而从个体的优势和资源的角度理解生活，理解个体，理解人的发展，也为基于积极视角的心理干预带来新的挑战。并且随着积极心理学的发展，学者们对资源取向和优势视角的社会心理干预进行了不懈的努力并取得了丰硕的成果。抗逆力的概念提出也有类似的蕴含，它源自加梅齐[①]对生活于危机情境中的儿童的纵向研究，他们发现同样生活于危机环境中的个体有一部分得到了良好的适应，并不像传统发展心理学和精神病学所认为的早期不良生活事件必然导致不利后果。因此学者们认为是这些儿童具有能够战胜困难或不为逆境折服的力量——抗逆力。因此，有关抗逆力的研究开始出现并在半个世纪之后的今天有了繁荣之势。

一　抗逆力的概念发展

（一）抗逆力的概念缘起

早在 20 世纪40—50 年代，沃纳（Werner）、加梅齐（Garmezy）和罗特（Rutter）三人开展了不同的研究但得到了类似的结论。沃纳等人在夏威夷考艾岛的纵向研究发现在 2 岁之前儿童期遭遇 4 种及以上危险情境的儿童，及至童年中期或青少年期，尽管有一些人表现出明显的适应不良甚至各种精神疾病或反社会行为，但还有部分儿童没有出现明显的功能受损症状而表现为发展良好。加梅齐[②]则致力于对精神分裂症或其他失序家庭的儿童研究，发现有精神分裂症父母的儿童仍有约一半并没有发展出人们所预期的各种适应失调或心理疾病，反而得到良好的适应甚至有了更高水平的发展。罗特将研究对象锁定为缺乏母爱的儿童，发现承受母爱剥夺的孩子也仍有部分得到了良好发展。学者们将这种现象的原因命名为抗逆力，描述身处困境之中的儿童仍能得到良好适应的现象。随着研究的逐渐深入，抗逆力的概念也经历了从特质说、过程说到结果说的不同发展阶段[③④]。

---

① Garmezy, N., "Process and reactive schizophrenia: Some conceptions and issues", *Journal of Schizophrenia Bulletin*, Vol. 18, No. 1, 1970.

② Garmezy, N., "The study of competence in children at risk for severe psychopathology", 1974.

③ Windle G., "What is resilience? A review and concept analysis", *Reviews in Clinical Gerontology*, Vol. 21, No. 2, 2011.

④ Herrman, H., "What is resilience?" *Canadian Journal of Psychiatry Revue Canadienne De Psychiatrie*, Vol. 56, No. 5, 2011.

然而就在近期，文献中抗逆力的概念仍有各种分别，如抗逆力的区分标准、条件，是否有特征、过程或结果变量，是否存在特殊情境性，是否需要面对逆境（如什么是暴露于充足的逆境之中）等都没有明确的标准。在总结目前文献中常用的抗逆力概念之后，发现文献使用最多的概念有如下几个：

1. 抗逆力是指个体尽管经历显著的逆境或困境但仍能展示出积极适应的动态过程。它不仅包括个体的人格特质或态度，而是一个暴露于逆境中积极调整出良好结果的两维结构[1][2]。

2. 抗逆力是指一个典型的现象特征，即尽管面对一系列威胁仍能调整或发展出良好的结果[3]。

3. 抗逆力嵌入于个体的内在品质，使个体能够面对威胁或困境。它是一个多维度的特质变量，受环境、时期、年龄、性别、文化、种族及个体所处生命过程等的影响[4]。

4. 抗逆力是对个体从逆境中恢复或弹回的能力的简短描述，这个概念来自拉丁语中"跳回、弹回"的含义[5]。

5. 心理学中对抗逆力的定义则是经历消极情绪之后的灵活适应并改变对压力情境中的需求，并从中能够弹回的一种能力特质。

后现代的心理学、社会学等学科研究都已呈现出融合的趋势，然而抗逆力研究从上述概念中仍能发现其不同界定特点，那么抗逆力究竟是一种特质、一个过程、一种结果？还是一种能力？目前仍

---

① Tol W. A. , Suzan S. , Jordans M. J. D. , "Annual Research Review: Resilience and mental health in children and adolescents living in areas of armed conflict—a systematic review of findings in low—and middle-income countries", *Journal of Child Psychology and Psychiatry*, Vol. 54, No. 4, 2013.

② Michael U. , Mehdi G. , Rg R. , "Annual Research Review: What is resilience within the social ecology of human development?" *Journal of Child Psychology and Psychiatry*, Vol. 54, No. 4, 2013.

③ Wright, M. O. and Masten A. S. , *Resilience Processes in Development*, Springer US, 2005.

④ Prince E. S. , "*The Connor—Davidson Resilience Scale. Resilience in Children, Adolescents, and Adults*", Springer New York, 2013.

⑤ Davidson, J. R. , "Trauma, resilience and saliostasis: effects of treatment in post-traumatic stress disorder", *International Clinical Psychopharmacology*, Vol. 20, No. 1, 2005.

旧众说纷纭。因此在抗逆力（resilience）的概念在我国学者的翻译中也就产生了多种译法："抗逆力""复原力""心理弹性""心理韧性"等。国内心理学文献中多使用"心理弹性"，而在社会学研究中则多用"抗逆力"，缘于心理学研究中多从抗逆个体的特殊特质的角度对 resilience 进行解释，而社会学中更多将 resilience 定义为一种能够促使个体得到良好发展的能力，并多从生态系统的角度对抗逆力进行理论发展和干预路径的探讨。研究视角的不同导致采用不同的概念界定和操作化过程，但都为抗逆力研究的进一步发展提供了支持和借鉴。

（二）特质说

抗逆力概念最初被定义为在逆境中得到良好发展儿童的特殊特质。因为他们假设这些得到良好发展的儿童具有其他儿童身上所不具备的特质，使得他们在成长中能够"刀枪不入"。在此背景下，对抗逆力的描述也多与无懈可击、坚不可摧等词语联系起来。当然，除了这些现象学的描述，在特质说的概念指导下，学者们认为抗逆力的发展完全取决于个体区别于其他人的特殊属性，因此也对个体所具有的特殊特质给予了高度的关注。在对这些特殊特质的寻找中，有些学者将抗逆力看作个体生理上的健康、气质等，心理上的认知、情绪、内控归因模式、宗教信仰甚至对他人的信任等[1][2]。虽说每个人的研究结果不尽相同，但就其总体而言，似乎所有的积极特质都与抗逆力存在相关，其分类也大致包括了内在自我特质、家庭中的保护因素及家庭外部的扩展环境中的保护性因素。当然随着研究的深入，在一些文化背景下的研究发现宗教信仰对个体抗逆力有显著的影响，但不同的文化背景中人们对宗教本身的不同认识导致其影

---

① Bonanno, G. A. and E. D. Diminich, "Annual Research Review: Positive adjustment to adversity—trajectories of minimal-impact resilience and emergent resilience", *Journal of Child Psychology and Psychiatry*, Vol. 54, No. 4, 2013.

② Andrea, J., "Religiousness, social support and reasons for living in African American and European American older adults: An exploratory study", *Aging & Mental Health*, Vol. 13, No. 5, 2009.

响力也因文化而存在差异。同时，研究表明一些积极特质在某些个体身上表现出了抗逆力的特点，然而在其他个体或情境中却没有这样的保护性功能，甚至同样的特质对个体的某一方面具有保护功能而在其他方面却不具有同样的特征。这些结果都为抗逆力研究中如何确定自变量带来挑战。

（三）结果说

当学者们在抗逆力特质研究中感到困惑时，有些学者另辟蹊径，从抗逆结果的角度对抗逆力进行定义。结果说的学者认为，抗逆力是个体面对风险或逆境但仍适应良好的结果。也因此，抗逆力研究的中心开始从对个体特异特质的寻找转移到对抗逆结果的评价。根据他们的观点，抗逆力的存在包括三种情况：一是虽然个体生活在困境之中，却能战胜逆境并获得良好适应，没有出现社会公认的不良后果（如心理失常或反社会行为等）；二是个体生活于危险情境之中却不受其影响，能力没有受到损害；三是个体经历逆境之后能够从灾难事件中很快得到恢复[①]。

在结果说概念指导下，学者们首先需要面对的问题是两个概念的操作化：危机和结果。当然直到今天，这也仍是学者们力求解决的问题。危机是抗逆力研究的前提，关于危机定义学者们有不同的见解，而意见相左的核心在于对日常生活困扰是否要算作危机的问题。对危机的评价学者们已有共识：能对个体带来影响的危机至少应该表现为两个维度的高水平，即强度和持久性。也就是说，具有高强度的危机或影响更为持久的危机才会诱发抗逆力的出现。然而无论就其强度还是持久性来讲都是一个连续变化的过程，因此难点就出现在强度或持久性的评价标准如何规定？同时由于危机本身的积累效应和连锁效应为危机的识别带来困难。

对结果的定义同样遇到了类似的困境。根据定义的结果是"适应良好""成功应对"，也是一个主观性概念，因此学者们从不同的

---

① Roosa, M. W. , "Some Thoughts about Resilience versus Positive Development, Main Effects versus Interactions, and the Value of Resilience", *Child Development*, Vol. 71, No. 3, 2000.

角度给出了适应良好的操作化指标，最常用的是一般学业成就的获得，如学历学位等。另外也有人使用排除标准，如行为表现中不存在反社会行为（如暴力、犯罪）、没有不良行为习惯（如酗酒、药物成瘾），并且不存在精神方面的问题（如心理障碍或精神疾病）。当然结果的评价中也存在不同文化背景、性别、种族等之间的差异。当然近期学者又提出隐性抗逆力的概念，是采用非常规的抗逆力表现方式，指个体通过社会共识中危险的、不被公众规范和价值观认可的方式应对生命中危机事件或困境，如吸烟、自残、打架、酗酒、多个性伙伴或过早性行为等[1][2]，这些应对方式虽不为主流文化所认可，但能够促进青少年从逆境中反弹或能力恢复。但就结果评价而言，多亚尔和高夫[3]在对人的基本需要进行讨论时，将人们的普世需要定义为身体健康和自主，其身体健康包括每个个体都应具有生存的机会，并且不存在身体非健康的状况，如残疾、残损、身体的严重疼痛或各类疾病等；自主则是指个体不存在神经错乱或认知剥夺的现象，能够拥有相关知识技能并拥有经济活动的机会。因此本书认为，对结果的评价同样不能低于普世标准的基本需要满足，"适应良好"或"成功"的标准不得低于身体健康和自主需要的满足。

（四）过程说

与特质说与结果说最关键的不同，过程说注意到了抗逆力的动态性特征。持抗逆力过程说的学者认为抗逆力是经受压力之后继续反弹的一种能力，这种能力会随着情境变化而发展，同时又是与环境交互作用的过程。这样的一种能力存在情境特异性，也就是一些情境中具有而其他情境却不具备，换句话说，是人与环境互动的结果，是一个

---

① Lee, T. Y., "Children's Resilience-Related Beliefs as a Predictor of Positive Child Development in the Face of Adversities: Implications for Interventions to Enhance Children's Quality of Life", *Social Indicators Research*, Vol. 95, No. 3, 2010.

② Webb, C. T., "What Is the Role of Ecology in Understanding Ecosystem Resilience?" *Bio Science*, Vol. 57, No. 6, 2007.

③ ［英］莱恩·多亚尔、伊恩·高夫：《人的需要理论》，商务印书馆 2008 年版。

相对性的变化过程①。同时又是保护性因素与风险因素相互博弈的过程，在这种博弈互动中，风险因素的程度一方面取决于社会环境，另一方面也取决于此环境中的个体是如何行为的②。因此在过程说的概念中既包括了人与环境的互动，又包括了微观环境中的保护因素与风险因素的博弈，而个体在其中不再是一个被动接受的角色，个体如何应对也对成功适应和发展起到关键的作用，因为个体是能动的个体，而非被动的个体。关注过程的抗逆力研究强调个体战胜风险、获得平衡的过程，研究力图澄清个体获得平衡或复原的作用机制。不同研究者通过不同的理论建构尝试解释资源、风险及个体成功适应之间的关系。如桑德勒（Sandler）提出解释抗逆力过程的一般模型，模型中将逆境解释为个体与环境之间的关系，这种关系能够影响个体能力的发展和需要的满足，进一步会影响个体的发展状况。资源包括个体、家庭及社区三个层次，逆境和资源随着时间推移而不断交互作用，并通过两个机制发挥作用：与个体发展水平相适应的能力及个体目标和需要满足程度。当资源有助于能力发展和需要满足时，则成为个体的保护性因素，有助于个体在逆境中的良好适应，反之则成为易感性因素，促进个体的不利发展。

（五）能力说

随着抗逆力研究第三次浪潮的推动，学者们更多关注对弱势群体或一般人群的抗逆力干预或促进研究，研究目的注定将关注视角放在个体可以通过学习或训练得以改变的部分，因此抗逆力概念能力说也应运而生。RSA 抗逆力量表的编制中就包括个人能力、社会能力、家庭一致性、社会支持和个体组织性 5 个维度，充分体现了将抗逆力作为一种能力进行评定的观点。国内学者彭华民更是对此概念进行了清晰的界定：一种能够促使个体得到良好发展的能力。

① Holaday, M. and Mcphearson, R. W., "Resilience and Severe Burns", *Journal of Counseling & Development*, Vol. 75, No. 5, 1997.

② Rutter, M. and Silberg, J., "Gene-environment interplay in relation to emotional and behavioral disturbance", *European Psychiatry*, Vol. 53, No. 1, 2002.

马斯腾（Masten）[1] 也在自己的研究中将抗逆力定义为"从显著威胁中抵抗和复原的个体稳定的生存和发展能力组成的动态系统"。这些概念使抗逆力的定义凸显了如下特征：（1）抗逆力人人都有。人人都可能面对逆境，只是适应的结果有所不同，适应良好正是高抗逆力的结果。（2）抗逆力有大小强弱之分。高抗逆力较低抗逆力个体更能得到快速良好适应。（3）抗逆力是先天遗传环境与后天成长环境交互作用的结果。个体先天的易感性特点和后天能力的发展都会影响抗逆力的发展。（4）抗逆力是不断发展变化的。从抗逆过程角度审视，个体抗逆力在经历危机情境之后可能挑战成功得到发展，也可能抗逆失败而表现为不良适应结果。

虽说上述四类概念从不同的角度对抗逆力进行了界定，但就定义的发展也逐渐趋于整合。研究中既关注到"个体与环境互动的过程"[2]，又没有脱离对"尽管面对挑战和威胁的环境中，个体成功适应的能力、过程或结果"[3] 的探讨。概念的发展也使研究具有了系统水平的可扩展性和不同领域的适用性，如近期国外有关生态视角、全球发展的视角、神经生物学视角等对抗逆力研究的发展趋势便可说明。然而在学者们将研究对象放置于复杂多变的生态背景中进行研究的同时，由于其所涉及范围的急速扩大也为研究带来了种种挑战：模棱两可的概念界定使得抗逆力本身难以操作化，抗逆过程的黑箱特征无法进行精确的观察或推论，学者们最关心的抗逆力作用机制只能在横断或纵向研究中进行推断和建构，不同文化背景下对风险和结果的评价差异使得局部研究结果难以进行推论，等等。仔细分析之后我们不难发现，抗逆力的研究总是致力于回答以下问题：什么样的条件能促进人类健康和福祉？人们如何操纵威胁或应对逆境？人们如何处理

---

① Masten, A. S., "Resilience in children threatened by extreme adversity: frameworks for research, practice, and translational synergy", *Development and Psychopathology*, Vol. 23, No. 2, 2011.

② Holaday, M. and Mcphearson, R. W., "Resilience and Severe Burns", *Journal of Counseling & Development*, Vol. 75, No. 5, 1997.

③ Wright, M. O. and Masten, A. S., *Resilience Processes in Development*, Springer US, 2005.

创伤事件或艰难的生活转变？哪些因素有助于人们能力的提升或压力后的弹回？人们在面对日常生活事件中如何产生解决策略或方案？什么是成功应对？社会环境中人们行为的哪些方面可以存在并得到发展？当事件超出一个人的适应资源时，什么类型的帮助是其需要的或者想要的？面对抗逆过程中的弱势群体，专业人员如何实施帮助或更好地提供服务？

二 抗逆力理论发展

抗逆力的概念自提出之后就备受学者们的关注，随着研究的深入，学者们都在探讨这样一个问题：抗逆力是如何形成和发展的？这也成为目前多个学科领域共同关注的课题之一[1]。半个多世纪以来，国内外学者们在理论和实践方面进行了大量的研究，并取得了丰硕的成果，使抗逆力研究在社会学领域尤其社会工作中拥有了举足轻重的地位，同时影响了心理学、教育学、管理学和精神病学[2][3][4]。

（一）抗逆力作用机制模型

从抗逆力在个体应对风险/逆境中作用的分析角度，阐释抗逆力的保护作用机制。其中最具代表性的包括抗逆力行为目标模型、抗逆层次策略模型。

1. 行为目标模型。该模型是加梅齐对美国200名城市儿童精神病理行为分析的基础上提出的。他将研究对象定义为有先天心脏病或本身有生理残疾的重大生活事件的个体，他以个体抗逆力与风险因素的互动结果提出了抗逆力补偿模型、挑战模型和免疫模型。

---

① Luthar, S. S. , "The Construct of Resilience: A Critical Evaluation and Guidelines for Future Work", *Child Development*, Vol. 71, No. 3, 2000.

② Roberta, R. G. , Colleen, G. and Youjung, L. , "Resilience Theory", *Journal of Human Behavior in the Social Environment*, Vol. 8, No. 4, 2004.

③ Almedom, A. M. , "Resilience: Outcome, Process, Emergence, Narrative (OPEN) theory", *On The Horizon*, Vol. 21, No. 1, 2013.

④ Kirmayer, L. J. , "Rethinking resilience from indigenous perspectives", *Canadian Journal of Psychiatry Revue Canadienne De Psychiatrie*, Vol. 56, No. 2, 2011.

表 2.1　　　　　　　　　　　　　抗逆力行为目标模型

名称	内容要点	特点
补偿型	预测性影响：行为结果的好坏对个体选择行为的方式具有预测影响 补偿性选择：当缺乏保护因素时，个体行为的预测性结果为不好的方面，为了达到补偿目的，个体选择发展本身的能力和资源	个体资源与能力的补偿作用
挑战型/预防型	作用条件：危机、风险对个体带来的压力程度没有超过其所能承受的相对程度 挑战型的积极作用：风险和挑战带来的压力对个体能力发挥具有加强作用	风险性因素的积极作用
免疫型/保护因素型	个体能力的免疫性：风险压力和个体能力互动关系决定了抗逆力是否具有对危机的免疫性 保护性因素的影响：保护性因素的有效发挥，对个体在不同环境中的适应性有积极作用	保护性因素本身的免疫调节作用

　　该模型认为，抗逆过程本身是一种博弈，即保护性因素与风险因素的博弈，二者的互动决定了对危机的免疫水平，如果保护性因素足以抵抗危机风险带来的压力，这种风险的应对有助于抗逆力水平的发展；反之的结果加梅齐给出了一个很积极乐观的预期，由于保护性因素的补偿功能，个体会通过发展自身能力和资源的方式提升抗逆力；在此博弈过程中，个体对行为结果的预期在其中起调节作用。

　　（1）补偿型。个体行为的目标是对危机事件的结果进行补偿。环境中的风险因素与个体的保护性因素会同时作用于个体，风险因素预测了不良的行为适应结果，而保护性因素能够对风险的破坏作用进行补偿，风险与保护因素各自独立地作用于个体。如童年期遭遇父母离异，缺失的父爱或母爱可能带来一系列继发性风险，如父亲酗酒、经常患病、经济贫困、粗暴的养育方式，但是来自祖父母的关爱和学校的支持性环境会对父母离异带来的风险进行补偿。如果补偿因素足够抵御风险因素带来的消极影响，儿童则能够适应良好。

　　（2）挑战型。个体遭遇到的风险能够激发个体潜能而表现出更大的抗逆力，这也是对风险进行定义时的重要条件。因为只有当个体遇到危机、风险或挑战时会激活其抗逆力而产生相应的应对行为，如果个体遭遇到的风险过小则不足以激活抗逆力，反之风险过高可能带来个体无法成功应对甚至产生习得性无助。挑战型抗逆模型将风险与抗逆力进行关联，并且关注到风险的正向功能，强调在风险作用下个体以积极正向的行为迎接挑战，揭示了个体的能动作用，对抗逆力作用机制的发展和风险作用下个体潜能的挖掘具有积极的意义。

（3）免疫型，也叫调节型或保护型。强调保护性因素对风险因素的调节作用或免疫作用，也即保护性因素对风险因素的影响结果提供调节和免疫功能。如一个具有乐群人格特征或优雅气质的儿童在遭遇风险中会有更多的自信和积极探索的行为，从而使其适应良好，这种适应良好的结果可归功于乐群特征或优雅气质的调节作用[1][2]。加梅齐进一步在对压力和个人能力特质的量化分析基础上发现风险、压力、个体能力特质和行为结果之间存在着线性互动关系。当个体自身特质资源不足以应对风险压力带来的挑战时，保护性因素则对风险进行调节以降低风险对个体带来的冲击，促进个体的良好适应，因此提出保护性因素对外在危机事件具有免疫功能。

卢瑟（Luthar）[3]在此基础上对保护因素的免疫功能进行了进一步的细化，他提出保护性因素对风险的调节作用分为四种：保护型、恒定型、增进型和反应型。保护型是指不论风险水平如何，保护性因素总能起到保护性作用，但适应结果会受风险因素的影响，只是有保护性因素的存在，适应水平总会高于没有保护性因素存在的状态（如图2.1—A）。恒定型则表现为无论风险水平如何，只要保护性因素存在，个体就不会受到任何影响，但若保护因素不存在，个体的适应结

① Hartley, M. T., "Examining the relationships between resilience, mental health, and academic persistence in undergraduate college students", *Journal of American College Health*, Vol. 59, No. 7, 2011.

② Wang, M. C., Nyutu, P., Tran, K., et al., "Finding Resilience: The Mediation Effect of Sense of Community on the Psychological Well-Being of Military Spouses", *Journal of Mental Health Counseling*, Vol. 37, No. 2, 2015.

③ Luthar, S. S., "The Construct of Resilience: A Critical Evaluation and Guidelines for Future Work", *Child Development*, Vol. 71, No. 3, 2000.

果会随风险水平的提高而降低（如图 2.1—B）。增进型则为抗逆适应
结果带来了新的可能性，在保护性因素的作用下，经历风险之后，个
体的适应水平可能得到更好的发展，即高于风险之前的状态，而在保
护因素缺乏时适应结果呈现下降趋势（如图 2.1—C）。反应型则表现
为有保护因素的作用下，适应结果会优于没有保护因素的情况，但这
种保护效果会随着风险的增加而降低（如图 2.1—D）。

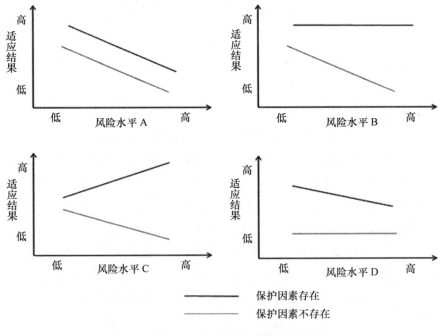

图 2.1　抗逆力免疫模型

　　同样的方法，如果是分析易感性因子的调节作用，也可借鉴上述
的模型框架①②。总体上易感性因子的功能表征为，有这些因子的存
在相比没有这些因子，个体会表现出更多的适应不良。可以假设，

　　① Catherine, B., "Risky and resilient life with dementia: review of and reflections on the lit-
erature", *Health, Risk & Society*, Vol. 15, No. 5, 2013.
　　② 席居哲、左志宏、WU Wei：《心理韧性研究诸进路》，《心理科学进展》2012 年第
9 期。

"易感型"用来描述不论风险水平如何，易感性因素总能起到消极调节作用，但适应结果会受风险因素的影响，只是有易感性因素的存在，适应水平总会低于没有易感性因素存在的状态。"易感—恒定型"则用来描述只要存在易感性因子，无论风险水平高低，个体的适应结果都一样低，而不存在易感因子时，个体的适应结果在风险水平低时比高时适应状况更好。"易感—反应型"则描述易感因子的存在随风险水平增高，个体的适应结果更糟的状态。这些模型对于揭示保护因子的调节作用具有启示价值，同时也提示出即便是调节作用，个体的适应结果的内在机制是不一样的，这种细致入微的分析不仅对理论建构有重要的贡献，对于如何进行预防和干预同样有非常重要的价值。

2. 抗逆层次策略模型

在亨特（Hunter）的抗逆策略模型中认为，抗逆力并不是一个二分的非好即坏的适应结果，而是分层次的，它的作用结果受制于个体内外保护因素、能力特质及个体的发展特征。这样的结果源于亨特的研究对象与其他学者的不同。Hunter 企图探索出现行为问题的个体是怎样应对生活中的压力的，因此他的研究对象为经常表现行为问题的学生（如旷课、校园暴力、未婚早孕等），令他吃惊的是，这些学生在总结自己的经历时，表达自己应对风险的成功适应策略包括不与其他人交往（源于对他人不信任）、离群索居（因为得不到周围环境的支持）、冷漠（应对痛苦时压抑情感而表现为无动于衷）。用主流文化对适应结果的评价来讲，无论拒绝交往、离群索居或冷漠都是消极适应的结果，不能被定义为"成功"或"适应良好"的，但这些学生就面对当前风险来讲，的确得到了适应性应对，如迈克尔·昂格（Michael Ungar）提出的隐性抗逆的概念[①]。因此亨特在反思基础上提出了抗逆层次策略模型。认为适应策略可以分为三个不同水平，最低层是基于生存意义的适应，如使用暴力侵犯或自我压抑来达成自我保

----

① 田国秀：《高危青少年问题行为分析及介入策略——基于隐性抗逆力视角的思考》，《首都师范大学学报》（社会科学版）2014 年第 2 期。

护；第二层次为防御性适应，个体可能选择与人绝交的方式抵御不良生活刺激；高层次的适应是文化赞许的、能够获得健康成长的积极策略，个体通过调动内、外部资源以获取社会支持，应对压力。目前观点认为前两种适应虽说解决了当下的风险应对，但成人之后可能出现心理适应不良或心理障碍，这也解释了卢瑟①研究中发现的具有高抗逆力的儿童反而比其他儿童更多的焦虑和沮丧。

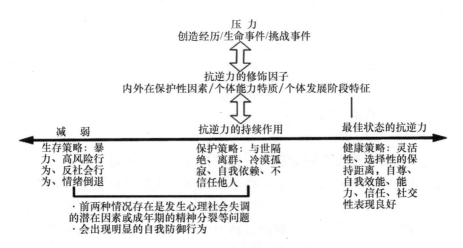

图 2.2 抗逆力层次策略模型

（1）压力、逆境等危机事件是激活抗逆力的起点。此处所指危机事件是指对个体成长有重要影响的事件，因此不单指生活中的负性事件，如升学、家庭重构等都对个体发展有重要影响。这种挑战性事件的评估基于个体的主观判断，因为某些事对有些人构成挑战对他人则可能不受影响。对抗逆力的修饰因子亨特没有做更细致的划分，指在抗逆力运行过程中产生影响的因素，因此结合前人的研究观点，应该包括了内部和外部保护因素。同时他特别强调了作为青少年不同发展阶段的特点，也作为修饰因子对抗逆策略的选择起到调节作用。

---

① Luthar, S. S. and Zigler, E. , "Vulnerability and competence: a review of research on resilience in childhood", *American Journal of Orthopsychiatry*, Vol. 61, No. 1, 1991.

（2）抗逆策略的不同层次。亨特划分抗逆策略的不同层次的重要目的是避免人们选择极端的、低水平的、伤害性的策略来处理问题，因此他将抗逆策略的健康程度由低到高区分为生存策略、保护策略和健康策略。对于使用低层次抗逆方式解决问题的青少年，提出应该进行认知调整，引导他们使用社会赞许的、能够获得健康成长的方式面对风险压力。

（3）抗逆策略的特点。亨特对消极抗逆的关注和抗逆策略的划分为我们呈现了一个完整而复杂的抗逆过程。抗逆策略从最低层次的生存策略到保护策略再到自我完善的最佳策略表明了抗逆力的普适性和个体之间在程度、水平上差异性。抗逆过程本身是个体内外在环境、文化、情境及其机会等相互作用的结果，抗逆的动态持续性及每个人灵活多样的抗逆表现都为我们建构了一个立体、复杂而又整合的抗逆模型。

亨特的抗逆策略模型最大的贡献是从个体主动适应与被动应对两方面应对方式进行探讨，并将个体面对逆境后的消极适应和不良发展归入了抗逆模型，使抗逆力的概念得到了进一步的拓展。同时，亨特的模型突出了对抗逆策略的不同选择，在此模型中影响抗逆策略选择的中介因素不是个体的主观评价，而是个体的保护性因素起着调节作用。根据抗逆力保护因素与风险因素的较量，抗逆力可能会向两个方向发展，减弱或增强。减弱时会采取生存策略，个体表现出一些高风险的行为，如暴力、反社会行为及情绪低落等；增强时会采取健康策略，个体的灵活性、选择性提升，自我效能、社交等表现良好。

（二）抗逆力的过程机制模型

学者们在对抗逆力的作用机制进行探析的同时，另外一些学者从抗逆过程的动态视角，分析抗逆过程中风险因素与保护因素如何进行交互作用，以应对危机事件带来的挑战，并对挑战结果进行不同适应层次的区分。此类理论模型主要代表包括理查德森（Richardson）的身心灵抗逆平衡模型、卡布佛（Kumpfer）的环境个体互动模型。

1. 身心灵抗逆平衡模型

理查德森①的身心灵抗逆平衡模型从个体内部平衡的瓦解及重新整合的角度来看待抗逆力的运作过程。理查德森认为，个体在面对压力或挫折事件时，其原本的平衡状态被打破，个体为了重新恢复平衡状态，就需要调动内部或外部保护性资源与压力进行抗衡。如果压力太大无法抵抗，原本的平衡则被瓦解，个体不得不改变原有认知或者基本信念，并进行有意识或无意识的重新整合，整合的结果分为四种：（1）抗逆重组，指能促进个体成长，获取知识，达到更高水平的平衡状态，个体抗逆特质得到发展与培养，抗逆力获得提升，这也是最理想的结果；（2）重新恢复到初始的平衡状态，即"弹回"，个体接受了风险之后的变化但没有从中成长，如丧亲或机能丧失等，这种弹回是面对现实的结果；（3）丧失性重组，是指伴随丧失之后重建的更低水平的平衡状态，此时的个体放弃原有生活的希望或动力，比如得过且过、消极应付；（4）功能失调性重组，表现为功能紊乱的失衡状态，个体可能产生物质滥用、反社会行为或不良生活方式以应对压力。这种重组结果虽说达到重整目的，但可能导致新的问题，可能需要心理治疗的帮助。

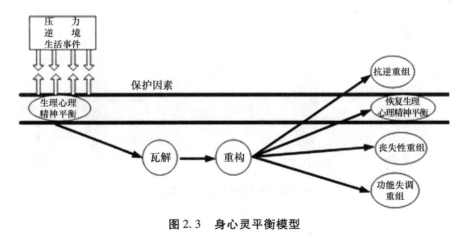

图2.3　身心灵平衡模型

---

① Richardson, G. E., "The metatheory of resilience and resiliency", *Journal of Clinical Psychology*, Vol. 58, No. 3, 2002.

理查德森强调了对抗逆结果的详细分类，他将抗逆结果从最好到最糟分为 4 类：抗逆重组、恢复最初的平衡、丧失性重组及功能失调性重组。同时扩展了危机事件的内涵，生活事件包含了一些看似不是危机的事件，如考上重点中学之后的环境适应同样会瓦解之前的平衡状态，而任何改变都意味着瓦解。

2. 抗逆运作过程模型

不同于罗特对抗逆过程中抗逆策略选择的关注，卡布佛①提出的抗逆运作过程模型是基于社会生态视角的交互作用模型和系统观点的人—过程—环境模型相互融合而成，因其同时兼顾了个体内、外部环境及两者之间的相互作用而具有更高的整合性。

首先，抗逆过程的起点在于压力源或者危机事件的出现，这种刺激事件打破了个体原有的平衡状态，因此也提示抗逆力的产生受挫折或危机事件诱发。面对挫折或危机事件，保护性因素具有缓冲功能，外部风险因素和保护因素相互作用，同时作用于个体。一般来说，保护性因素的增加或其数量超过风险因素，将能够缓冲风险因素带来的消极影响，但如果风险因素的危害性超过保护因素并不断增加，个体发生适应不良的机会将大大增加。

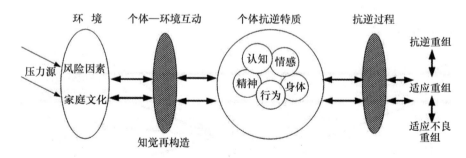

图 2.4　环境—个体互动模型

---

① Kumpfer, K. L., "Factors and processes contributing to resilience：The resilience framework", *Resilience and Development*, Springer US, 2002.

　　其次，个体与环境的交互作用过程，也即田国秀等①提出的前抗逆过程。当压力和挑战来临时，个体和环境会同时做出反应，二者之间相互影响，因此此阶段也称个体—环境互动过程。过程包括个体改变对环境的选择性觉知以应对压力，如弱势社区的高抗逆力个体，可通过寻求亲社会要素等保护资源以减少逆境的负面影响。卡布佛同时指出，个体可通过自身调整将高危环境转变成保护性的环境，如认知重构、选择性觉知、计划和梦想、亲社会人群交往、对环境的积极改变以及主动应对等。抗逆力儿童还可以通过寻求监护人员的保护完成积极社会化以实现抗逆力提升，如监护人提供的角色扮演、教导、忠告建议等。

　　环境中的风险、保护因素与个体内在特质交互作用的过程构成了前抗逆过程。卡布佛发现个体内在保护性特质包括认知、情感、精神、行为及身体五个方面，如学习能力、计划能力等认知特质，情绪管理、自我效能等情绪特质，生活目标、自信悦纳等精神特质，人际交往、沟通能力等行为特质，身体状况、运动技能等身体特质。

　　图 2.4 中最右边的部分呈现除了抗逆过程可能导致的三种结果：抗逆重组、适应重组及适应不良重组。抗逆重组包括个体的抗逆力变得更强并达到一个更高的抗逆水平，适应也称动态平衡重组，指退回风险之前的初始水平，适应不良重组则表示不能显示出个体抗逆的成功，也即抗逆力降低到一个比之前更低的水平。

　　图 2.4 中抗逆过程阴影椭圆所示为后抗逆过程。该过程关注个体抗逆力特质与最终抗逆结果之间的关系，在前抗逆过程中产生并受其影响，强调个体通过应对压力与挑战，发展个体抗逆力。

　　卡布佛将保护性因子与风险因子的博弈进行了进一步的明确：保护性因子的增加或其数量多过危险因子，将能够抵抗风险因子带来的冲击，但如果风险性因子的强度及数量都超过保护因子，则个体受消极冲击而发生适应不良的机会就会大大增加。卡布佛的环境个体互动

———————

　　① 田国秀：《当代西方五种抗逆力模型比较研究》，《华东理工大学学报》（社会科学版）2011 年第 4 期。

模型最让人耳目一新的莫过于他提出的两个互动过程，作者用了较多笔墨描述前抗逆过程个体与环境的互动，其中个体、风险因素、保护因素三者同时发生相互作用，个体的选择性知觉等内在特质和亲社会的接触等外在支持保护因素有助于在高危环境中的积极适应；如果将个体的内在特质的积极因素也囊括于保护性因素，则与前面的互动模型有着共通之处。

卡布佛抗逆模型中对前抗逆过程和后抗逆过程的区分为抗逆力研究提供了新的视角，也为抗逆力理论的发展带来了新的图景。后抗逆过程是抗逆特质与结果的关系反映，若个体在互动中积极应对则形成正向的抗逆结果，反之形成负向抗逆结果。作者对后抗逆过程只进行了很少文字的描述，因此无法得出后抗逆过程作为一个互动过程存在的意义，似乎只是对结果的预示。但是后抗逆过程的作用机制如何，包括卡布佛本人并没有做更进一步详细的描述。笔者认为，抗逆结果本身对个体抗逆力的发展存在反作用，根据抗逆力的发展观点，个体每次应对压力或挫折之后，抗逆力水平会随之变化并达到一个新的动态平衡，而抗逆结果的成功或失败则影响了抗逆力发展的方向。当然在抗逆力变化过程中是否还有一些其他因素产生中介作用，仍是后续研究需要关注的问题。虽说卡布佛的抗逆模型仍有不尽如人意之处，但究其整合程度和生态系统的视角，为抗逆力作用机制的理论模型提供了更加整合的视角，也是目前国内学者最为关注的模型之一。

三　抗逆力的研究范式

抗逆力作为个体心理成长的差异性指标，反映着人的发展成因及结果的多样性，这也意味着要理解"缘何一些人经历严重危机之后仍未受到损伤性影响而其他人却被压垮"这一命题并非易事。如何深入了解抗逆力的发展过程及作用机制，研究者需要从个体及环境中的风险因子（群）、保护因子（群）和发展良好的指标体系之间的复杂关系进行深入甚至精致的求证。但是无论对影响机制的理论建构抑或干预方案的编制实施都需要相应研究设计、数据分析、结果解释及推论的指导。然而，影响抗逆力的因子纷繁芜杂，清晰的研究范式和全局意识可为抗逆力的探索带来策略先机。目前围绕抗逆力的研究的可供遵循的模型框架包括基于变量的研究范式和基于对象的研究范式，同时，时间路径模型的研究也在纵向追踪研究中有其重要的价值。

（一）基于变量的研究范式

基于变量的研究范式以变量考察为要点，探索抗逆力发展的重要影响来源，以推测抗逆力发展的过程和模式。

1. 直接关系模型（主效应模型）

直接关系模型理论认为风险因子或保护因子独立地贡献于适应结果变量，虽然这些变量之间呈现的仅仅是相关变化，并不能得出相应的因果关系。保护因子对适应结果具有正向贡献，而风险因子则产生了负向影响，双极因子的影响则依据其发生水平包含正向与负向两类影响。模型假设危机/逆境因子和资源因子（个体适应特征、社会资源等）双方作用可相互累加，累加的结果则能够预测个体的能力发展状况和适应结果，危机/逆境的影响效应可被资源因素的影响所抵消或补偿，因此加梅齐等人[1]也将其称为补偿模型。模型中危机/逆境因子的出现对个体心理社会发展结果有消极作用，但这些因子不出现则不会对发展结果产生影响，如父母亲的离世。单纯的资源因子对心理社会性发展的适应结果具有正向作用，但这些资源因素的缺席却不会造成发展结果的负增长。如危难降临时恩人的出现或个体的天资禀赋等。除了两类因子之外，还有一些与心理社会发展或积极适应有关的因子，它们对结果的影响并非如上述两类因子那么单纯，相反这些因素既能造成风险的作用效果，也能产生资源的作用机制，也就是说，它们的影响是在危机与资源两类连续体上变动，有些多多益善匮乏则糟，如教养方式对学业成绩的影响，有些则越少越好，如核心家庭成员规模。

---

[1] Garmezy, N., Masten, A. S. and Tellegen, A., "The study of stress and competence in children: a building block for developmental psychopathology", *Child Development*, Vol. 55, No. 1, 1984.

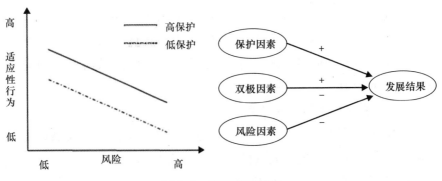

图 2.5 直接关系模型

基于直接关系模型的干预路径则可通过增加保护因素的作用。理论上讲，只要有足够的保护性因素或资源进入儿童的生活情境，以平衡高风险带来的消极影响，结果变量就会维持在一个标准水平。正如补偿性影响①观点所提到的，足够的保护性资源可以抵消外部风险加诸儿童生活的负担。建立保护的干预策略则基于这样的假设。

2. 间接关系模型

间接关系模型认为压力/逆境因子与心理社会发展结果间并非直接的作用关系，其间存在间接效应如中介效应的可能（图 2.6）。间接关系模型中的保护因素对风险或逆境的影响具有中介效应，这种中介效应可以是完全中介或不完全中介。完全中介情形下，风险因素的影响不是直接作用于社会适应功能的发展，而是经过保护因素的传递而起到间接作用。如父母养育功能对压力下的儿童心理发展起中介作用，良好的养育方式可以减低风险压力对儿童的消极影响②。不完全中介则是指风险对适应结果既存在直接影响也通过中介因素起间接作用。

基于间接效应假设的抗逆力干预工作中，可通过对保护性因素的

---

① Masten, A. S., et al., "Competence and stress in school children: the moderating effects of individual and family qualities", *Journal of Child Psychology and Psychiatry*, Vol. 29, No. 6, 1988.

② Farrelly, Y., "The relationship and effect of sense of belonging, school climate, and self-esteem on student populations", *Dissertations & Theses-Gradworks*, 2013.

启动缓冲风险的消极影响，也可通过保护性因子的加强而避免风险因素的影响产生，起到防患于未然的效果。如母亲在受孕前、孕中没有抽烟、酗酒等物质滥用行为，儿童就不太可能经受体质羸弱之苦。"孟母三迁"的故事对发展中的儿童同样有着不可忽视的价值。因此，对儿童生活中的保护——风险作用的目标进行调节，如父母的养育方式具有积极的保护意义。有关贫穷的影响便适用于此模型，在经济困难影响下的儿童呈现出父母养育方式下的调节作用，同样康格（Conger）和他的同事也验证了此模型的存在①，他们的发现也支持了间接关系模型对儿童情绪的影响受父母破坏性行为的调节。

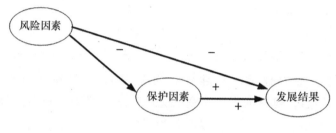

图 2.6　间接关系模型

聚焦变量的抗逆力研究结果建议父母的养育质量、智力、自尊、积极的自我认知广泛并普遍地与多重领域的适应行为相关，当结果变量标准采用如学业成就、亲社会或反社会行为、精神病理学问题发生率和同伴接纳等时，真实的主效应经常发生。甚至包括类似的许多研究中负性生活经历也存在类似的主效应。然而在对负性生活经历的解释力分析中，父母养育变量、智力分数、自尊水平等却往往表现得微不足道，特别是控制了养育方式和自尊水平之后就很难看到这种共变关系②。

---

① Hoyt, D. R., "Psychological distress and help seeking in rural America", *American Journal of Community Psychology*, Vol. 25, No. 4, 1997.

② Masten, A. S., "Competence in the context of adversity: pathways to resilience and maladaptation from childhood to late adolescence", *Development and Psychopathology*, Vol. 11, No. 1, 1999.

3. 交互作用模型

交互作用模型的特点是在风险因素作用过程中有多个调节因子，调节因子可改变风险对心理社会功能发展结果的影响。调节因子通常也称为保护性因子或易感性因子，二者对心理发展的结果影响方向相反。从图 2.7 中可以看出有两类调节效应，第一类关注风险因素应对有关的主体特征变量或环境变量对个体不利处境的影响，这些调节因素往往独立存在并与风险无关。如人格或生物节律对风险的消极影响具有调节作用。第二类调节效应指被风险因子激活的保护因素，马斯腾将这类因子比喻为汽车里的安全气囊，一旦危险情境发生，这类因子便被激活并执行保护功能。如一旦儿童遭遇不利处境，父母的高效能和儿童的有效应对策略等可保护儿童免受逆境伤害。在此过程中，风险因素的紧急唤醒能够使个体处于应对状态。这类调节因素中，个体良好的适应性特征（情绪风格、社会能力、压力认知、人际关系、个性品质、智力技能、心理理论等）对抗逆力发展具有重要作用①②③。当然，也有人提出家庭社会经济地位等因素也对个体抗逆力的发展具有重要调节作用，或许因为这些外在生态系统的改变（如家庭社会经济地位、安全的社区环境、良好的社会支持系统等）需要宏观的社会层面的参与，改变周期会更长，还有些生态因素的改变极其困难（如家庭成员中的严重或慢性疾病等），因此相对来讲，个体特征的撬动和激发更具有针对性和时效性。

基于交互模型的干预研究则着重于对风险激活后的免疫服务的提供，也可以聚焦于目前已有的调节缓冲，如为危机中的儿童努力提升紧急社会服务或父母应对，基于交互作用模型的干预目标也能改变个体的应对行为。

---

① Joseph, S. and Linley, P. A., "Positive Adjustment to Threatening Events: An Organismic Valuing Theory of Growth Through Adversity", *Review of General Psychology*, Vol. 9, No. 3, 2005.

② Tugade, M. M. and Fredrickson, B. L., "*CHAPTER 9: Positive Emotions and Emotional Intelligence*", Counterpoints 336, 2008.

③ 席居哲：《心理韧性儿童的社会能力自我觉知》，《心理学报》2011 年第 9 期。

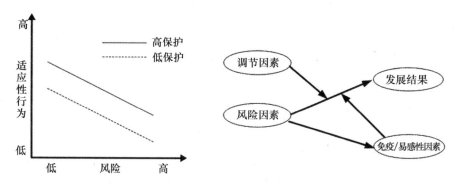

图 2.7 交互作用模型

基于变量的研究范式关注风险因素、保护因素及个体适应发展指标之间的关系，以识别与抗逆力相关各因素的作用机制。通过直接关系模型、间接关系模型、交互作用模型三种方式，从心理行为表现推断个体的抗逆力作用机制，在其理论建构和实践操作导向上有其明显的方法论指导意义。研究中根据理论思考和数据分析，选择一种或两种模式进行分析，以探讨抗逆力的原因及形成机制。但由于个体发展中的许多变量间并非简单单向关系，它们之间有互为因果的可能，并且变量间关系也非简单线性，变量影响存在非线性的可能，还有，不同变量的作用在不同文化背景中的作用会有差异，因此若以基于变量的研究范式便难以解释"缘何一些个体在经历严重压力/逆境之后出现各类适应问题而一些人却可以愈挫弥坚"这个核心命题。因此，学者们提出了另外一种研究范式：基于对象的研究。

（二）基于对象的研究范式

基于对象的研究范式与基于变量的研究范式最大的不同在于将研究对象设定为整体的人，而非某个或某些变量，基于这种研究范式，研究采取以人为先导、围绕人来展开抗逆力研究的方法策略，包括单一个案研究、抗逆力——非抗逆力群体对比研究及一般人群研究。

1. 个案研究

单一个案研究就是典型的基于对象的研究模式，它是基于单样本分析研究设计，以典型个案的抗逆力发展现象为代表进行深入剖析，或从抽样群体中抽取单个个案进行具体分析研究。前者的经典研究如早期的"Vreni"个案，她父亲嗜酒如命，母亲长期住院，她要照顾年幼的弟妹和体弱的父亲，但她后来婚姻美满，生活幸福。后者如沃纳尔（Werner）对4名处境不利但抗逆力发展良好的个案进行的追踪研究，展现了个体内部资源与外部社会支持的相互作用在成长中对个案的缓冲作用，并进而探讨了抗逆力发展的本质问题。

2. 抗逆力——非抗逆力群体模型

抗逆力——非抗逆力群体模型研究思路是对处境不利的研究对象根据一定的标准（如心理社会发展功能或适应状况）分为抗逆力组和非抗逆力组（或高抗逆力组与低抗逆力组），比较两组资源差异，探索抗逆力保护性因素及其作用，并推断抗逆力生成机制。采用此类研究模式的研究数量众多，较早时期的典型研究当属沃纳尔及其同事的对夏威夷考艾岛的研究，该研究始于1955年，他们将高风险组定义为具有4种以上风险的2岁儿童（如围产期问题、低母亲教育水平、贫穷等），抗逆力组定义为有良好胜任力或很少行为问题的10—18岁儿童。通过对比观测高风险组儿童在18岁时的显著发展问题，结果发现相较适应不良的个体，抗逆力个体有更好的养育资源，在他们长大时具有更高的认知测验成绩，积极的自我认知和责任感[1]。

3. 一般人群对象模型

经典的基于对象研究设计忽略了一个问题：对照组中缺少对没有经历风险因素并适应良好儿童的比较，因此无法得出抗逆力儿童是否在特质上区别于高能力低风险儿童，从而更好地理解抗逆力。卢瑟[2]和马斯腾[3]的两个研究中注意到这个缺陷，并设计出了4组对比研究：高风险适应良好、高风险适应不良、低风险适应良好和低风险适应不

① Nelson, B. S., "Resilient Adults: Overcoming a Cruel Past", *Family Relations*, Vol. 44, No. 3, 2001.

② Luthar, S. S., "Vulnerability and Resilience: A Study of High-Risk Adolescents", *Child Development*, Vol. 62, No. 3, 1991.

③ Masten, A. S., "Competence in the context of adversity: pathways to resilience and maladaptation from childhood to late adolescence", *Development and Psychopathology*, Vol. 11, No. 1, 1999.

良，企图通过组间对比分析理解抗逆结构。马斯腾（Masten）报告的结果显示，低风险良好适应组与抗逆力组在学业、社会和生产方面有平均或以上的胜任力，有相似的社会心理资源，包括更好的智力功能和养育质量，更积极的自我概念。他们与适应不良组的明显区别在于态度和资源的不同。

后来学者对此模式进行扩展，在研究中根据危险/逆境水平和心理社会发展结果两个指标将对象分为 4 个群体①或 9 个群体②进行对比研究（如图 2.8）。

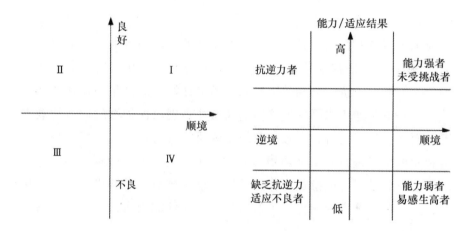

图 2.8　一般群体对象模型

在此模型中涵盖了危险因子和发展结果因子的全域，所以研究对象更为全面，通过分组对比甄别出与压力应对及抗逆力发展关系密切的因素，同时由于模型中纳入了顺境情境下适应良好与不良的对象，因此是全息视角的，研究可以通过对比逆境中发展良好与顺境中发展

---

① Fergus, S. and Zimmerman, M. A., "ADOLESCENT RESILIENCE: A Framework for Understanding Healthy Development in the Face of Risk", *Annual Review of Public Health*, Vol. 26, No. 2, 2005.

② Wright, M. O. and Masten, A. S., *Resilience Processes in Development*, Springer US, 2005.

良好者之间的对比，得出相同的积极因子为有益于个体健康发展的普适性因子，而不同的因素则具有情境特异性。同样，对于逆境中发展较差的对象和顺境中发展较差的对象之间的对比，可以区分心理发展中普遍的易感性因子和情境特异性的脆弱因子，有利于对顺境中适应脆弱因子的研究，将优裕环境中的不良发展现象纳入研究视野①②。

不同的研究方法各有其利弊。个案分析在质性研究中有深入分析、主题析出方面的独特优势，实施方便，但其因对象选择缺陷在概括性方面存在先天不足。抗逆力——非抗逆力对比模型在揭示抗逆力群体在社会资源、个体内在特质与非抗逆力组之间差异方面有其优势，结果和结论的析出也是在两组样本对比基础上形成，其概括化程度较个案研究有很大提升，但结果上显示的抗逆力可能实际上仅仅因为其压力/逆境暴露水平低下而已。另外逆境水平相当时，无论在何种危险情境下，抗逆力相关因素均能预测良好发展结果，还是这些相关因素是由于逆境水平较低群体的缺席才表现出保护性的调节功能也不得而知。相对而言，一般对象模型的研究效力最高，可根据环境变量和发展结果进行4组（或更多）之间的对比，对有效揭示不同逆境水平、发展结果间的抗逆力作用差异、推断抗逆力发展机制上更为扎实，并且这种全息视角提出了对低逆境——低能力人群的关注，这对于模型发展具有重要的意义。

（三）不同研究范式的评价

不论基于变量的研究范式还是基于对象的研究范式都有其各自的优缺点，变量中心的研究在充分发挥统计技术的基础上，适合于寻找各个变量之间的关系，对应用研究和干预研究提供了思路，但这种取向需要基于对变量进行合理科学的操作化，否则会丧失研究的效度。同时由于其本质化的特点导致研究中丧失整体性和脉络化的关注，无法描绘出现

---

① Csikszentmihalyi, M. and Schneider, B., "Becoming Adult: How Teenagers Prepare for the World of Work", *American Journal of Education 31*, Vol. 109, No. 3, 2001.

② Becker, B. E. and Luthar, S. S., "Social-Emotional Factors Affecting Achievement Outcomes Among Disadvantaged Students: Closing the Achievement Gap", *Educational Psychologist*, Vol. 37, No. 4, 2002.

实生活中的人所具备抗逆力的典型模式。基于对象的研究范式将变量整合于个体自然的生存状态进行研究，适合于抗逆力普遍性与特殊模式探讨，其变量关系无法得到清晰科学的澄清，从而影响了对科学的抗逆机制的探讨，同时由于研究对象的限制，在样本代表性方面存在缺陷。

　　研究范式关乎研究的立题、破题与解题，是将研究想法转变成做法、方法和技法的过程，是有关研究策略的问题。迄今抗逆力研究中已经存在的多种研究范式，并有将这些研究范式综合运用的趋向，当然，如何选择研究范式是学者在考虑自身研究特长的同时需要结合每种方法的优势和不足，结合自己的研究需要进行选择，研究范式本身也需要学者们在不断探索中继续发展，以揭开抗逆力的内在机理并孜孜以求之。

第三节　困境儿童抗逆力研究

　　国外抗逆力研究中多集中于对各种困境中儿童抗逆力的适应过程，如海啸、恐怖袭击、地震或家庭危险情境如贫民窟、父母酗酒、离异等。国内抗逆力研究起步较晚，对象人群包括残疾人、震后儿童青少年、离异家庭子女等弱势群体及一般大众群体，尚没有对农村留守儿童特定留守情境的抗逆力研究。留守儿童与其他困境儿童有着类似的生活压力事件，他们也承担了更多的成长风险，因此对困境儿童抗逆力发展及影响干预的回顾对于留守儿童抗逆力研究具有重要的借鉴意义。

一　困境儿童抗逆力发展研究

　　早期抗逆力的发展研究专注于识别受到逆境威胁或没有经历逆境个体因素之间的比较鉴别[1][2][3]，他们将影响抗逆力发展的因素分为保

　　① Garmezy, N., Masten, A. S. and Tellegen, A., "The study of stress and competence in children", *Child Development*, Vol. 55, No. 1, 1984.

　　② Werner, E. E. and Smith, R. S., "Overcoming the odds: high risk children from birth to adulthood", *American Journal of Sociology*, 1993.

　　③ Bruce, S. M., "Parenting Behavior and Adolescent Conduct Problems", *Journal of School Violence*, Vol. 7, No. 1, 2008.

护性因素和风险因素。保护性因素中最重要的是对各类逆境儿童个人品质的识别，这些个人品质包括智力①②③④⑤、气质⑥⑦⑧、自主性⑨、自立（self-reliance）⑩、社会性、有效的应对策略⑪及沟通交流技能等。具有这些特点的儿童往往被描述为无懈可击、坚不可摧、不可征服、超级儿童、无敌的、英雄、顽强的、能吃苦、恢复、回弹、不受损的、茁壮成长、良好应对、积极适应、压力逆境的免疫等特征。当然，除了这些现象学的描述，在特质说的概念指导下，学者们认为抗逆力的发展完全取决于个体区别于其他人的特殊属性，因此将抗逆力看作个体生理、心理方面的内部保护因素，如生理上的健康、气质等，心理上的认知、情感或能力，如良好的智能、责任感、幽默感、独立、未来导向、积极倾向、内控归因模式、宗教信仰甚至对他人的信任等⑫。也有学者将抗逆力分为内部保护因素和外部保护因素两部

① Baldwin, A. L., "Contextual risk and resiliency during late adolescence", *Development and Psychopathology*, Vol. 5, No. 4, 1993.

② Brooks, R. B., "CHILDREN AT RISK: Fostering Resilience and Hope", *American Journal of Orthopsychiatry*, Vol. 64, No. 4, 1994.

③ Lavretsky, H., "Resilience and Aging", *Aging Health*, Vol. 3, No. 3, 2014.

④ Luthar, S. S. and Zigler, E., "Intelligence and social competence among high-risk adolescents", *Development and Psychopathology*, Vol. 4, No. 2, 1992.

⑤ Masten, A. S. and Coatsworth, J. D., "The development of competence in favorable and unfavorable environments: Lessons from research on successful children", *American Psychologist*, Vol. 53, No. 2, 1998.

⑥ Werner, E. E. and Smith, R. S., "*Vulnerable But Invincible: A Longitudinal Study of Resilient Children and Youth*", 1982.

⑦ Kimcohen, J., "Genetic and environmental processes in young children's resilience and vulnerability to socioeconomic deprivation", *Child Development*, Vol. 75, No. 3, 2004.

⑧ Rende, R. and Plomin, R., "Families at risk for psychopathology: Who becomes affected and why?" *Development and Psychopathology*, Vol. 5, No. 4, 1993.

⑨ Lavretsky, H., "Resilience and Aging", *Aging Health*, Vol. 3, No. 3, 2014.

⑩ Pretty, J. N., "Regenerating agriculture: policies and practice for sustainability and self-reliance", *Field Crops Research*, Vol. 48, No. 1, 1996.

⑪ Luthar, S. S. and Zigler, E., "Vulnerability and competence: a review of research on resilience in childhood", *American Journal of Orthopsychiatry*, Vol. 61, No. 1, 1991.

⑫ Bonanno, G. A. and Diminich, E. D., "Annual Research Review: Positive adjustment to adversity—trajectories of minimal-impact resilience and emergent resilience", *Journal of Child Psychology and Psychiatry*, Vol. 54, No. 4, 2013.

分，诸如良好的家庭环境、家庭凝聚力、学校、社区、家人、同伴、朋友等社会关系都是个体应对外部风险危机的保护因素和资源①②。加梅齐等人将抗逆力的保护因素分为三组：个人特征、家庭关系和高的外部支持。辛格（Singer）③ 也将抗逆力划分为三类：弹性依存关系、灵活的意义感和平衡应对。理查德森提出了四类抗逆品质：孩童的、道德的、直觉的和高尚的。根据个性特点，这些因素大致分为认知、情感、人格三个方面，如认知方面的敏感性与洞察力，情感方面的积极情绪体验、未来期望等④，人格方面如亲社会的气质类型、自信乐观、自主行动，积极参与、对危险的快速反应、信息检索、对创伤事件的心理重构、利他主义、承担风险的决定等⑤。美国心理学会（APA）则认为抗逆力的保护性因素包括制订并实施计划的能力、正向的自我意识及自信、沟通、问题解决能力、情绪管理能力等⑥⑦。

另一类保护性因素的识别研究则专注于儿童所处的社会环境，因此也引入抗逆力研究的社会生态视角，将儿童放置于其所处生态系统之中进行研究。如将儿童生态系统分为个体微系统、中系统、外系统及宏系统，微系统包括儿童自身内在的先天或后天遗传特质，中系统则包括儿童生活的近端领域，如家庭、学校及同伴网络，与中系统相关的如父母的工作单位、学校管理部门、邻里社区环境及网络类型则

---

① Ager, A., "Annual Research Review: Resilience and child well-being—public policy implications", *Journal of Child Psychology and Psychiatry*, Vol. 54, No. 4, 2013.

② Zobel, Christopher, W. and Khansa, L., "Characterizing Multi-event Disaster Resilience", *Computers & Operations Research*, Vol. 42, No. 2, 2014.

③ Singer, George, H. S. and Powers, L. E., "Contributing to resilience in families: An overview", 1993, pp. 1 – 25.

④ Garcia-Dia, Mary, J., "Concept analysis: resilience", *Arch Psychiatr Nurs*, Vol. 27, No. 6, 2013.

⑤ Ng, R., Ang, R. P. and Ho, M. H. R., "Coping with Anxiety, Depression, Anger and Aggression: The Mediational Role of Resilience in Adolescents", *Child & Youth Care Forum*, Vol. 41, No. 6, 2012.

⑥ Rutten, B. P. F., "Resilience in mental health: linking psychological and neurobiological perspectives", *Acta Psychiatrica Scandinavica*, Vol. 128, No. 1, 2013.

⑦ Prince, E. S. and Saklofske, D. H., "Resilience Interventions for Youth in Diverse Populations".

是影响儿童抗逆力发展的远端环境因素。当然这些内容都发生于个体所处的宏观网络背景之中，如个体所处社会文化环境，其社会政策的发展、历史文化传承等则是以潜移默化的方式作用于个体的抗逆过程。

布朗芬布鲁纳（Bronfenbrenner）受其导师勒温（Lewin）的影响，设想将儿童放置于其生活环境的嵌套结构中进行研究，他将儿童的发展与其生活环境紧密联结，这种开创性的发展使得生态系统得以形成。根据布朗芬布鲁纳的生态环境嵌套框架，认为儿童生活的微观、中观与宏观环境与个体的交互作用是影响个体发展的决定性因素。如他对人类发展的定义中所述：人类的演进发生于生态环境之中，个体能力成长的发现、维持、转换和性能都是与生态环境相互关系的结果。抗逆力的研究聚焦在贡献于人类发展的特定子系统，即面对显著逆境仍能提升个体幸福体验的环境系统，这样的发展完成了抗逆力研究对象从个体自身特质向个体与环境交互作用的转变[1]。昂格在对多文化背景的抗逆力比较研究中发现，对于暴露在严重逆境中的个体而言，抗逆力不仅指个体能够通过对周围的心理、社会、文化资源的利用以维持自身的福利，而且与这些资源的选择和互动具有经验和文化意涵。显然这个概念强调了个体操纵和把握资源的能力导致了逆境环境中的成功。一个充足的环境资源更能促进儿童动机、气质和特定天分以促成成功发展的结果，即使很多心理创伤的儿童在他们的环境稳定化和资源充足的情况下也有最好的身体和心理成长[2][3][4]。基于生态系统的视角，影响儿童抗逆力的除了儿童自身特质之外，首

---

① Ungar, M., "The social ecology of resilience: addressing contextual and cultural ambiguity of a nascent construct", *American Journal of Orthopsychiatry*, Vol. 81, No. 1, 2011.

② Bonanno, G. A., Westphal, M. and Mancini, A. D., "Resilience to Loss and Potential Trauma", *Annual Review of Clinical Psychology*, 7.1, 2011, p. 511.

③ Campbell, C., "Exploring children's stigmatisation of AIDS-affected children in Zimbabwe through drawings and stories", *Social Science & Medicine*, 71.5, 2010, p. 975.

④ Wekerle, C., Waechter, R. and Chung, R., "Contexts of Vulnerability and Resilience: Childhood Maltreatment, Cognitive Functioning and Close Relationships", *The Social Ecology of Resilience*, Springer New York, 2012, pp. 187 – 198.

当其冲的就是家庭因素。如家庭内部的温暖、凝聚力、结构、情感支持、积极的依恋类型及近体保护（如至少一个照顾者）①②③④⑤⑥。直系亲属之外的环境中的保护性因素包括了积极的学校经历、良好的同伴关系⑦、与其他成人之间的积极关系⑧以及可用和可及的社会保护资源（如扩大家庭、社区中的教育服务资源等）。

二　困境儿童抗逆力干预研究

1. 抗逆力干预目标选择

近年来，积极心理学研究对抗逆力的影响备受大家的关注。赛里格曼提出发展系统的积极心理学以代替以往对病理心理学的关注，他指出心理干预需要跨过之前"修正不足"的视角，而从有系统地建立个体能力的视角进行干预。赛里格曼的路径是基于认知理论的，是以提供一个基于抗逆力的有结构的干预设计来缓冲个体不良症状带来的影响。

也是在近期，临床心理学家也提出向临床应用方向的转变，古德

①　Baldwin, A. L., "Contextual risk and resiliency during late adolescence", *Development and Psychopathology*, Vol. 5, No. 4, 1993.

②　Garmezy, N., "Resilience and vulnerability to adverse developmental outcomes associated with poverty", *American Behavioral Scientist*, Vol. 34, No. 4, 1991.

③　Brooks, R. B., "CHILDREN AT RISK: Fostering Resilience and Hope", *American Journal of Orthopsychiatry*, Vol. 64, No. 4, 1994.

④　Luthar, S. S. and Zelazo, L. B., "Research on resilience: An integrative review", *Resilience & Vulnerability: Adaptation in the Context of Childhood Adversities*, Edited by Ss Luthar 2003.

⑤　Masten, A. S. and Coatsworth, J. D., "The development of competence in favorable and unfavorable environments: Lessons from research on successful children", *American Psychologist*, Vol. 53, No. 2, 1998.

⑥　Wright, M. O. and Masten, A. S., *Resilience Processes in Development*, Springer US, 2005.

⑦　Cowen, E. L. and Work, W. C., "Resilient children, psychological wellness, and primary prevention", *American Journal of Community Psychology*, Vol. 16, No. 4, 1988.

⑧　Conrad, M. and Hammen, C., "Protective and resource factors in highand low-risk children: A comparison of children with unipolar, bipolar, medically ill, and normal mothers", *Development and Psychopathology*, Vol. 5, No. 4, 1993.

史迪恩（Goldstein）[①] 提倡将抗逆力应用于临床心理学，他们的干预聚焦于对儿童及其与社会环境之间的交互作用，古德史迪恩写道："父母教育中的韧性心态的培养是非常重要的，它影响了如何去识别和养育子女的韧性品质。"这些学者们也致力于改变家庭和教育环境用以提升儿童抗逆力。

作为一项干预指标，抗逆力最初被操作化为个体的一种特质，是一种能够使个体从逆境中恢复，或平安通过逆境的一种特质。但近期更多的抗逆力提升干预研究中将范式转变为修正弹性，这种转变将干预侧重于对当前逆境处境的调整，如通过指导父母和老师在儿童工作中提供一个抗逆心态，或被称为提供"韧性的教学环境"。

2. 抗逆力干预策略选择

在抗逆力干预研究中需要考虑到干预是否适用或有意义。首先需要考虑的就是干预是不是真正针对儿童、青少年或成人的。虽说父母在子女儿童期的保护性因素能够预测后期生活中的良好结果，但抗逆力实际的表现和经历在整个生命周期中都有所不同。其次需要考虑抗逆力是否被作为一个一维或多维的结构进行考虑，尽管早期抗逆力干预的讨论中抗逆力是被作为一个一维特质进行研究，但近期的讨论中更多将其作为一个多维系统进行探讨。干预更多是基于特殊人群、特定理论、临床观察基础上的应用，最初与儿童相关的抗逆力研究多聚焦于提升能力、自我效能感，社会技能和学业成就，而近年来，干预更多注重对情绪调节能力的提升。

如有学者开展了一个以系统经验探索为主的抗逆力提升支持项目[②]，它针对是否受助、有临床症状或身处风险等指标，将干预目标确定为找到适合特定群体的需要，以设计出针对特定群体不同方面的干预模式。早期也有以生理病理症状的缺席作为抗逆力存在的基本标准，这种干预策略注重于对干预对象症状的解除，因此使用医学护理

---

① Goldstein, Sam, S., Goldstein and Psychologie, H., *"Handbook of Resilience in Children"*, Springer September, 2013.

② Fabio, A. D. and Saklofske, D. H., "Promoting individual resources: The challenge of trait emotional intelligence", *Personality & Individual Differences*, Vol. 65, No. 5, 2014.

干预模式为主，但这种方法虽说易于理解并实施简单，但不能体现抗逆力概念本身的丰富内涵。因为抗逆力是个人属性与外部环境复杂交互、内在机制的调节及生理心理发展的结果，科学的干预需要根据这种复杂的交互进行多维干预与评估，但基于这种思想的干预方法又太难以掌控。

　　发展心理病理学的研究视角企图从纵向研究角度获得特定群体抗逆力的特定情况，发展视角的评估往往聚焦于成就或积极结果，如达到一定的发展标志，这种路径对于纵向研究是非常有用的，他们通过对参与者多方信息的小心收集进行风险和保护性因素的回溯性评估。当然这样的抗逆力干预需要将研究对象根据风险类型、个体发展特点等进行区分，针对他们各自的不同需求设计干预方案，当然方案的设计可以从个体特质的培养和保护性环境的塑造两方面来进行。然而因为抗逆力概念本身的多重意义标准使得抗逆力评估存在困难，因此也为这种基于发展病理的干预研究带来不便，也不利于对特定方法和人群的比较。

　　综合目前对不同群体的干预研究，抗逆力干预测策略的选择大致可以分为两类：基于个体抗逆力特质的干预和基于个体生态环境保护性因素的塑造。如在个体抗逆力特质培育方面，国内著名的两个干预项目"抗逆小童星"和"成长的天空"，都是基于抗逆力的三因素理论进行，将个体抗逆力操作化为乐观感、效能感和归属感，从三个角度对儿童抗逆力进行干预，如培养儿童乐观积极心态、提高儿童交流沟通能力、计划能力等。而基于个体生态系统中保护性因素的干预则包括从个体家庭环境中养育环境的培养塑造、扩大家庭中对家庭养育的支持、社区环境的安全、归属感的提升，学校教育中对儿童韧性发展的教育模式探讨，以及在更为宏观的外部环境中进行社会政策与文化方面的保护策略制定等。

本章小结

　　依据本研究的研究主题，本章从以下三个方面进行了文献综述。

　　关于留守儿童问题的研究从人口学、社会学、心理学不同学科的关注视角出发，综述了留守儿童目前的生存样态、留守儿童问题的研究视角及留守儿童问题的建构逻辑，我们发现留守儿童确实因为亲子分离，经历了更多的发展困境，从总体上看，留守儿童中出现的适应性或发展性问题确实要高于非留守儿童，但也有部分留守儿童同样经历亲子分离却依旧适应良好。

　　关于抗逆力理论研究的回顾中，我们从抗逆力概念发展、理论建构的发展、抗逆力的研究范式三个方面进行梳理。抗逆力概念经过特质说、过程说、结果说、能力说的发展，抗逆力理论也大致分为作用机制模型和过程机制模型两大类，对抗逆力研究范式也主要有两类：基于变量的研究范式和基于对象的研究范式，每种类型都有其各自优势，但将个体的抗逆力研究与其自身生命历程的发展相结合的研究无疑是目前研究中需要进一步拓展的。

　　第三节我们对困境儿童抗逆力研究进行回顾，包括困境儿童抗逆力发展、抗逆力影响因素、抗逆力干预及应用研究，困境儿童抗逆力的影响因素包括儿童自身生理、心理因素及儿童所处社会环境的共同制约，而其抗逆力表现于个体内外部保护与风险因素的博弈过程。困境儿童抗逆力干预研究已经完成干预目标的病理性观点向发展性观点的转变，干预策略的选择也包括基于儿童自身特质的培育和保护性环境的塑造。

第三章　研究框架与研究方法

　　社会科学研究的现象是集体特征而非单个个体的特点，目的是解释即便单个个体的行为在不同时空中发生改变，集体仍能表现出固有的行为规律。对留守儿童抗逆力的研究就是希望寻求他们何以能够成功抗逆的内在模式或规律。本书使用的研究方法包括从个别到一般的归纳推理，也包括从一般到个别的模式验证。留守儿童生活于其特定的社会生态环境之中，生态中的诸多因素都促成或阻碍了他们面对留守困境的适应结果，因此本研究将留守儿童放置于其特定的社会生态之中进行考量，从系统论的视角对留守儿童的抗逆力生成进行分析，考察他们自身的微系统与其所处家庭环境及外部社会环境如何互动以成功适应。所以分析框架也沿用了系统论的观点，将留守儿童生态环境分为微系统、中系统和外系统进行考察，以期得到留守儿童之所以能够成功抗逆的一般规律。

第一节　研究问题与研究框架

一　具体研究问题

　　留守儿童问题研究是在中国社会经济体制转型的宏观背景下发生的。刘林平[①]指出民工潮的发生源于农村劳动力的大规模迁徙，而农村劳动力迁徙的背后是在落后或相对落后的农村留下一批批缺失父母

---

　　① 刘林平、张春泥：《农民工工资：人力资本、社会资本、企业制度还是社会环境?》，《社会学研究》2007 年第 6 期。

管教的未成年子女，他们便构成了留守儿童这一问题的起源。

本研究对象为农村留守儿童。无论学界对留守儿童问题如何进行"去问题化""去污名化"，相对于其他儿童，留守儿童承担了更多的压力和挑战，其发展路径更为曲折和艰辛。目前国家对留守儿童的关注多从舆论上、政策上进行引导和支持，希望能够通过公众对留守儿童弱势地位的关注帮助他们更好地摆脱困境。然而同样的留守儿童身份，有些儿童却能够发展良好，甚至更优秀。这样的差异值得我们仔细探究缘何这些人可以发展良好，若想要其他留守儿童一样能够发展良好，作为留守儿童自己及环境中的支持性资源，需要做出什么样的努力？这就是本书想要回答的问题。

生态系统理论是本研究的第一个理论分析框架。根据布朗分布鲁纳的生态环境嵌套框架，假设留守儿童抗逆力的生成与发展是其生活中的微系统、中系统及外系统中各个部分交互作用的结果。因此本书将留守儿童的生态系统分为微系统、中系统、外系统三个层次，对不同层次中的个体及环境生态如何作用于抗逆力生成进行分析，从个体与环境交互的过程理解儿童抗逆力的发展，这无疑对留守儿童生态视角下的干预路径发展具有重要的意义。

在第一章的导论中，我们根据目前留守儿童的研究状况，提出了本书主要研究的问题是，留守儿童的抗逆力是如何生成和发展的？为了回答这个问题，文章对留守儿童研究、抗逆力的理论发展和儿童抗逆力的研究状况进行文献回顾。根据目前的研究状况提出了三个具体的研究问题：留守儿童抗逆力状况如何？留守儿童所处的微系统、中系统和外系统是如何帮助留守儿童成功抗逆的？在留守儿童的生态系统中可以提供哪些支持或服务，以有效帮助留守儿童成功抗逆？也就是"是什么""为什么"和"怎么做"的问题。

第一个问题的研究目的是想要了解农村留守儿童的抗逆力状况，就目前已有的研究中几乎可以分为两个阵营：一些人认为留守儿童本身就是一个社会问题，如果不能妥善处理必然会给社会安全稳定带来威胁，不利于社会的良性发展；而另外一些人则认为留守儿童只是一种身份，一种存在状态，现有的问题化研究有些夸大问题的实质，因此需要对留守儿童去污名化、去问题化。那么留守儿童在其生态环境中抗逆状况到底如何就是本书首先要探讨的内容之一。

在对第一个问题的研究中，文章引入了群体比较的研究视角。群体比较研究是将群体的分类作为问题产生的一个原因进行分析。对留守儿童的群体比较是为了探索留守带来的群体差异如何，这种差异如何受到儿童自身或周围环境的影响或中介。

第二个问题：留守儿童抗逆力是怎样生成和发展的？在回答这一问题的思路中，文章将个体放置于其所处的生态系统中进行探讨，文章将留守儿童的生态系统分为三个层次：一是微系统，包括留守儿童生理基础、心理环境和社会认知，从留守儿童微观层面分析影响抗逆力生成的生理、心理及社会因素；二是中系统，包括留守儿童的家庭和扩大家庭，从留守儿童中观层面分析其家庭环境和扩大家庭如何作为其资源或风险作用于留守儿童的抗逆过程；三是外系统，指留守儿童生活区域中的家庭外环境，如学校、同伴网络和邻里社区，分析这些远端环境如何作用于留守儿童抗逆力的生成与发展。

第三个研究问题是基于前两个问题的延伸，在了解留守儿童抗逆力状况并在其生态系统的抗逆力生成分析基础上，探索对留守儿童的干预策略，即从抗逆力生成的视角，怎样的个体干预和环境建构有助于留守儿童抗逆力的生成，以便使得更多的留守儿童都能够在其环境中成功应对留守带来的风险或留守的继发性风险，达成良好适应的结果。

抗逆力的生成起点源于显在或潜在高破坏性事件的出现，这种事件可能是天灾、人祸或突然降临的意外死亡，当然也有人认为累积性的日常生活困扰同样可以激活个体抗逆力生成与发展。对于留守儿童来讲，他们遭遇的风险就是留守带来的亲子分离，以及因此而产生的一系列并发性或继发性风险，如贫困，因贫困而产生的婚姻破裂，因亲子分离产生的家庭教育部分或全部缺失，亲子关系不良，儿童孤独感，学业失败甚至心理或行为问题，等等。

破坏性事件几乎同时作用于个体及其身处环境之中，高保护性的环境或高保护性的个体往往能够从这种逆境事件中更快恢复甚至得到发展，而低保护的环境或个体在此类逆境中可能需要更长的恢复时间或发展出非文化赞许的适应行为，甚至可能无法恢复，出现各类身心疾病或适应障碍。个体和环境中的保护因素便是促进抗逆力生成或发展的关键所在。

对于个体而言，也就是对个体内在影响因素的探索。纵轴的影响如个体易感性特质，指受生物性遗传影响的个体气质决定的行为模式或先天体格等，生理心理学家认为人类大脑在个体生活经历之后会发生相应改变，并将之称为神经可塑性[①]，而这种影响会贯穿个体的整个生命；横轴则涉及在特定历史背景下个体一生的情感、认知、人际关系及生理发展，如智力、独立性、责任感、幽默感、内控归因、未来导向、宗教信仰等。就易感性特质在多数学者的研究中将其作为抗逆力的风险因素进行界定，但在近期研究中有学者将其作为双极因素应用于抗逆力的生成发展中，即这些因素可能在某些时候对抗逆力发展起到保护促进作用，而有时可能会成为抗逆过程的阻力出现。横轴涉及的因素对抗逆力发展则均具有促进作用。

家庭是置身个体外部的第一层保护圈。家庭的纵轴包括家庭代际的传承模式、家庭历史、家庭功能，这种模式传承是通过三角情感关系来完成，它包括个体成长过程中家庭全部的态度、禁忌、期望、规则，以及家庭所负荷的问题。家庭层面的横轴则是特有的家庭系统内部的关系生成及互动模式，包括家庭特有的语言、沟通模式、情感表达，它们都作为家庭中的保护性因素出现在个体抗逆过程中。随着时间的变化发展，家庭可能出现的各种应激事件也是影响个体抗逆力发展的重要因素，并且随着家庭生命周期中的变化而转换，它包括可预期的成长应激和不可预期的事件，诸如不合时宜的死亡，家庭关系的破裂，它们都可能成为个体抗逆力发展的促进或抑制力量。

中国传统的家族文化意识使得核心家庭在遭遇困境时，扩大家庭便会对其家庭功能进行补偿。留守儿童核心家庭中的父母或者其中一

---

① Southwick, S. M., Vythilingam, M. and Charney, D. S., "The Psychobiology of Depression and Resilience to Stress: Implications for Prevention and Treatment", *Annual Review of Clinical Psychology*, Vol. 1, No. 1, 2005.

方离家外出之后，其空缺的家庭功能便主要交由扩大家庭或亲属完成，如爷爷奶奶或姑姑阿姨。他们在留守儿童成长中也构成了重要的补偿性资源，这种扩大家庭的支持力量构成了留守儿童能否成功抗逆的近体因素。

留守儿童生活环境除了家庭之外便是学校和村庄社区。从时间维度来看，学校是留守儿童度过时间相对多的场所，学校环境中的各类因素也是影响留守儿童成功抗逆的重要因素，其中最为重要的当数教师和同伴，这些因素对于留守儿童学业效能和个体性发展至关重要。村庄社区是留守儿童生活的主要场所，村庄的生态文化环境也便成为留守儿童抗逆力发展的远体影响因素。

在对个体抗逆力生成机制的形成及发展过程研究中，个体所处宏观环境的影响往往在研究中进行了一定程度的限定，因为从共时性或历时性上讲，研究对象所处区域或历史事件的影响在一定范围内具有共通性的特点，因此在具体研究中往往会被平衡或忽略。但这些潜在因素的影响正如其发生一般，虽说发展变化缓慢却影响深刻，因此也成为抗逆力生成机制中不可或缺的部分。

二　研究框架

本书研究性质是属于描述性和探索性研究，探索性研究往往使用在对于一个新问题的研究当中，它一般可以达到三个目的：其一，满足研究者对某个事物进行深入了解的愿望；其二，探讨对某个问题进一步深入研究的可行性；其三，则是发展出后续研究所需要使用的方法。根据第二章文献回顾的部分，抗逆力研究开始于二十世纪四五十年代，发展于八九十年代，而在 2000 年左右开始出现繁荣之势，但抗逆力研究在国内发端于二十世纪九十年代，2000 年之后开始有更多的学者关注到对此问题的研究，直到目前抗逆力已经成为一门显学，但相对于其他社会问题的研究从文献数量和质量上仍处于发展之中。有关抗逆力研究的学科背景目前主要有社会学、医学和心理学，不同学科背景下的研究方式也各有差异。心理学多基于个体的角度，探索影响个体成功适应的自身弹性特质的部分，医学主要从心理病理的角度探讨弱势群体的心理关爱，而社会学更多关注宏观环境中影响抗逆力的发展性因素。不论在哪个学科背景下，抗逆力自身的黑箱性质决定目前对抗逆力如何生成和发展的这一发生与过程机制仍没能有明确的结论。从理论上讲，保护性因素有利于抗逆力的生成与发展，而风险性因素则在此过程中起到削弱与摧毁的作用，但是不同因素的保护究竟以何种方式促进或抑制抗逆力的生成仍是一个未知的问题。因此本书想要探讨的抗逆力的生成机制这一问题可以算作在现有研究基础上的深入探索，因此回答的是抗逆力生成机制这一探索性的新课题。描述性研究的目的是发现社会事实，是利用归纳法对调查问题的结果进行总结，试图发现留守儿童抗逆力究竟如何这一事实，因此也是一个描述性研究的内容。

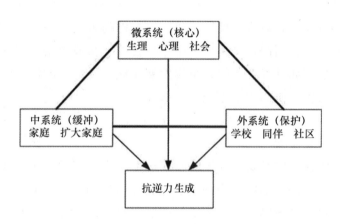

图 3.1　研究框架图

　　研究选择的对象群体是留守儿童。相对于其他群体，留守儿童就留守这一社会事实导致他们需要经历更多的风险和逆境，因为留守这一事实首先带来的就是亲子分离，在此基础上可能会产生一系列的连锁反应，如隔代养育、不安全的依恋关系、归属感的不良发展等。这些因素反过来会又会影响养育质量，影响抗逆力的生成与发展。风险因素是抗逆力研究的起点，儿童抗逆力的生成与发展是在与外部风险的相互博弈中产生的，因此风险对抗逆力具有启动效应。对于留守儿童来讲，什么样的风险能够作用于个体的抗逆力启动是本书想要回答的，面对留守儿童的特定风险，基于个体内在、外部家庭及社会环境中的哪些因素能够起到保护、免疫或调节作用，这些问题的探讨都有助于对困境儿童成功适应的解释。

个体不是一个孤立的存在，个体所在的生态系统总是以有形或无形的方式影响着其不同的发展轨迹。布朗芬布鲁纳将个体的生态系统分为微系统、中系统、外系统及宏系统四个层面，每个层面的系统要素都以直接或间接的方式影响着个体的发展。微系统包括个体自身的气质、人格、智力、价值观、信念等，它们作为个体的近端因素与个体的成功适应进行着不断的交互；中系统包括与微系统之间的互动和家庭、学校等社会环境中不同微系统之间的交互，如教育者（学校微系统）和照顾者（父母微系统）之间的定期交流有助于儿童学业成绩的发展；外系统则潜在地影响着儿童的适应发展，作为影响个体适应的远端因素潜在影响着个体的成功发展；而宏系统如社会文化背景，则具有更高水平的抽象性，其以政策、价值、文化、社会结构等方式影响着个体抗逆力的生成与发展。在留守儿童的生态系统中，微系统是其抗逆力生成的核心，包括其生物基础、心理环境及社会关系；中系统则是与微系统交互密切的家庭和扩大家庭；外系统以相对间接的方式影响着留守儿童的适应结果，主要包括学校环境和邻里社区。因此本书沿袭这三个与留守儿童关系相对密切的生态系统作为分析框架，对留守儿童的抗逆力生成内外因素进行分析。

三 概念操作化

社会科学研究中，研究者要研究什么或者研究谁，被称为分析单位，也就是用来考察事物特征并解释其差异的单位。基于本书研究对象，分析单位确定为留守儿童这一群体，而群体特征是由一个个的个体来承载的，因此我们需要对其进行明确界定，也就是概念化和操作化的过程。为了检验假设是否成立，需要说明假设中变量的含义，操作化就是测量变量的动作，变量操作化的角度不同，其测量方式也会不一样。为了对抽象概念进行进一步的明确，以界定结论的逻辑意义，对本书涉及的三个核心概念进行操作化。

1. 留守儿童

留守儿童作为"三农"问题的副产品，他们的现实处境是父亲母亲或其中的一方不能陪伴身边共同成长，他们的养育责任是由父母其中的一方或扩大家庭中的家庭成员，甚至亲戚或不相干的人来完成的。在操作化假设中，父母亲或者其中的一方如果不能与子女共同生活，其子女将面临更多的成长或适应风险，并且不同留守模式下面临风险状况是存在差异的。因此就其抚养模式来讲，包括隔代养育（爷爷奶奶或姥姥姥爷照顾）、父亲或母亲单方抚养、独自生活及与其他人生活四类，而他们的对照群体则为与父母一起生活的儿童。另外，留守往往存在一个时间维度的问题，也就是说留守儿童的留守时间的界定。心理学的研究往往更专注心理事实，也即个体对某种社会事实认知的结果，因为他们假设这种来自个体的主观认知才是真正影响其最后适应结果的原因。因此在时间维度的定义中，虽说大多数研究将留守时间界定为 6 个月以上，在研究中除了对于时间 6 个月以上的限定之外，将留守儿童自身的认知结果作为留守与否的衡量指标，也就是儿童是否自认为自己是留守儿童（调查中使用的问题是在他们自身的认知中父母是否经常不在家），并将这一判定和 6 个月的时间限定共同作为留守与否的判定指标。

2. 抗逆力

抗逆力在理论上被界定为从逆境中能够恢复或弹回的能力，它是个体所处内外部环境交互作用的结果。抗逆力理论的提出者认为正是个体所处的风险性环境造成了个体抗逆力的成长，如个体所经历的悲剧、苦难和人类压力等，它们作为日常生活的一部分，贡献于克服逆境能力的增长，因此抗逆力被定义为显著逆境中或累积日常生活压力下，成功适应或良好恢复的能力。以留守儿童为例，留守本身并非意味着创伤，但因留守导致的安全依恋的缺乏、家庭养育能力低下、家庭教育缺失，甚至家庭关系不良等继发性风险的累积结果往往是留守儿童难以适应的，这种逆境导致个体的良好发展或困境中的成长，则被称为抗逆力。

根据理查德森等人的理论，抗逆力作为一种内外风险与保护因素交互的过程和结果，往往在具体研究过程中无法对其进行测量，因此一个可以被应用于概念测量的操作性定义被提出。根据抗逆力概念中的核心要素："发展良好"或"成功适应"，将发展良好操作化为生理、心理发展及社会能力发展的良好状态，生理、心理发展仍是较为抽象的概念，并且与儿童发展的生命历程紧密相关，往往制约着个体的认知发展水平，因此在研究中将其操作化为个体认知适应结果；心理发展状况在目前文献中多以心理健康状况作为适应性指标，因此本书也将以心理健康水平作为心理适应结果的操作化指标；社会功能适应是指能够完成角色责任与目标，对于处于青春期的留守儿童来说，其社会功能以学习能力作为指标是适当的。因此，本书将抗逆力操作化为认知发展适应良好，具有该年龄应该具备的认知发展能力水平，学业适应，即在学习上具有中等及以上的成绩水平，心理适应则进一步操作化为心理健康状况良好，不存在显著情绪或行为问题。

表 3.1　　　　　　　　　　　基于个体的抗逆力概念

一级变项	二级变项	解　释
抗逆力	认知适应	认知发展良好，具有年龄发展相关的认知及问题解决能力
	学业适应	学业发展良好，学业成绩相对水平中等以上
	心理适应	心理健康状况良好，不存在显著情绪或行为问题

3. 生态系统

布朗芬布鲁纳在发展心理学中提出基于个体发展的生态系统理论模型，强调个体作为整个系统中的一部分嵌套于其环境系统之中，系统中的个体与环境的交互作用影响着个体的发展方向。

个体作为整个生态系统的核心在与外部近端或远端因素的交互中成长。个体自身的生理、心理及社会性发展都直接影响着个体抗逆过程的动态变化和抗逆力的生成发展，因此研究中将个体自身的生理基础、心理环境及社会性特征作为其生态系统的微系统部分，探讨其在个体抗逆过程中与外部环境的交互作用如何影响其抗逆力的发展生成。

　　家庭是个体社会化的最重要场所，也是儿童成长中最为重要的交互系统。在传统文化中的家庭成员往往并非一个个体性的存在，而是嵌入整个家庭系统之中的。家庭中的成员及其因为亲缘关系组成的扩大家庭网络往往在儿童成长过程中扮演着非常重要的角色，尤其是当家庭结构发生变化，儿童的直接监护人缺位的状况下。因此作为影响个体发展的近体环境，研究中将家庭和扩大家庭作为留守儿童生态环境中的中系统，探讨家庭及其扩大家庭与个体的交互作用对个体抗逆力发展的影响。

　　对于学龄儿童来说，除家庭之外的另外一个重要交互场所就是学校及其邻里社区的影响。学校是此阶段儿童重要的生活场所，他们更多的生命时间都在学校中与教师和同学共同生活，学校老师、同学、同伴，对儿童的积极鼓励往往作为个体的保护性资源影响着个体的成功适应，而同伴中问题行为及学校消极生活体验往往具有消极适应意义。同时，乡土社会中，个体所在的社区环境对儿童的成长具有潜在重要影响，因此对儿童外系统的影响因素分析中，将学校、社区、邻居、同伴的影响及与儿童的交互作用作为外系统的分析框架。

　　除了上述个体所处环境系统的探讨之外，个体嵌入的外部宏观环境则是布朗芬布鲁纳生态系统理论中所指出的宏系统。每个个体生活的社会环境，包括社会文化、制度设计、福利环境、群体观念等作为外部宏观环境，影响着个体逆境中的适应结果。留守儿童是"三农"问题的副产品，是市场经济下城市化进程的结果，外部环境的制度变迁造就了留守儿童这一群体的产生，同时形成了留守儿童的远端环境。在现阶段的社会背景下，这些宏观环境以何种方式影响着留守儿童的适应结果，仍是研究中需要考虑的。鉴于本书研究数据的局限，此部分在第八章的讨论中进行粗浅梳理，因此不作为本书的重要章节来呈现。

　　大量的正式社会规范造就了高度的规律性，社会科学理论的终极目的就在于寻求这种社会生活的规律，而结论只在事先设下的测量标准范围内才有效。受到各方条件的限制，本研究将研究概念进行了上述界定，界定的目的在于明确本研究的主题和范围，同时也限定了结论的解释范围。

第二节　研究方法

科学研究就是为社会现象寻求可能的原因，科学也就是在这个探索过程中得出的答案。科学可以是一种约定俗成的客观存在，也可以是经验到的客观真实，而科学论断的形成需要得到逻辑推演的支持和实证观察的验证。所以说，逻辑推理和实证观察是科学的两个支柱，二者缺一不可，并且都联系于科学研究的三个层面：理论假设、资料收集和资料分析。理论表达的是科学的逻辑推演层面，资料收集是对客观现象的观察结果，而资料分析是将逻辑推演与客观观察之间进行匹配的过程。

一　研究类型

社会科学家展现了两种不同的研究动机：理解和应用。一方面他们着迷于人类社会生活的本质，并被驱使去解释它，透过喧嚣的表象去发现其中的意义；另一方面他们也可能因为受到研究主旨的激发，想要展现所得到的知识并付诸行动，如构建一个更为容忍的社会。应用型的社会学家会以世俗的方式将研究应用于实践之中，并进而影响人类生活。两种倾向的研究都是有效的且重要的。在研究中，对于抗逆力生成机制的探索应该属于前者，因为它试图得到的是对抗逆力在个体成长发展中面对外部风险如何生成并发展的，因此是对个体逆境过程的解释并发现其中的意义，属于理论建构的部分。而对于这部分的建构必然带来的利益就是针对弱势群体干预模式的创新，也就是对此部分内容在社会实践中的应用，因此两种研究动机是本书都想要去实践的。如何达成这样的研究目标？在方法论的选择中，文章采用了主辅设计的多元研究方法。

唐世平在其《超越定性与定量之争——评价一项研究的共同标准》中指出，定性与定量争论的核心在于对因果关系的寻找是探索

"结果的原因"还是用以区别"原因的影响"①。甄别事物发生的原因是如何产生其影响是定量研究的优势所在，这样便能够确定某些因素对某类社会现象有影响或者有何种贡献。定性研究则在获得某类社会现象的因果解释方面有独到优势，如为什么一部分儿童在逆境中获得了成功？显然大多数时候是需要得到后一种意义上的因果解释，即结果产生的原因。

定量研究方法与定性研究方法有其不同的特点，社会科学家往往通过两种方式对一个问题探寻答案，而这样的目标在于把握复杂的社会现象同时避免一种方法论所带来的缺点。因此对留守儿童抗逆力研究中，将定量与定性方法同时使用于对问题答案的探索当中，有助于避免定性研究验证性的不足和定量研究对问题理解深度的缺憾。应用到本研究中则具体表现为，在回答第一个问题中更多使用基于问卷调查的定量方法，而在第二个问题的探索中，则将定性方法的深入细致和意义化的特征使用于文章当中，以期将两种方法各取所长，完成文章的目标设计。

二　多元资料收集方法

（一）样本来源

全面理解某个个体的尝试，是要为对人的理解或是对某类人的理解提供基础。变量及其变量之间关系都是社会研究中的重要内容，社会学的理论就是描述变量及其关系的语言，而个体之所以进入研究范围是因为他们是承载着各种变量的介质。变量包含社会研究者所谓的属性或值，其中属性是指事物所具有的特征或性质，变量就是多种属性的组合。变量和属性的关系是社会研究中需要描述或解释的核心，而理论描述的就是不同变量之间在属性上或逻辑上可能的关联。在本研究中，变量的属性与值的承载对象自然离不开留守儿童，在对他们群体属性的探索中仍需将之作为一个类存在而进行与他群体的对比，

---

① 唐世平：《超越定性与定量之争——评价一项研究的共同标准》，《公共政策评论》2015 年第 4 期。

因此其他儿童和他们的养育者则也成为本研究中的样本来源。

　　研究使用的调查数据来自中国教育追踪调查（CEPS）2013—2014 年的基线调查结果。该调查是由中国人民大学中国调查与数据中心负责设计与开展实施的，是有良好代表性的大型教育追踪项目，旨在揭示家庭、学校、社区以及宏观社会结构对于个人教育产出的影响，并进一步探究教育产出在个人生命历程中发生作用的过程。该调查以初中一年级（七年级）和初中三年级（九年级）两个同期群为调查起点，根据人口的平均受教育程度和流动人口所占比例为分层标准，在全国范围内随机抽取了 28 个（区）县作为调查点。调查以学校为单位，在入选区县随机抽取 112 所学校、以班级为单位随机整群抽样，获得 438 个班级、约 2 万名学生组成的抽样框。调查对象包括学生、学生家长或监护人、班主任老师、主课任课老师及学校负责人（本研究使用数据中只选用学生问卷调查部分）。问卷内容包括学生基本信息、户籍与流动、成长经历、身心健康、亲子互动、在校学习、课外活动、师生关系、社会行为发展、教育期望等，同时对学生进行综合认知能力测试、基本人格测试，并收集学生重要考试（期中考试、中考）成绩，作为本次基线调查的数据样本。

　　访谈样本来自陕西。陕西位于西北内陆腹地，横跨黄河、长江两大流域中部，是联结我国东部、中部、西北、西南的重要枢纽。陕西与 8 个省市接壤，是国内邻接省区数量最多的省份。这样的地理位置为农村劳动力的迁移带来便利条件。陕西常住人口为 3733 万，其中乡村人口为 1790 万人，属黄土高坡地貌，土壤相对贫瘠，经济欠发达，留守儿童数量仅次于西南地区。选定陕西作为本研究的资料收集基地，还因在前期进行的另外一项调查数据表明该地留守儿童处境堪忧：该地留守儿童中约 70% 儿童的父母每年平均回家次数低于 3 次，甚至有的父母几年才能回家 1 次；约 30% 的儿童很少与父母通信或通话，联系次数不足每月一次；约 20% 留守儿童存在自卑心理；11.4% 觉得自己受歧视，因此有敏感多疑的心理状况；9.5% 有过被遗弃之感，55% 留守儿童不喜欢上学，8.9% 与亲戚朋友同住，有寄人篱下之感；50% 儿童感觉不能得到老师的重视，被特殊对待。因此，对留守儿童问题的研究选择陕西作为研究样本来源，对于留守儿童问题的解决具有一定的参考意义。

在访谈抽样过程中，根据经济发展状况抽取汉中地区和安康地区作为样本区域来源，选择安康的平利县和紫阳县作为安康地区样本来源，而汉中南郑县作为汉中地区样本来源。三个县城均地处陕西南部，与四川接壤。平利县和紫阳县均位于大巴山脚下，这里土地贫瘠，主要种植一些土豆、玉米、红薯等农作物，但庄稼人几乎"靠天吃饭"，没有什么其他经济来源。家庭经济收入主要靠外出务工维持生计，几乎所有家庭生产模式都是成年男女常年外出务工，老人和小孩留守在家，甚至有些家庭老人也参加了外出务工的行伍。相对安康的农村，南郑县地处汉中盆地西南部，南依巴山，是陕西旅游大县，距离汉中市区较近，交通相对比较便利。调查选样时选择县城南部农村，距离巴山较近，虽说这里没有太多的山地，但是依旧"靠天吃饭"，当地农民除了土地和打工之外无其他经济来源。土地贫瘠，农作物包括小麦、玉米等，但是因为产量受限收入不高，所以农民也更多选择农闲时间外出务工，农忙时期回家劳作。对于儿童教养方面，多数儿童小学时期选择住村读书，初中之后大多由母亲陪读在县城入学，或选择住校，以获得更好的受教育条件。

选择两个地区作为样本来源是基于以下的考虑：（1）自然环境相似。两地均处于陕西南部秦巴山区，地貌以盆地和山谷相连，气候温和，是陕南主要产粮区。水资源丰富，分布合理，农业生产条件较好。由于地处山区，交通相对落后，工业生产条件较差。（2）生活方式相似。当地居民基本都需靠天吃饭，以农业种植为主，耕地以山地为主，耕作难度较大。当地农民生活方式以核心家庭为主，但与扩大家庭关系密切，互帮互助模式凸显。（3）经济状况相当。两个地区农民收入相对较低，贫困人口占比为67%，贫困村占全省的72%，属于连片贫困地区，是陕西省扶贫工作的重点地区和主战场。（4）留守模式不同。在安康地区的留守儿童多与祖辈留守，或单亲留守，但并非出于子女求学考虑，单亲陪读住校现象较少。但汉中南郑区因与汉中距离较近，留守儿童多与母亲留守，母亲租房陪读现象普遍。这样的地区选择安排是为了探索不同留守模式对儿童抗逆力的影响。

深度访谈对象需考虑到研究问题的各个变量（如年龄、留守模式、留守时间等）。基于研究目的，在深度访谈的对象选取中，遵循以下几个原则：其一，被访谈对象一定是留守儿童（包括与父母其中一方留守、与爷爷奶奶留守、与亲戚同住、单独留守）。其二，根据生命周期特点，青春期往往是儿童家庭养育缺失导致问题高发阶段，因此将年龄限定为 10—16 岁。其三，留守时间足够长（2 年以上）。其四，兼顾有贫困、父母离异等问题类型。另外为了得到更为立体的相关资料，我们访谈对象中还包括了留守儿童的主要抚养人，包括他们的家人、扩大家庭成员、留守儿童服务站管理人员等，以期从不同视角收集相关资料。

考虑到访谈对象的实际情况，访谈时间安排在寒假期间（2015年 12 月—2016 年 1 月），这样的安排能够保证访谈对象大多在家，并且没有过多农活，从时间上保障了访谈的顺利实施。

（二）资料收集方法

观察。社会学的研究往往被人认为太过抽象，与现实之间产生一定的距离。即使社会学家仅仅在做实际调查的时候，他总会将自己要研究的内容与直接观察到的现象之间建立起一座桥梁。所谓从抽象到具体的过程——因为抗逆力作为一个抽象的概念是无法从现实生活中观察得到的——这个过程就是问卷设计。当然，在研究中需要考察大量的个体时，研究者除了问卷调查之外没有太多的选择或更好的替代方式。能够直接进行观察的对象只涉及态度和行为，因此回答问题者的信息将通过态度和行为的反应来完成对抽象概念的描述和推演。

1. 问卷调查资料收集。任何一项实证研究，无论使用方法如何，我们对它的评价应该有的几个基本的标准：（1）问题是否是真实的？问题是否重要？问题的提出是否妥当？（2）对问题的解释的理论化水平。（3）实证假说是不是基于理论之上？（4）数据的可靠性，包括概念化、度量操作、整体数据质量。（5）最后才是具体方法的使用，如具体的数据处理方式是否妥当，使用的回归方式是否恰当，回归模型是否正确，具体的回归技巧选择是否合理，结果是否稳健，回

归结果的解释是否排除了竞争性解释，对结果的理解是否符合逻辑
等。研究使用的问卷调查资料为 CEPS 学生问卷，内容包括学生基本
信息、户籍与流动、成长经历、身心健康、亲子互动、在校学习、课
外活动、师生关系、社会行为发展、教育期望等，同时对学生进行综
合认知能力测试，并收集学生重要考试（期中考试、中考）成绩，
作为本次基线调查的数据样本。问卷基本情况如下表 3.2。

表 3.2   CEPS 问卷调查基本信息

变量	取值	频次	百分比（%）
性别	男	10042	51.53
	女	9445	48.47
年龄	10—18	均值 13.9	标准差 1.33
户口类型	非农业户口	8800	45.16
	农业户口	10608	54.84
留守①模式	非留守	14953	76.73
	与父亲留守	674	3.46
	与母亲留守	1809	9.28
	单独留守	2051	10.52
家庭经济状况	贫困	4076	20.98
	一般	14188	73.03
	富裕	1164	5.99
母亲文化程度	未上过学	726	3.73
	小学	4113	21.16
	初中	7967	40.98
	职业高中/高中/中专	4125	21.22
	大专/本科	2329	11.98
	研究生及以上	181	0.93

---

① 根据目前对留守儿童的界定，概念操作中还需要一个时间维度，但由于数据本身无
法获得，因此在此处进行了模糊处理。因为如果没有这种误差的结果应该会使数据对比的
差异更大，能够保证结果的可靠性。

续表

变量	取值	频次	百分比（%）
父亲文化程度	未上过学	125	0.64
	小学	2874	14.78
	初中	8578	44.12
	职业高中/高中/中专	4873	25.07
	大专/本科	2709	13.94
	研究生及以上	282	1.45
学生类型	非农流动非留守	1042	5.35
	非农流动留守	231	1.19
	非农本地非留守	6057	31.08
	非农本地留守	1470	7.54
	农业流动非留守	1893	9.71
	农业流动留守	334	1.71
	农业本地非留守	591	30.59
	农业本地留守	2499	12.82
班级农业户口学生比例分类	低于25%	4462	22.9
	25%—60%	5182	26.59
	60%—80%	4833	24.8
	高于80%	5010	25.71
班级父母不全在家学生比例分类	低于10%	3889	19.96
	10%—30%	10605	54.42
	30%—50%	3237	16.61
	高于50%	1756	9.01

2. 深度访谈资料收集。社会研究中，定性材料与定量材料的根本区别在于是否为数据化资料。从表面上来看，所有的观察都是定性的结果，但将这种信息数字化之后的集合、对比就转变成了定量的过程。数据化的结果往往使人对观察现象的理解更加明确，更容易对资料进行整合、比较并得出结论，也为简单或复杂的统计分析提供了可能。但定量数据虽说有时候比语言表述更好，却也同时存在数字本身的缺陷，最根本的就是对意义丰富性的损失。比如年龄往往被定量为

对成熟度的衡量，但是同龄人的成熟度却是有差异的。同样地，定性数据也附带了纯粹的口头描述的不足，因为意义丰富性本身在某种程度上也是模糊性的函数。因此需要对概念进行定量，进行操作化，必须清楚地定义其内涵，将焦点放在测量的概念上时就必须排除任何其他的意义。但此时就需要权衡，因为任何明确的定量测量都比相关的定性描述要肤浅。在问卷调查的基础上想了解留守儿童抗逆力发展的内在因素，为了得到丰富的结果，需同时选用深度访谈的数据收集方式。访谈内容结合研究目标设计提纲，由研究者和受过专门训练的社会工作专业研究生共同进行。为了搜集信息的立体性，在每位留守儿童的访谈中都包含了对其周边监护人或者熟悉其情况的成人进行访谈，从儿童自身及外部他者的两种立场搜集相关信息，在双方访谈信息整理之后，从两种视角结合分析留守儿童面对逆境的过程，以尽量做到对留守逆境中儿童抗逆过程的还原。

访谈提纲的设计依据本书研究框架，将留守儿童置于其所在生态环境中，了解生态环境各类变量在留守儿童成长发展中的影响与贡献。访谈内容从留守儿童微系统、中系统及外系统的各类因素出发，设计访谈提纲如下：1. 你认为自己是个怎样的人（包括个性特点、认知风格、能力状况、学习等，也包括对人对事的态度，并举例说明）？2. 在他人眼中，你是个什么样的人（包括父母、老师、兄弟姐妹、亲戚等，尤指身边的重要他人，并举例说明）？3. 你的家庭是怎样的（包括家庭基本状况，每个人的生活状态，每个人的个性特征，家庭成员之间如何相互沟通、支持，家庭内部都有怎样的明确或不明确的规则，成员之间关系如何，家庭内部同盟关系等，试举例说明）？4. 你的扩大家庭状况如何（包括扩大家庭关系，扩大家庭的核心人物，扩大家庭与家庭之间的沟通互助模式等）？5. 你的同伴网络如何（包括有哪些好朋友，他们能够给你提供怎样的支持和帮助，他们各自的特点，与你的关系状况等）？6. 你觉得你们的学校怎样（包括学校整体状况，学校师生关系、同学关系如何，作业认知与评价，老师认知与评价，学校安全感、归属感、学校环境、教师期望、课堂气氛、规章制度等的认知状况等，并举例说明）？7. 你的村庄环境如何

（包括邻里关系、社区同伴关系、社区活动参与、社区认知状况、社区安全感与归属感等，并举例说明）？8.你认为父母经常不在身边会给你什么样的影响？如果他们没有经常外出，你和现在会有怎样的不同？（包括自我认知、家庭同学关系、师生关系等）为什么？9.截至目前，你遇到过的最艰难的事情是什么？你是怎么应对的（包括自己认为处理得最棒的事情，也可以是做得不好的事情）？

当访谈对象为留守儿童的监护人时，访谈内容从人称上发生更改，将留守儿童作为第三人称进行访谈，内容不变。也即从他者的角度了解儿童自身的发展及应对状况。访谈过程中注重对事例的收集，而较少使用概括性的语言，在儿童或监护人对问题不能准确理解时，访谈员需要进行详尽解释并举例说明。当访谈对象回答内容过于概括时访谈员需要提示其举例说明，以得到更为准确的信息，并同时获得访谈对象对待事件的看法和认知风格。访谈过程中每个访谈对象实施由一名老师带领一名同学进行，访谈地点选择在访谈对象家中，访谈时间选择在冬天相对农闲季节，以保证整个访谈的顺利进行。访谈中由一名访谈员主要提问并追问，另一名访谈员在必要时给予补充。访谈整个过程中用两部手机同时录音，以保证录音资料的完整。

最终的访谈资料包括30名留守儿童访谈资料及30名留守儿童监护人的资料信息。访谈全过程在征得访谈对象同意之后进行录音，之后整理为文字稿。每位儿童访谈时间平均2小时（儿童及其监护人），访谈资料文字稿4000—7000字不等，全部访谈资料文字稿共14.7万字。深度访谈基本信息如表3.2、表3.3。

表3.3　　　　　　　　留守儿童深度访谈基本信息

	编号	年龄	性别	年级	留守时间	留守模式	访谈地点
1	YM①	13	女	初一	5年	单独留守，周末偶尔回亲戚家	陕西安康老县镇
2	YL	14	男	初二	6年	单独留守，周末偶尔回亲戚家	陕西安康老县镇

---

① 为了保护访谈对象的个人隐私，文章对访谈对象信息进行了匿名化处理，在后文访谈资料的引用中，均仅出现访谈对象编号，其余信息不再出现。

	编号	年龄	性别	年级	留守时间	留守模式	访谈地点
3	ZDL	12	女	六年级	4 年	单独留守，周末偶尔回爷爷奶奶家	陕西安康老县镇
4	YJH	10	男	四年级	6 年	与父留守	陕西安康老县镇
5	LZJ	10	男	四年级	5 年	单独留守，周末偶尔回亲戚家	陕西安康老县镇
6	HXL	11	女	五年级	4 年	单独留守，周末偶尔回爷爷奶奶家	陕西安康老县镇
7	KXJ	12	男	五年级	5 年	单独留守，周末回爷爷奶奶家	陕西安康老县镇
8	ZK	15	男	初三	7 年	单独留守，住爷奶奶家	陕西紫阳毛坝镇
9	JM	14	女	初二	6 年	单独留守，住校，偶尔回爷爷家，母亲、奶奶去世	陕西紫阳毛坝镇
10	HLL	12	女	六年级	10 年	与母留守	陕西紫阳毛坝镇
11	GMR	15	男	初三	6 年	单独留守，住学校，周末偶尔回亲戚家	陕西榆林市神木县
12	PH	11	女	五年级	10 年	与父留守	陕西汉中城固县
13	ZYJ	14	男	初二	10 年	单独留守，住姑姑家	陕西汉中市南郑县
14	ZF	14	男	初二	14 年	单独留守，父母离异再婚，住爷爷奶奶家	陕西汉中市南郑县
15	WY	14	女	初二	2 年	单独留守，住小姨家	陕西汉中市南郑县
16	CCH	14	男	初二	12 年	单独留守，住爷爷奶奶家	陕西汉中南郑县
17	LXF	16	女	高一	16 年	单独留守，住爷爷奶奶家	陕西汉中南郑县

	编号	年龄	性别	年级	留守时间	留守模式	访谈地点
18	LKJ	15	女	初三	6 年	与母留守	陕西紫阳毛坝镇
19	LB	16	男	初三	10 年	与母留守	陕西紫阳毛坝镇
20	LCC	16	男	初三	4 年	单独留守，与姐姐在家	陕西紫阳毛坝镇
21	ZYA	15	男	初三	5 年	单独留守，与奶奶在家	陕西紫阳毛坝镇
22	GDQ	14	女	初一	10 年	单独留守，与爷爷奶奶在家	陕西紫阳毛坝镇
23	GXY	14	女	初一	10 年	单独留守，与爷爷奶奶在家	陕西紫阳毛坝镇
24	GXQ	11	女	六年级	7 年	与母留守	陕西紫阳毛坝镇
25	GMJ	13	女	六年级	13 年	与母留守	陕西紫阳毛坝镇
26	ZLQ	13	女	六年级	13 年	与母留守	陕西紫阳毛坝镇
27	CYX	12	女	五年级	10 年	与母留守	陕西紫阳毛坝镇
28	GMJ	15	女	初二	5 年	单独留守，与爷爷奶奶、弟弟在家	陕西紫阳毛坝镇
29	ZY	14	女	初一	11 年	单独留守，与爷爷奶奶在家	陕西紫阳毛坝镇
30	GSL	14	女	初一	14 年	单独留守，与爷爷在家	陕西紫阳毛坝镇

表3.4　　　　　　　　留守儿童监护人深度访谈基本信息

	编号	年龄	性别	文化程度	打工时间	与受访儿童关系	流动留守及回家频率	访谈地点
1	YMD	37	男	初中	5年	父亲	流动，每年回家2次	陕西安康老县镇
2	YLM	38	女	小学	5年	母亲	流动，每年2—3次	陕西安康老县镇
3	ZDLD	42	男	小学级	4年	父亲	留守，在家养病，妻子江西打工	陕西安康老县镇
4	YJHD	37	男	大专	6年	父亲	留守，妻子西安打工	陕西安康老县镇
5	LZJD	10	男	大学	5年	父亲	流动，每年1次	陕西安康老县镇
6	HXLM	49	女	小学	4年	母亲	流动，每年2次	陕西安康老县镇
7	KXJD	38	男	初中	5年	父亲	流动，每年1次	陕西安康老县镇
8	ZKY	64	男	没上学	7年	爷爷	与祖辈留守，每年1次	陕西紫阳毛坝镇
9	JMBF	47	男	初中	6年	伯父	与爷爷留守，每年2次	陕西紫阳毛坝镇
10	HLLM	37	女	初中	10年	母亲	留守，每年1次	陕西紫阳毛坝镇
11	GMRJ	22	女	大专	6年	姐姐	留守，每年2次	陕西榆林市神木县
12	PHD	34	男	小学	10年	父亲	留守，妻子几乎不回家	陕西汉中城固县
13	ZYJG	43	女	高中	10年	姑姑	住姑姑家，每年3次	陕西汉中市南郑县
14	ZFY	57	男	没上学	14年	爷爷	与祖辈留守，每年1次	陕西汉中市南郑县
15	WYY	39	女	初中	2年	大姨	住大姨家，每年2次	陕西汉中市南郑县

	编号	年龄	性别	文化程度	打工时间	与受访儿童关系	流动留守及回家频率	访谈地点
16	CCHY	64	男	高中	12年	爷爷	与祖辈留守，每年1次	陕西汉中南郑县
17	LXFB	42	女	小学	16年	伯母	与祖辈留守，每年1次	陕西汉中南郑县
18	LKJM	35	女	初中	6年	母亲	与母留守，每年2—3次	陕西紫阳毛坝镇
19	LBM	38	女	初中	10年	母亲	与母留守，每年2—3次	陕西紫阳毛坝镇
20	LCCJ	18	女	高中	4年	姐姐	与姐留守，每年1次	陕西紫阳毛坝镇
21	ZYAG	17	男	高中	5年	哥哥	与哥哥住奶奶家，每年1次	陕西紫阳毛坝镇
22	GDQY	65	男	小学	10年	爷爷	与祖辈留守，每年1次	陕西紫阳毛坝镇
23	GXYD	47	男	小学	10年	父亲	与祖辈留守，每年1次	陕西紫阳毛坝镇
24	GXQM	42	女	小学	7年	母亲	与母留守，每年1次	陕西紫阳毛坝镇
25	GMJM	38	女	小学	13年	母亲	与母留守，每年2次	陕西紫阳毛坝镇
26	ZLQM	36	女	小学	13年	母亲	与母留守，每年2次	陕西紫阳毛坝镇
27	CYXM	35	女	小学	10年	母亲	与母留守，每年2次	陕西紫阳毛坝镇
28	GMJY	61	男	没上学	5年	爷爷	与祖辈留守，每年2次	陕西紫阳毛坝镇
29	ZYD	43	男	初中	11年	父亲	与祖辈留守，每年2次	陕西紫阳毛坝镇
30	GSLM	39	女	小学	14年	母亲	与祖辈留守，每年2次	陕西紫阳毛坝镇

三　变量测量

（一）因变量：抗逆力

目前文献中对抗逆力的测量存在不同程度的争议，争议原因在于对"适应良好"这一结果变量的选择。许多早期研究中将儿童学业成绩作为适应结果良好与否的衡量指标，但是学业成绩良好并不能代表适应良好，其中最为争议的就是学业优秀但心理适应不良，甚至存在心理问题的儿童适应结果是不能称为"适应良好"。在文献综述中能够看到，对适应良好最为常用的结果指标基本分为三类：认知适应结果、学业适应结果和心理健康状况。因此在研究中，将抗逆力进一步操作化为认知适应、学业适应和心理适应三个二级变量，同时对三类适应结果的影响因素进行比较分析。

1. 认知适应。CEPS 专门为七年级和九年级学生设计的一套认知能力测试题，题目内容不涉及学校课程教授的具体识记性知识，而是测量学生逻辑思维和问题解决能力，并且具有国际可比性、全国标准化的特点。其中七年级试卷共 20 个问题，九年级试卷共 22 个问题，答题时间为 15 分钟。测试题分为 3 个维度、11 个构念，包括语言、图形、计算与逻辑三类，结果用三参数的 IRT 模型估计出学生认知能力测试标准化总分。根据抗逆力的概念，将认知成绩标准分 >0 的留守儿童视为同样经历困境但能够适应良好的有抗逆力的留守儿童，统计出此类留守儿童频数为 937，占留守儿童总体比例为 37.5%，也就是说，留守儿童中认知发展适应良好的比例为 37.5%。

2. 学业适应。收集学生 2013 年秋季学期期中考试成绩，由被调查学校直接提供，非学生自填。变量得分是在语文、数学、英语三科原始分标准化为均值 70 分，标准差 10 的得分，然后将三科成绩求均值，作为学业适应结果的变量得分。同样的方式，将留守儿童中学业成绩大于均值的儿童视为在学业方面适应良好，统计得出样本中有 1267 名留守儿童学业成绩高于均值，也即定义为抗逆力良好留守儿童，所占总体比率为 50.7%。

3. 心理适应，在调查问卷中，对儿童过去 7 天之内的情绪状况进行测量，条目包括："在过去的 7 天内，你是否有以下感觉：沮丧""在过去的 7 天内，你是否有以下感觉：抑郁""在过去的 7 天内，你是否有以下感觉：不快乐""在过去的 7 天内，你是否有以下感觉：悲伤""在过去的 7 天内，你是否有以下感觉：生活没意思"共 5 个题项，采用 5 点式李克特测量方法，让调查对象从"从不""偶尔""有时""经常""总是"五个选项中勾选最符合自己心理感受的状况。

通过对量表的效度检验，显示 Cronbach's Alpha 值为 0.864，因此对量表进行降维处理。探索性因子分析结果表明，相关系数矩阵中各相关系数均在 0.4 以上，各个变量之间相关显著，且 KMO 度量值为 0.864，Bartlett 球形检验近似卡方值为 40894.8，sig 显著度为 0.00，通过检验，表明可以继续进行因子分析。采用主成分分析法指定特征根大于 1，提取出 5 个题项的载荷分别为：0.816、0.801、0.797、0.792 和 0.684，并且刚好提取出一个因子。由于 5 个题目与国际通用心理健康量表 SCL-90 的情绪问题题项类似，因此命名为"心理状况"。根据心理状况因子得分总体均值进行分类，将留守儿童分为抗逆力良好和不良两组，高抗逆力组留守儿童频数为 1181，占总体比例的 47.3%。

三个变量作为因变量不由得使人怀疑：是否需要使用三个变量为因变量？为了考察三个变量之间是否独立，对三个变量进行相关分析，结果如表 3.5。从三者的相关系数来看，虽说都达到了显著相关，但是其相关系数都小于 0.3，尤其是心理适应与认知适应和学业适应之间相关系数小于 0.1，依次可以得出，三者之间是比较独立的，对留守儿童抗逆力的考察从三个变量的适应结果进行分析是必要且合理的。

表 3.5　　　　　　　　　　　　抗逆结果相关矩阵

	认知适应	心理适应	学业适应
认知适应	1	0.07	0.25
心理适应	0.07	1	0.06
学业适应	0.25	0.06	1

继续对认知、心理及学业适应三方面都适应良好的留守儿童进行统计，结果显示三方面均有抗逆力的频数为 355，占留守儿童总体比例的 14.2%。

（二）自变量

本书自变量的选择从个体自我认知、与父母的互动状况及父母监护、学校同伴及其网络支持三个方面进行选择。受基线调查数据本身的限制，在变量选择中从调查问卷条目中选择与三个方面相关的条目进行因子分析，降维处理之后共抽取出 10 个因子。从旋转后的因子载荷矩阵中有四个条目抽取为两个因子，"关于学校生活，你是否同意下列说法：我希望能去另外一个学校""关于学校生活，你是否同意下列说法：我在这个学校感到很无聊""你的父母在以下事情上管你严不严：看电视时间""你的父母在以下事情上管你严不严：上网时间"四个条目虽然载荷系数大于 0.5，但是在因子分析中只有两个条目进入同一个因子，因此在后面的回归分析中将其删除。

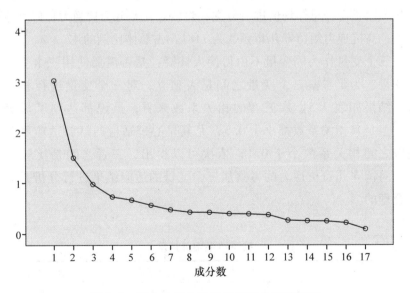

图 3.2　留守儿童自我认知因子分析碎石图

对余下的 16 个条目进行探索性因子分析，结果发现相关矩阵中大部分系数均大于 0.3，说明各个变量之间存在相关性，且 KMO 值为 0.861，Bartlett 球形检验近似卡方值为 82416.5，sig 显著度为 0.00，通过检验，该量表适合进行因子分析。根据原有变量相关系数矩阵，采用主成分分析法指定特征根大于 1，可以提出 4 个公因子，该公因子能解释总方差 66.89% 的总体方差，由碎石图也可以观察出，该量表提取 4 个公因子是比较适合的。

在自我认知相关条目旋转后的载荷矩阵中，根据题项所调查内容，将因子 1 命名为"积极自我认知"，因子 2 命名为"学校问题行为"，因子 3 命名为"积极学校认知"，因子 4 则命名为"学习态度"，四个因子得分越高，说明个体的行为表现或认知水平在此方面表现得也更好。

在父母监护相关条目旋转后的载荷矩阵中，第一个因子主要解释妈妈对儿童的关心，如对心情、心事、烦恼的关心或对朋友、老师及学校事情的关注，因此根据题项所调查内容，将因子 1 命名为"母子互动"；因子 2 则是将父亲与子女心情心事及学校事物的关注内容，因此命名为"父子互动"；因子 3 涉及父母对子女行为的监护与管理，如上学、回家时间，衣着打扮、在校表现、交朋友对象等的监护管理，因此将之命名为"父母监护"；因子 4 则涉及父母之间的互动行为，如父母之间的关系、是否经常吵架，父亲是否经常喝酒等，因此命名为"父母关系"。在"父子互动"或"母子互动"两个因子中，得分越高表明亲子互动行为越多，父母对子女的关注更频繁；"父母监护"因子中得分越高表明父母对子女行为监管更为严格，监管行为出现频率也更高；而"父母关系"得分越高则表明父母之间关系越好，但是题项中"父母经常吵架""爸爸经常喝酒"两个题项需要进行反向计分，然后合成"父母关系"因子。

表3.6　　　　　　　　自我认知旋转后的因子载荷矩阵

	因子1	因子2	因子3	因子4
我的反应能力很迅速	0.820			
我能够很快学会新知识	0.764			
我能够很清楚地表述自己的意见	0.663			
我对新鲜事物很好奇	0.520			
关于学校生活，你是否同意：我经常逃课		0.747		
关于学校生活，你是否同意：我经常迟到		0.740		
关于学校生活，你是否同意：我的父母经常收到老师对我的批评		0.715		
关于学校生活，你是否同意：班里大多数同学对我很好			0.786	
关于学校生活，你是否同意：我认为自己很容易与人相处			0.780	
关于学校生活，你是否同意：我对这个学校的人感到很亲近			0.707	
关于学校生活，你是否同意：我所在的班级班风良好			0.704	
关于学校生活，你是否同意：我经常参加学校和班级组织的活动			0.638	
关于学校生活，你是否同意：班主任老师经常表扬我			0.433	
就算我不喜欢的功课，我也会尽力去做				0.806
就算功课需要花好长时间才能做完，我也会尽力去做				0.777
就算我身体有点不舒服，或者有其他理由可以留在家里，我也会尽量去上学				0.664

　　在同伴网络相关条目旋转后的载荷矩阵中，第一个因子是对儿童好朋友中的学习成绩、努力刻苦程度及是否想上大学三个方面进行调查，因此将之命名为"优秀同伴"，因子得分越高，说明调查对象朋

友更为优秀并积极向上；第二个因子则相反，是对调查对象朋友中的问题行为进行调查，如抽烟喝酒、逃课旷课、打架上网、谈恋爱等，因此我们将之命名为"问题同伴"，因子得分越高，表明调查对象同伴中的问题行为越多。

表 3.7　　　　　　父母监护旋转后的因子载荷矩阵

	因子 1	因子 2	因子 3	因子 4
你的妈妈是否经常与你讨论：你的心事或烦恼	0.783			
你的妈妈是否经常与你讨论：你的心情	0.777			
你的妈妈是否经常与你讨论：你与朋友的关系	0.772			
你的妈妈是否经常与你讨论：学校的事情	0.744			
你的妈妈是否经常与你讨论：你与老师的关系	0.695			
你的爸爸是否经常与你讨论：你的心事或烦恼		0.464		
你的爸爸是否经常与你讨论：你的心情		0.468		
你的爸爸是否经常与你讨论：你与朋友的关系		0.785		
你的爸爸是否经常与你讨论：学校的事情		0.770		
你的爸爸是否经常与你讨论：你与老师的关系		0.749		
你的父母在以下事情上管你严不严：每天几点回家			0.754	
你的父母在以下事情上管你严不严：每天上学			0.703	
你的父母在以下事情上管你严不严：和谁交朋友			0.642	
你的父母在以下事情上管你严不严：穿着打扮			0.573	

续表

	因子1	因子2	因子3	因子4
你的父母在以下事情上管你严不严：在校表现			0.553	
你是否同意下列说法：你父母经常吵架				0.807
你是否同意下列说法：你父母关系很好				−0.758
你是否同意下列说法：你爸爸经常喝酒				0.531

表3.8　　　　　　　　　同伴网络旋转后的因子载荷矩阵

条目	因子1	因子2
你的好朋友有没有：学习成绩优良	0.843	
你的好朋友有没有：学习努力刻苦	0.834	
你的好朋友有没有：想上大学	0.752	
你的好朋友有没有：抽烟喝酒		0.816
你的好朋友有没有：旷课、逃课、逃学		0.752
你的好朋友有没有：违反校纪被批评处分		0.729
你的好朋友有没有：经常上网吧、游戏厅		0.726
你的好朋友有没有：打架		0.690
你的好朋友有没有：退学了		0.639
你的好朋友有没有：谈恋爱		0.589

（三）控制变量

本书将性别、年龄、户口类型、留守模式4个群体特征因素和父母文化程度、家庭经济水平2个阶层特征因素作为控制变量纳入回归方程。

1. 性别。有研究显示，性别是儿童抗逆力的一个预测性指标，因此在数据整理中将留守儿童性别作为本次统计分析的控制变量，具体处理为"男性＝1，女性＝0"，以女性作为参照群体纳入分析模型。

2. 年龄。在本次调查数据中记录了调查时间分别为2013年秋季和2014年春季两个时间段进行，并且调查数据中包含了对调查对象的出生年月。根据两个变量计算留守儿童的年龄为调查时间与出生年之间的差值，形成留守儿童实际年龄，纳入后续分析比较。

3. 户口类型。已有研究表明，城市留守儿童与农村留守儿童因为拥有资源不同，所以他们应对的风险压力也存在差异。研究对象为农村留守儿童，那么与城市留守儿童相比，他们的生存环境有哪些优势或不足。因此将留守儿童的户口类型作为控制变量纳入模型分析，具体处理为"非农业户口 = 0，农业户口 = 1"，以非农业户口儿童作为参照群体。

4. 留守模式。不同留守模式下留守儿童适应结果不同。有研究表明，在某些方面单独留守儿童要应对更多的压力和挑战，所以适应结果最差，但也有研究表明，与父亲留守的儿童往往除了留守之外，同时存在经济贫困或家庭关系不良等风险，因此与父亲留守的留守模式对儿童来讲是风险最大的。不同研究各有其论据，那么对于农村留守儿童抗逆力生成与发展来讲，不同留守模式之间有何差异？因此我们将儿童留守模式分为四类："非留守 = 1，与母留守 = 2，与父留守 = 3，单独留守 = 4"，以此作为分类变量进行比较分析。

5. 父母文化程度。父母文化程度对留守儿童的影响是多方面的，首先，父母文化程度影响了对留守儿童的家庭教养方式，往往文化程度较高的父母更多采取民主型家庭教养方式，有助于儿童自主性的习得。其次，父母文化程度影响了父母对子女的学业期待，具有更高教育水平的父母往往对子女学业上有更高的期待，能够促进儿童学业成绩的获得；在此，父母文化程度影响了留守儿童人格特征的发展，受教育程度越高的父母其权威主义人格倾向越低，儿童的顺从性应对行为或被支配性也越少。因此在本研究中也将父母文化程度作为一个关键控制变量纳入回归方程，具体处理为"没受过任何教育 = 1，小学 = 2，初中 = 3，中专/技校 = 4，职业高中 = 5，高中 = 6，大学专科 = 7，大学本科 = 8，研究生以上 = 9"，以没有受过任何教育的父亲或母亲作为参照组，以定序变量类型纳入回归分析。

6. 家庭经济状况。家庭经济状况影响留守儿童抗逆过程中的资源获得。有研究表明，农村留守儿童的留守往往伴随着家庭经济困难，因此对留守儿童家庭经济状况进行控制分类往往是留守儿童适应研究中的重要做法。在研究中，将留守儿童家庭经济状况分为贫困、一般和富裕，以贫困组作为参照组进行对比分析。

四 资料分析及整合方法

本研究的方法是主辅设计，深度访谈的资料是本研究的重要资料。在问卷调查和深度访谈之前，根据研究问题，专门设计了深度访谈提纲。访谈提纲根据研究问题和研究变量而设计，以便获得详细资料，有效地回答研究问题。因此访谈提纲和问卷调查的问题之间存在密切关系。

1. 调查数据资料

调查数据来自 2013—2014 年中国教育追踪调查基线数据。根据网络公布的数据使用手册，对学生数据中信息根据研究需要进行选择与重新编码，形成本研究所需的资料数据库。问卷数据分析第二步就是通过 SPSS 对问卷数据进行变量定义，并进行后续统计分析。

2. 深度访谈资料

定性资料包括以文字、段落、文章或者其他记录符号描述表的社会生活或任务的行为态度，以及各种生活事件资料①。与定量资料不同，定性研究本身不能以统计的方式得出结论，但对于理解人类行为和社会现象都是非常重要的。定量数据通常用来进行理论检验，而质性材料分析则能够帮助研究者建构理论。本研究中，对留守儿童及其身边重要他人的访谈，记录了大量的文字资料和录音资料，在反复阅读和审核的基础上，采用语义分析法根据材料内涵进行分类，并反复对材料内容进行编码和概括整理，力求通过扎根于抽象层次较低的具体材料来概括留守儿童抗逆过程重现，发现并提炼留守儿童抗逆过程的影响因素及影响机制，并尝试对其进行理论解释。

对社会事实的结果进行预测时常使用对比分析，即当某些"因"存在时，与这些"因"不存在时比较，更有可能产生某些"果"。科

---

① 风笑天：《社会学者的方法意识和方法素养》，《社会学研究》1999 年第 2 期。

学研究的目的往往在于对"是什么"或"为什么"的回答，通过观察或理解以达成这两个目标。因此对于整理后的质性材料的具体分析方法，采用差异性比较的原理。差异性比较的基本思想就是先找出具有大多共同特征的个案，然后找寻这些个案的不同之处，探索这些个案相同部分的原因和结果特征，同时找出在这些结果上与之不同个案，对两组个案进行比较基础上，找出不同结果特征中之所以不同的原因特性，这种没有出现的特性就可能是结果的原因①。处于生态系统中的个体，其自身及其生态环境中的很多因素都可能是这些共性或差异的原因，因此在比较中需要不断去伪存真，发掘留守儿童抗逆力生成的真实机制。

3. 资料整合方法

本书收集到的资料既有定性资料，也有定量资料。定性资料是研究分析中使用的主要资料。整合定性与定量资料的原则是将资料根据需要研究的问题、概念和变量来分类，进行相互支持和验证，然后得出研究结果。定量资料主要用来对定性分析结论进行验证，因此用于每个章节的定性分析之后，用来说明定性分析中的影响因素在抗逆力发展中的影响效果如何。当定性资料与定量资料之间存在矛盾的时候，在具体分析过程中会仔细去找寻原因并给予解释。

需要说明的是，在定性资料设计中将访谈对象安排在同一区域的两个不同地区，为了得到背景相同的两个区域，留守模式不同为留守儿童抗逆力生成与发展带来的差异。两个区域在控制其他基本变量基础上，存在一个留守模式差异就是：汉中南郑县留守儿童基本处于与母亲留守在县城寄宿就读的状态。在后期资料分析中发现，这些儿童与安康地区的与母亲单独留守儿童几无差异，因此这些儿童的资料作为与母亲单独留守的一类状况纳入后期定性资料分析。

另外，定性资料本身涉及对留守儿童及其监护人双方的访谈，访谈资料的整合尽量以双方资料互为补充为原则。在访谈内容中涉及儿童与监护人对问题看法不一致的地方，采用尊重访谈对象各自的立场

---

① 风笑天：《社会学研究方法》（第三版），中国人民大学出版社 2011 年版。

的原则，从不同角度理解双方的态度与看法，而不是进行简单的删除处理。

五 研究伦理和研究局限

1. 研究伦理

自愿参与。社会学研究往往需要介入他人的生活，当研究者告诉被调查者自己要研究的内容，需要得到对方的允许之后，才能进行问卷调查、访谈、录音、记录。如果自愿参与的原则与科学抽样原则相冲突，研究者需要说服对方接受调查或访谈。研究中，因为进入方式是通过学校介绍完成，所以并没有太多的个案拒绝，有少数个案不愿意参与调查或访谈活动，选择了更换个案，以完成最终的调查任务。

无害原则。本书研究对象是留守儿童，相对于其他群体，他们需要经历更多的风险或逆境，因此在调查过程中严格遵守不伤害原则，对于有可能会伤害到儿童心理的问题，在充分解释的前提下，使用委婉的方式进行提问。尤其是在深度访谈过程中，与选择的研究对象有充分的时间相互接触之后，才进行资料收集，这样有机会与研究对象首先建立了一个相互比较信任的关系，研究对象也愿意将自己内心的真实想法和盘托出。

匿名与保密。保护研究对象的权益首先就是要保护其身份，特别是在调查研究的过程中，因为研究结果的公布可能会伤害到他们对自我的认知。因此在调查过程中，将研究对象信息全部进行了匿名化处理，并且严格遵守保密原则，研究资料除了研究工作使用之外，不向任何人透露相关信息资料，并在研究结束时将原始资料删除处理。

首先，正义与福祉的原则在研究伦理中是应该被关注的，同时研究更应该关注个体，其中最重要的就是将弱势群体包含在自己的研究议程中。其次，应该让这些群体在研究中受益。如对于留守儿童来说，他们可能在生命历程中的不同阶段多次经历留守与非留守的过程，如果研究的概念框架不能很好地理解这种留守现状的复杂性，关于这类群体的服务效果就可能会有破坏性的影响。

同时，社会工作的研究应当在平衡正义的目标和个体权利自由方面，考虑弱势群体目前是如何被看待或被误解的，并且在研究设计中不能存在维持误解的风险。研究者在信息共享和知情同意的过程中需要清楚地告知对象，研究是为了服务社会中处境相似的其他人。最后，需要在研究中使用充权的方法论原则，承认参与对象是他们自己生活中的专家，在研究中吸取他们的观点。

在研究过程中除了遵循传统的研究指导原则外，还要考虑如下一些超越个体层面的，包含社会正义和福祉的问题：研究是否与社会工作中努力提升弱势群体处境的原则相一致？研究是否使正在被研究的群体受益？研究相关联的风险有哪些？弱势群体是否会因为研究结果而处于不利地位？有关自决和知情同意的风险在研究中是否得到了合适的处理？研究是否牵涉到案主？治疗同盟的影响在知情同意过程中是否有充分的处理？是否有足够的保护措施来确保研究数据的匿名性，如果研究记录被传讯，参与对象的隐私会不会被破坏？是否存在一种研究方法，既能回答提出的问题，又能在研究中充权个人和群体？既要对个体需求保持敏感，也需要对影响弱势群体的社会动力进行深入理解。

2. 研究局限

本研究尚存在以下不足之处。

一是研究对象的选择方面。研究调查对象选择在西部交通尚比较便利的陕西省，虽说对象选择中考虑到了当地经济环境对留守儿童养育状况甚至其抗逆力生成的生态环境的影响，但是对象留守模式多为与父母其中一方或扩大家庭成员同住，或有专门的留守儿童服务机构，也就是说在他们缺少家庭教育和亲子分离的情境下依旧有成人的监护照顾，所以与贵州省很多单独留守的留守儿童居住模式存在差异。本研究因为研究者的能力和精力限制，研究范围并未涉及太多单独留守儿童对象，这些尚需今后学者在研究中进一步拓展，深度挖掘不同留守模式下留守儿童的抗逆力生成机制有何不同，以取得系统的突破性发现。

二是在研究视角选取方面。留守儿童在留守状态下的抗逆过程不仅受到其生态环境的影响制约，留守本身作为一个自变量如何影响儿童抗逆在研究中尚未太多涉及。如从留守儿童生命周期视角来看，早期留守的儿童适应模式与长大之后才开始留守对儿童抗逆力生成影响机制理论上应该存有差异，因为儿童发展中每个关键期的任务不同，因为留守导致的亲子关系尤其在年幼阶段应有更多影响，但这种影响机制到底如何，受调查资料的限制尚未更多涉及，也是后续研究中可以深入细致探讨的部分。

三是研究资料的使用方面。实际上，留守儿童抗逆力的生成发展影响因素是复杂的，是一个系统的相互作用交互影响的结果。本书在生态系统理论框架下，将留守儿童抗逆力的生成发展分别在不同系统的交互作用中进行探讨，并使用中国教育基线调查数据对讨论结果进行说明和验证。但是在具体验证部分，因为数据收集本身的目的与抗逆力研究存在差异，因此在定性讨论中仍有许多影响因素无法通过实证数据进行验证，如留守儿童扩大家庭的支持部分和留守儿童社区环境的保护因素，在本书使用数据库中都尚未涉及。因此这样的实证数据不足以完成对留守儿童生态视角的抗逆力生成进行检验，这也是后续研究中仍需继续通过实证数据收集以深入分析的部分。

本章小结

本章在第一章提出的主要研究问题基础上，根据第二章对留守儿童研究及抗逆力研究的文献回顾，提出本研究需要回答的具体问题，建立本书研究框架并对核心概念进行操作化，设计研究资料的收集、分析及整合方法。

同样遭遇父母外出务工，缘何一些留守儿童能够成功适应，而另外一些却不能？这是本书想要探讨的核心问题。围绕这个核心问题，将本书想要回答的具体问题细化为三个：留守儿童抗逆力状况究竟如何；他们生态系统中的哪些因素如何影响了他们抗逆力的生成；面对留守儿童的生存困境，社会工作者需要如何帮助他们提升抗逆力，成功应对困境。布朗芬布鲁纳将个体的生态系统分为微系统、中系统、外系统和宏系统四个层面，每个层面的系统要素都直接或间接影响着个体的发展。研究框架依据布朗芬布鲁纳的系统论思路，将留守儿童的生态系统分为微系统、中系统及外系统，微系统中包括个体生理、心理及社会认知因素，中系统界定为家庭及扩大家庭的影响，外系统则具体探讨学校、同伴和邻里社区的外部支持作用，从三个层面 8 个变项分析留守儿童抗逆力的生成机制，并据此探讨基于抗逆力提升的留守儿童的服务策略。

　　定性研究与定量研究各有其优缺点，在对留守儿童抗逆力研究中，将定量与定性方法同时使用于对问题答案的探索当中。也就是说，在回答第一个问题中更多使用基于问卷调查的定量方法，而在第二个问题的探索中，则将定性方法的深入细致和意义化的特征使用于文章当中，以期将两种方法各取所长，完成文章的目标设计。资料收集也针对两类资料：定性与定量。定量资料选择中国教育追踪调查 2013—2014 年基线调查数据库作为定量数据来源。定性资料则在调查对象中根据研究问题需要选择部分留守儿童及其周围重要他人进行深入访谈，访谈对象共 60 人，在编码整理之后作为定性分析数据来源。两类数据根据研究框架和具体研究问题的设计进行整合，研究资料的信度、效度分析则说明研究有较好的信度和效度。

　　本章最后讨论了研究需要遵循的研究伦理，如研究对象自愿原则，不伤害研究者的参与原则和对研究对象的匿名保密原则。同时探讨了本研究尚存在的局限，提醒研究者在研究结论的推广中必须小心谨慎。

第四章　微系统：抗逆力核心
生成机制

　　人天生就有完善、成长和发展自己的潜能，这种潜能人人都有。留守儿童虽说在其成长过程中需要经历亲子分离，但在这种外部风险的作用之下，留守儿童需要继续完善、成长和发展自身，而发展结果则是留守压力与生态系统的交互作用的结果。在本章中，着重讨论留守儿童微系统在亲子分离风险作用下如何继续完善、成长和发展自身，以促进抗逆力的生成。本章把留守儿童的微系统细分为生物系统、心理环境和社会认知三个方面，讨论它们作为留守压力应对的核心机制，如何影响留守儿童的成功适应。

第一节　生物系统：留守儿童抗逆力
生成之物质基础

　　在第二章的文献回顾中已知道，有两个因素影响着个体的发展走向：基因特征和所处社会环境的质量。二者的互动铸就了世界上不同的人有各自不同的人格特点。每个环境都是由一定数量的人组成，每个人也都有自己的脾气秉性，并且都承载着超越时空的文化与言语，从而产生不计其数的意义与解释。因此，所有的人类行为，包括问题行为，均有赖于遗传倾向性与环境诱发性两个方面。基因特征往往是个体专属的，因此，才具有了人类个体独特性的一面。遗传基因来自父母，从理论上讲，聪明的父母给子女的遗传基因更具优势。留守儿童作为农村广大劳动群众的后代，从先天基因来看，并不具备心理发展所需之社会赞许的相关优势，如更高的智商。因此在基因特征的遗传方面，可以忽略留守儿童作为一种身份所具有的优势。另外，从社会环境质量来看，留守儿童生活的地域多为落后农村和山区，其文化传播不论速度或质量都更为落后，不具有先进的教育发展理念。并且，留守儿童因为其身份形成的重要特征——亲子分离，造就他们成长过程中亲子关系建立比其他非留守儿童群体更为困难，其关系质量也更差。因此，不论从基因特征抑或社会环境质量，留守儿童发展的生理基础较其他儿童群体都不具优势。

然而留守并不必然意味着失败发展的开始，因为现实表明部分留守儿童适应良好甚至更优。从生理特征来看，他们的开始留守年龄和性别是造就这种适应结果差异的部分原因。

一 留守年龄：留守与发展的交互风险

年龄通常被认为是描述风险曲线的变量。也就是说，以年龄作为自变量，在特定风险压力下个体消极适应结果的变化曲线是抗逆力研究中通常采用的模式。早期文献中提示，与暴露于灾难风险中的成年人相比，年幼的儿童更频繁地显示出心理症状。

对于留守儿童来说，开始留守年龄意味着他们生命发展的哪个阶段开始经历留守带来的风险压力，也即面对留守风险，个体成长的准备状态在年长之后对个体的发展更有利还是更早？目前有两种相互对立的观点。一种认为年幼儿童经历创伤事件之后更难以得到快速复原。这意味着同样的逆境经历对于年幼儿童来说，具有更为严重的风险或创伤，其从逆境中复原的概率和速度都要差于年长儿童。有关抗逆力发展轨迹的研究也证明了这样的结论，如暴露于创伤情境的儿童中，年长儿童被证明比年幼儿童更具有最小影响抗逆力轨迹[1]。在这样的研究背景下，不得不怀疑年幼儿童经历的留守风险比年长儿童会产生更多的创伤性发展，如发育缓慢。因此在研究中本书引入了生命

---

① Le, B. R., Hendrikz, J. and Kenardy, J. A., "The course of posttraumatic stress in children: examination of recovery trajectories following traumatic injury", *Journal of Pediatric Psychology*, Vol. 35, No. 6, 2010.

历程的研究视角，对开始留守年龄的影响结果进行评估，结果正如研究所预期（表4.1），在生命早期就经历留守风险的儿童，相对于其他儿童来讲，在早期的发展相对处于劣势，但在后期尤其是学龄期之后，这种差异便不再明显。

表4.1 开始留守年龄对儿童抗逆力发展的影响

	开始留守年龄	性格特点	社会认知
GMJ	10	好强、上进，在学校的活跃分子，在家感觉有时会孤单，倾诉对象少	班级团结，社区干净，人们相处很好，父母在家时会很热闹
GMR	9	自理能力强，善良、独立、理性，比较乖，有些内向	师生交流少，作业多，生活中只有学习
WY	12	开朗，乖，乐于助人，懂得感恩	学风不够好，关系都不错，完全融入班级，同学能主动支持
GM	0	内向、听话、文静、成绩不错，与人相处好，害羞，与人交流少	学校一般，老师一般，同学关系也还可以，有比较近的几个同学
ZF	0	直爽，重情义，成绩差，办事能力好	学校不行，乱，要求不能打架等但都干过，认为父母外出对自己没有影响
PH	0	过去话多，现在话少了，认生，比较随和，行为回避，不愿多说	学校不好，老师严厉、打学生，对母亲没什么印象

表4.1是在访谈资料中根据开始留守年龄的不同选择的6个对象，为了避免留守模式和年龄的混淆作用，选择个案时将留守模式与年龄作为控制变量，表中的对象都是单独留守，父母双方在外打工的类型。同时下面三个个案的留守开始年龄几乎为0岁，也就是说生下来没多久就开始了留守生活，而前面三个因为没有完全相同的年龄组合，因此将年龄的绝对限制改变为发展关键期，也就是说，三人开始留守时都处于儿童期后期青春期前期，以保证个案之间的可比性。

正如表4.1所示，同样父母双方均外出的留守儿童，开始留守时间不同，在后期适应中表现出非常显著的差异。前面三个留守儿童留守开始时间在儿童后期或者青春期早期，其性格特点表现出相对开朗、上进、比较活跃、懂得感恩等，在社会认知方面的差异最为明显，其认知风格多以积极认知模式为主，对学校生活、人际交往、同学关系，甚至社区环境都表现出更多的接纳和赞赏。而一出生就开始遭遇留守的三位儿童，性格多表现为内向，成绩相对差，与人交往被动不积极，行为回避，只有 ZF 的性格特征表现出直爽、重情义等社会赞许特征，但是他的重情义与讲义气的行为表现并非中学生中的社会赞许行为，相反他为了"重情义"会参与打架斗殴等事件，是老师眼中的"问题儿童"。在认知风格方面，三人描述的周围环境中的内容都是消极的，不满意的地方，如老师打学生、学校质量不好或者一般，对父母的外出认知也是"没什么印象"或者完全进行情感隔离，称"没影响"。

开始留守时间对留守儿童抗逆力的影响与儿童发展关键期任务有关。根据埃里克森人格发展八阶段理论，儿童出生之后需要经历婴儿前期信任对怀疑（0—2 岁）、婴儿后期自主对害羞（2—4 岁）、幼儿期主动对内疚（4—7 岁）、童年期勤奋对自卑（7—12 岁）的发展任务，在儿童成长关键期（尤其是童年早期），父母与儿童的亲子关系和养育方式直接影响着这些任务的完成或失败，如幼儿期的儿童需要自主探索周围环境，会自主要求完成一些简单的工作任务，但是此时身边的重要养育者如果不能给儿童提供自主探索的机会，儿童会形成内疚的特点，认为自己是无能的、做不好的。但是随着儿童年龄的增长，对于其社会性发展任务来说，身边的重要他人转变为老师、同伴等，此时父母对他们社会性的发展影响力变弱，父母的外出务工也就不会对儿童造成太大的威胁。因此对于留守儿童来说，开始留守年龄意味着他们需要经历的风险强度的差异，当开始留守年龄太早，儿童需要经历的发展风险就包括婴儿期、幼儿期、童年期等的发展风险，而对于前面的三个留守儿童来说，他们经历的风险只是童年晚期或青春期的发展风险，因此说，开始留守年龄是儿童抗逆力生成的重要影响因素。

开始留守年龄带来的影响主要表现在性格和认知特征两个方面。开始留守更早的儿童，他们中性格外向者相对比较少见，更多表现为腼腆、内向、害羞、说话不多，也很少与人进行深层次交流，应对行为中相对回避。女生的表现更乖，而男生中也有"大哥大"的角色特点。他们的认知方式也相对更为消极，往往看到的是学校或社区中不好的方面，在关系互动中也更为被动和回避。

二 男女有别：性别与发展的交互适应

曾有人认为儿童是否成为留守在性别上存在差异，在选择孩子是否留守在家时，人们更倾向于将女孩留在原住地，而将男孩带在身边抚养，因此留守儿童中女孩居多，而流动儿童中则以男孩居多。然而在本研究中没有发现类似的结果，对 2013—2014 年中国教育追踪调查基线调查结果进行分析，发现留守儿童中男孩占 52.4%，女孩占 45.7%，从直观上看，似乎男孩要更多一些，但与数据总体中男孩占 50.7% 的比例基本相当，当然这样的差异可能由于男女性别比例的差异所致。虽说性别似乎不能成为是否留守的影响因素，然而在抗逆力的相关研究中，不论是儿童还是成人群体，性别却是一个重要预测因素，男性相对女性有更好的适应结果。尽管这种影响力非常微弱，但在许多多变量模型的混合研究中均支持性别因素的预测效果。

为了检验本书的调查中是否存在性别因素的预测效果，根据前面对抗逆力认知适应、学业适应及心理适应结果良好的界定（三方面适应结果得分都高于均值，抗逆力赋值为1，其余赋值为0），将留守儿童分为抗逆力组和非抗逆力组，与学生性别进行交叉分析，结果如表4.2。

表4.2　　　　　　　　性别与抗逆力水平的交叉分析

		性别		合计
		女	男	
抗逆力	0	976	1168	2144
	1	184	171	355
合计		1160	1339	2499

从表4.2 数据可以得知，留守儿童总体中女生人数少于男生，但是抗逆力高的女生人数多于男生。最为有趣的是，在留守儿童研究中，几乎各种年龄阶段，女孩总要比男孩更能克服困境，从而获得更好的适应结果，尤其是在学习上。当使用中国教育追踪调查数据来验证这种差异时，发现这种差异呈现出多元化的结果（如表4.3）。

表4.3　　　　　　　　　留守儿童适应结果的性别差异

	留守			非留守		
	认知标准分	学业成绩	心理状况	认知标准分	学业成绩	心理状况
男	−0.19±0.80	67.6±8.93	10.8±4.01	−0.13±0.83	67.5±9.22	10.1±3.99
女	−0.27±0.75	71.9±7.74	11.2±3.74	−0.11±0.80	72.2±7.64	10.5±3.54
F	3.36	18.79	4.61	1.62	114.9	17.73
P	0.67	0.00	0.03	0.20	0.00	0.00

从表4.3 可以看出，无论留守儿童还是非留守儿童，基于性别的适应差异在学习和心理状况方面均显著，尤其是在学习方面，女生的学习成绩显著好于男生，但是心理状况要略差于男生，容易出现更多情绪方面的不良适应状况，认知成绩基本没有差异，但从平均分来看，女生的平均分要略高于男生，表明认知状况略好，但是差异没有达到显著性水平。

从是否留守方面对比来看，留守儿童在基于性别的认知差异要大于非留守儿童组，但在学业成绩的适应结果方面，留守组的差异则小于非留守儿童组。因此可以得出，女生相对于男生在学业成绩方面的优势在遭遇留守的情况下，这种差异趋于缩小。

然而在创伤性生活事件后的成人抗逆力轨迹研究中却是完全相反的结论，女性比男性有更差的适应结果。一个相对主流的解释认为，女性相比于男性，经历了更大的客观上的暴露或者以前经历了更大的创伤[1]，另一个可能的解释是女人或女孩倾向于在生活事件下经历了

---

[1]　Bonanno, G. A., "Weighing the Costs of Disaster: Consequences, Risks, and Resilience in Individuals, Families, and Communities", *Psychological Science in the Public Interest*, Vol. 11, No. 1, 2010.

更多主观上的威胁。本书得出了不一致的结论，从留守儿童的男女性别比例中虽不能得出女孩多于男孩的结论，所以不能证明女孩比男孩遭遇了更大的客观上的暴露或者创伤。另外，访谈资料也无法证明女孩主观上对自己留守的解释更为消极。然而在抗逆力高的留守儿童中，女生比例却要高于男生。是什么导致了这种性别影响的差异性？女生的这种抗逆力更高的优势究竟从何而来？本书访谈资料中有同一个家庭的两个访谈对象，并且刚好是一个男生一个女生。

> YM、YL 和他们的姐姐共同寄养于留守儿童服务机构，父母都在外地打工。留守儿童服务站的工作人员称："……他们（姐弟三人）家就非常有特点，他们爸爸妈妈在外面打工，所以孩子放我这里，但三个孩子中的两个女孩子就很听话，学习也好，日常有什么事情都是老大（姐姐）管着。但是她（姐姐）能管住那个女孩（YM），就管不住那个男孩（YL），最明显的例子，两个女孩每周的零花钱比男孩少很多，如果说女孩每周 10 块的话，男孩可能就是 30 块。如果不给就闹，他妈也没办法，他们家重男轻女太厉害，他妈对这个男孩子非常宠。他妈曾经回来过一阵，在这里专门租了房子管他们三个学习，但是他妈在家更糟糕，根本管不住（YL），后来没办法就又走了。"

在对 YM 的访谈中也得到了类似的说法，他们每个月需要的零用钱都是父母打到姐姐掌管的银行卡上，但是弟弟如果需要更多的钱就可以跟母亲打电话再要，征得母亲同意后就可以拿到。姐弟三人中，最大的姐姐和最小的妹妹均认为自己生活、学习安排很好，几乎没有什么困境需要面对，然而弟弟在姐姐或妹妹眼中却并没有"发展良好"，他会想要玩游戏、找同学玩等，学业成绩较差。而 YL 在这些问题回答中只是回避，或者认为自己的确需要那些钱。从同一个家庭中的男女生适应结果差异中能够得出，女孩的适应结果相对较好，而男孩生活习惯的养成或者学业能力均要差于女孩。究其原因，与我国传统文化中对男孩女孩赋予的角色期待和发展任务不同，女孩受社会性别观念的影响，往往被教养成比较温顺随和，比较愿意去和他人建立关系，因此也表现为适应良好的结果，而男孩则被教育要坚强自立，要有更多的责任意识，甚至以后要承担养老责任，而家庭中的母亲又在男孩年幼时会给予更多溺爱，所以这种适应中的性别差异表现为女孩抗逆力更好。但是这种优势仅仅表现在学业适应中，在心理适应中男生要比女生更好，他们得到了更多的支持性资源，而女生没有。

在留守与非留守的对比中能够发现，这种性别的影响差异在留守与非留守儿童中都存在，因此这种适应结果的差异是具有情境共通性的，并非只存在于留守风险情境之中。

总之，生理环境是个体成长发展的生物性基础，也是抗逆力生成的物质基础。对于留守儿童来说，开始留守年龄与其心理社会性的发展关键期有关，年幼儿童心理社会发展中对父母的养育功能需求更为重要，而年龄稍大之后，身边的教师、同伴的影响则变得更为重要，因此开始留守年龄更小的儿童经历了更多的发展性风险，不利于其抗逆力的生成和发展。性别是影响留守儿童适应结果的另一生物性因素，留守儿童中女生的抗逆力优于男生，但这种优势仅仅表现在学业适应方面，心理适应方面男生要优于女生，这种差异源自传统教养过程中对男女两性的社会性别期待的影响。

第二节 心理环境：留守儿童抗逆力生成之心理基础

心理环境是个体自我形成中最为核心的部分，也是抗逆力生成的核心。心理环境的形成根植于社会基础之中。人与社会情境的相互作用，使得每个个体逐步形成稳定的自我，发展出较为成熟的个体心理及自我意识，并使其社会性得以发展。心理环境是个体与外部交互作用中最为核心的部分，心理环境的质量直接作用于这种交互作用的结果。如在抗逆过程中，个体对压力本身的解释、个体内在信念、对环境的选择性认知、应对策略的选择等都受到个体心理环境的影响和制约，而这种影响和制约的过程主要依赖于个体依恋关系、自我概念、解释风格等，这也是心理学取向的抗逆力研究中最受注目的部分。

一 依恋关系：抗逆力的有效补偿机制

留守儿童遭遇的核心风险是亲子分离，但留守儿童与重要抚养者之间建立良好的依恋关系能够对亲子分离风险进行有效补偿。所谓补偿，是指对损失的弥补，如在某些方面遭遇亏失时，在另外一些方面则有所获得。机制指相互联系的各要素之间有规律的运作形式，或指组织内部要素的相互运行变化规律。而补偿机制就是在补偿活动中，要素之间相互作用或彼此影响的方式。在留守儿童的抗逆力运作过程中，环境中的风险因素与保护性因素各自独立地作用于个体，风险因素对行为结果有负向预测作用，而保护性因素则具有正向补偿功能[1][2]。如留守儿童在其成长过程中因为留守问题而遭遇与父母之间的亲子分离，缺失的父爱或母爱可能带来一系列继发性风险，如亲子关系不良、养育功能低下、心理行为问题或回避型行为反应等，但是来自祖父母的关爱和儿童与养育者之间形成的良好依恋关系对亲子分离带来的风险能够进行有效补偿。如果补偿因素足够抵御风险因素带来的消极影响，儿童则能够良好适应。这种补偿过程分为两个阶段：预测结果和补偿行为[3]。当留守儿童与亲子分离带来的风险进行互动时，留守儿童会对亲子分离本身在认知基础上产生结果预测，当预测的结果更为积极主动时，个体会产生积极的应对性行为反应，因此会产生具有积极意义的补偿性行为；但是当预测的结果不够积极而更多是消极或沮丧时，个体则会表现出更多回避性行为反应。

根据安斯沃思（Ainsworth）和鲍尔比（Bowlby）的依恋理论，依恋关系的建立从出生时开始，2岁左右形成相对稳定的依恋关系，而

① Manyena, S. B., "Disaster resilience: A question of 'multiple faces' and 'multiple spaces'?" *International Journal of Disaster Risk Reduction*, No. 8, 2014.

② Vorria, P., Ntouma, M. and Rutter, M., "Vulnerability and resilience after early institutional care: The Greek Metera study", *Development and Psychopathology*, Vol. 27, No. 3, 2015.

③ Mancini, A. D., Bonanno, G. A. and Clark, A. E., "Stepping Off the Hedonic Treadmill: Individual Differences in Response to Major Life Events", *Journal of Individual Differences*, Vol. 32, No. 3, 2011.

依恋关系的质量依赖于这个阶段儿童与父母之间的互动质量。本书将早期就开始留守的访谈对象根据依恋关系分为两类，前三个访谈对象为没有建立稳定安全的依恋关系，而后三个则虽然留守，但与家庭中的爷爷奶奶或母亲形成稳定的依恋关系，以此为分类变量对留守儿童情绪及行为反应模式进行对比，结果如表4.4中所示。对于早期就开始留守生涯的儿童来说，若能与其他家庭成员形成稳定、安全的依恋关系，对其适应结果具有重要影响。

表4.4　　　　　　　　　　**依恋关系的补偿效应比较**

	依恋关系	情绪、行为反应
GMR	小学开始与两个姐姐一起留守，平时住校，周末回亲戚家，无稳定依恋对象	凡事靠自己，不会主动依赖别人，同学关系中属于比较难以靠近的类型，朋友不多。不自信，担心别人不喜欢自己，不主动接触陌生人，从不主动争取一些班干部机会等
PH	出生后便开始留守，父母很少回家，很少提及母亲，无稳定依恋关系	回避、退缩是表现最多的应对方式，学习不错，体育课中感觉最好，与同伴一起玩。爷爷奶奶管教严厉，在家说话少，学校生活比较开心，很少感受到他人关爱
ZF	出生后就开始留守，父母一直在外打工，两三年才回来一次，与爷爷奶奶一起生活，爷爷奶奶常批评指责，没有安全依恋关系	豪爽、直爽、重情义，所以是同学遇到问题时的帮手，会帮忙打架等。平时与同伴玩游戏、打篮球，学习成绩自称一般，老师期望其能"走上正道"
CCH	出生后就开始留守，3岁时父母离异，父亲没有再婚，常年打工，与爷爷奶奶一起生活，与爷爷奶奶建立了稳定依恋关系	爷爷是某银行退休职员，生活、学习几乎都是由爷爷奶奶照顾。为人热情、好强，学习成绩非常优秀，同伴关系好，被老师视为其他同学学习的典范。爷爷奶奶完全承担家庭养育责任，与爷爷奶奶建立稳定的三角关系
LXF	出生后便开始留守，母亲离家出走，父亲常年打工，与爷爷奶奶一起生活，与爷爷奶奶形成了稳定依恋关系	遇事比较冷静，喜欢学习，家人对其期望很高，上进，学习成绩优秀，爷爷幽默搞笑，奶奶唠叨，爷爷奶奶经常教育其做人的道理，教给为人处世的方法，与爷爷奶奶形成稳定的三角关系

续表

	依恋关系	情绪、行为反应
CYX	2 岁开始留守，与母亲在家，父亲外出打工，与母亲有稳定依恋关系	懂事，自己会做饭，经常帮母亲做家务，学习成绩优秀，总在班级前列，比较内向，认知比较乐观，交往朋友都比较外向

安全依恋关系何以如此重要？一个人的自我与个性是社会关系中形成的，所以社会关系的质量，尤其是童年期社会关系的质量对自我个性的发展至关重要，因此依恋关系也被描述为面临压力时接近的、舒适的、安全的庇护所。安全的依恋关系是留守儿童抗逆力生成的首要资源。研究表明安全型依恋与抗逆力有关[1]，在一个安全的依恋关系中，个体通过学习将认知与情感经验整合为个体的心理表征方式。这种基于经验的关系，会帮助个体学会去信任他人并确信在威胁情境下可以获得保护，而这种安全依恋的建立依赖于早期养育的有效性和可及性。如 CCH 和 LXF 眼中的家庭结构是完整的，家庭成员是可信任的，在需要帮助时家庭随时都可以成为安全庇护所。

依恋关系的建立主要受照顾者的行为影响。安全的依恋关系往往依赖于父母或者主要照顾者支持的、敏感的、及时的行为反应，这类反应往往能够调节儿童的需求[2][3]。如同样由爷爷奶奶抚养的 CCH 和 ZF 就有不同的遭遇，CCH 的爷爷奶奶总能够及时响应他的心理及社会性需求，会完全承担养育者的养育功能，会给他为人处世等社会性发展的引导和帮助。而 ZF 的爷爷奶奶需要做很多家务和农活，几乎没有时间陪伴她的成长，对她的养育更多只是吃饱穿暖的满足，他们

---

① Nicola, A., "Attachment and Resilience: Implications for Children in Care", *Child Care in Practice*, Vol. 12, No. 4, 2006.

② Cindy, A. S., "Most Frequent Nursing Diagnoses, Nursing Interventions, and Nursing-Sensitive Patient Outcomes of Hospitalized Older Adults With Heart Failure: Part 1", *International Journal of Nursing Knowledge*, Vol. 22, No. 1, 2011.

③ Swanson, J., "Predicting Early Adolescents' Academic Achievement, Social Competence, and Physical Health from Parenting, Ego Resilience, and Engagement Coping", *The Journal of Early Adolescence*, Vol. 31, No. 4, 2011.

没有条件也没有能力为 ZF 的社会性成长给予帮助指导。

有人曾经提出依恋关系的遗传性假设，但是基于双生子的行为遗传研究显示依恋仅仅是环境影响的结果①②。照顾者敏感和温暖的养育方式与安全型依恋关系高相关③，因为这样的照顾者可以提供给儿童一个安全和刺激性的学习环境，以助于他们探索外部世界。进一步的研究显示依恋模式对抗逆力发展的重要作用，如在儿童早期，对照顾者进行提升敏感性和照顾刺激的干预策略，有效激发了儿童的积极认知和适应性行为结果④。也有一些元分析表明，支持和训练父母采用一种敏感的养育方式，对儿童需求适度频率的响应，不仅能够增加养育敏感性更能增加儿童的安全依恋⑤。

安全依恋通过留守儿童内部工作模式与抗逆力进行联结，这种模式的形成源自他们早期的依恋经验。有研究认为，内部工作模式的形成始于 5 岁以前，但决定了后期的人际关系模式。内部工作模式是由儿童的经历塑造的，塑造质量受制于儿童经验记忆和解释风格，留守儿童在遭遇亲子分离之后，如若对亲子分离的经验记忆没有更多创伤性回忆，并且拥有稳定安全的依恋对象，他们的解释风格则趋于积极取向，因此这些儿童虽说经历亲子分离这一客观事实，但仍能拥有高质量的养育模式和幸福体验，也更可能生成长久和持续的抗逆力。养育行为模式促使留守儿童发展出对其近体人际关系的内在心理表征，

---

① Bakermanskranenburg, M. J., van IJzendoorn, M. H. and Juffer, F., "Less is more: meta-analyses of sensitivity and attachment interventions in early childhood", *Psychological Bulletin*, Vol. 129, No. 2, 2003.

② Bokhorst, C. L., "The Importance of Shared Environment in Mother-Infant Attachment Security: A Behavioral Genetic Study", *Child Development*, Vol. 74, No. 6, 2003.

③ Fearon, R. M., "In search of shared and nonshared environmental factors in security of attachment: a behavior-genetic study of the association between sensitivity and attachment security", *Developmental Psychology*, Vol. 42, No. 6, 2006.

④ Jaffee, S. R., "Sensitive, stimulating caregiving predicts cognitive and behavioral resilience in neurodevelopmentally at-risk infants", *Development and Psychopathology*, Vol. 19, No. 3, 2007.

⑤ Van Ijzendoorn, M. H., Bakermans-Kranenburg, M. J. and Juffer, F., "Disorganized infant attachment and preventive interventions: A review and meta-analysis", *Infant Mental Health Journal*, Vol. 26, No. 3, 2005.

安全型依恋的留守儿童其内在工作模式自认为是有价值的，对他人的认知也是有效的、可靠的，环境认知虽说有挑战性但在他人支持下仍是可控制的。这种内部工作模式导致留守儿童有效的自我调节，并对他人心境具有一定的推断能力，能较好地管理社会关系，以有效应对多方压力。这种支持健康的内在工作模式对抗逆力非常重要，因此，即便在早年有留守经历，儿童仍能发展出与其他重要他人的安全依恋，这种依恋本身是对留守风险的有效补偿，并在他们的工作模式中产生了新的、积极的适应途径，增加了他们对压力的应对能力。

亲子分离对留守儿童安全依恋具有破坏性影响。留守儿童主要表现为与父母双方或一方的长期分离，而这种分离对儿童依恋关系的建立究竟存在何种影响？早在1951年，鲍尔比发现儿童与父母分离时有强烈的烦恼与痛苦体验，眼泪、反抗和愤怒共同呈现于亲子分离的过程中，导致年长儿童的神经质行为、犯罪行为，甚至成年之后的心理疾病。而那些在机构中长大的儿童容易遭遇情感、语言、智力、身体和社会方面的发展失败。待他们成长至青少年期，则主要表现为难以形成稳定社会关系，与人交往关系更为肤浅和轻浮，常出现青少年犯罪或人格问题，同时可能伴随认知障碍、焦虑、抑郁等认知情绪障碍，ZF 和 GMR 即是如此。综上所述，留守儿童因为留守产生的亲子分离，若没有良好而稳定的其他依恋关系的补偿，则可能发展出不良适应及行为问题，因此成为抗逆力生成的重要阻力。

留守儿童的依恋质量影响抗逆力的生成。对于留守儿童来讲，亲子分离的时间维度是影响与父母依恋质量的一个重要因素，事实上，留守儿童与父母的短暂分离可能出现暂时性的不适，但不一定存在长期的负面后果，长期处于矛盾冲突之中的儿童相比留守带来的亲子分离可能会有更差的结果。如访谈中发现，留守时间更长的留守儿童往往表现出更多的适应不良或社会失范行为，然而若因此得出留守时长与适应不良的因果推论显然太过武断，受到访谈取样的影响，这种差异可能并非留守时间长所致，也可能是留守开始时间的影响效应，这也需要在后续研究中进行深入探索。

母子依恋对留守儿童抗逆力生成具有重要补偿功能。在留守儿童

的留守模式中，存在单独与父亲或母亲留守的模式，在不同留守模式
比较中，与母亲单独留守对留守儿童的适应结果的消极影响最小。其
实在早期研究中也曾有过这样的构想：母子关系是儿童发展中唯一重
要的关系。然而在二十世纪八十年代，女性主义者对此提出尖锐的批
评，她们认为并非只能由母亲对儿童进行专门且专注的照顾，儿童需
要的是与可靠的成人或年长儿童建立稳定的、有规律的、共享的爱的
关系，除母亲之外，父亲、祖父母及年长的哥哥姐姐在儿童社会关系
发展中也发挥着重要的作用。当核心家庭三角关系遭到破坏时，其他
家庭成员之间的依恋关系对缺失的部分进行补偿，同样能为留守儿童
提供安全型依恋关系的支持。在我国传统文化影响和当代家庭背景
下，家庭中往往只有一个孩子，年长的哥哥姐姐几乎不存在，传统家
庭文化中对母亲的养育角色也有更高期待，她们往往承担着养育子女
的责任，因此与子女之间的依恋建立更有动机，所以当父子依恋因为
留守而遭到破坏时，母子之间的安全健康依恋关系会对父子依恋的缺
失进行及时有效的补偿，以免儿童遭遇留守带来的次生危机。当然也
因为母子之间依恋关系的特殊地位，使得同样遭遇留守时，与母亲的
单独留守对儿童适应性发展的影响最小。

　　安全依恋如何作用于抗逆过程？有学者认为，当个体经历压力的
时候，依恋行为就会被激活。这种状况可能是迫于身体的需要（饥
饿、疲惫、疾病、疼痛等），或遭遇环境中的威胁（攻击或恐吓），
或经历关系的破坏（如与依恋对象的分离或遭遇遗弃）。当留守儿童
遭遇上述三种状况中的任何一种时，依恋行为则可能被激活，进入有
效抗逆过程。有效抗逆的依恋行为具有三种基本特征[①]：（1）接近性
寻找。当儿童遇到不安全威胁时，留守儿童会试图待在具有安全保障
的保护区之内，如退回家中。如果家庭具有足够的安全保护功能，虽
然没有父母的直接保护，但是家庭其他重要成员能够提供补偿性保护
功能，待在家里的留守儿童会解除威胁，继续进行探索性活动，但保

---

　　① ［英］David Howe：《依恋理论与社会工作实践》，章淼榕译，华东理工大学出版社
2013 年版。

护区域明显缩小。如果家庭不能提供足够的安全保护功能，留守儿童会继续探索能够提供安全保护的环境，如能够提供安全依恋的成人对象，否则，留守儿童无法得到安全保护性环境，则会体验更多孤独感和回避行为，表现为抗逆失败的结果。（2）安全基地效应。依恋对象的存在为留守儿童提供了安全感的获得，无论依恋对象是父亲、母亲或其他人，这些人的存在本身就能够为留守儿童提供稳定、踏实、安全的感觉。一般家庭中这种安全感都由父亲或母亲提供，对于留守儿童来讲，其依恋对象扩展至家庭或扩大家庭中的其他成员。当儿童能够得到可及性的依恋对象时，儿童安全需求得到满足，因为安全威胁带来的紧张状态解除，儿童便可以获得自信，并能够进行自主探索。（3）反对分离。反对分离基于前两种效应失败之后的行为表现。当留守儿童在父母之外没有获得能够提供足够安全感的依恋对象时，意味着留守儿童在接近性寻找中无法得到安全保护区，能够提供安全感的依恋对象无法为留守儿童提供安全的探索基地，儿童安全需求不能得到满足，因为不安全而带来的紧张状态无法解除，这种持续存在的紧张感会迫使留守儿童拒绝与已有的安全依恋对象的分离。因此，当留守儿童意识到安全依恋对象的离开或者无法持续性接近时，则会产生抗议行为以抵制这种分离的出现。

总之，有安全依恋关系的留守儿童在更多的环境中能够体验到安全稳定，因此会获得更为广泛的安全保护性环境，也更容易形成自信的性格和探索性行为；但是没有形成足够安全的依恋关系的留守儿童，其安全保护性基地就会缩小，甚至缩小至自我的范围之内，形成孤独、自闭的性格。安全依恋中的留守儿童较少出现依恋行为，更多表现为对外部环境的好奇，并在此驱力下放松而自信地去探索寻求新的经验，这种探索性刺激和经验越多，留守儿童建立的抗逆经验模型也就越灵活、越有效，这也是儿童社会性发展和生理性发展的必要过程。但在留守儿童安全关系受到威胁的情境下，他们适应性焦虑和依恋行为便会出现，依恋行为在确保儿童安全的情况下也与儿童探索性行为相互排斥，影响了儿童的社会性发展。因此，安全依恋是儿童成功适应环境、发展社会性与生理性功能的一个重要保障，良好的依恋关系是留守儿童抗逆力生长的动力。

二 自我概念：抗逆力生成之调节机制

自我概念是在个体自身经验、反省或他人的反馈中获得，包括环境互动中形成的态度、情感、价值观等的认知结构，表现为对人对事的能力、习惯、应对方式或思想观点。自我概念对留守儿童的抗逆力生成具有重要调节作用，自我概念更为积极的留守儿童表现为生活中更好地适应、更为积极的应对方式和更高水平的社会功能。

在本部分的论述中，需要使用到更多的访谈资料，为了进行明确的对比，将这些资料根据儿童的自我概念及他们面对困难时的应对方式对比如表4.5。从表中访谈资料得知，自我概念对留守儿童困境适应的调节是通过自尊水平、自我复杂性及自我差距而得以实现的。

表4.5　　　　　　　　**留守儿童自我概念与压力应对模式**

	自我概念	压力应对
ZY	胆小，回答问题看着妈妈的脸色，周围人眼中"十足的问题少女"	抗拒，回避，在家不外出，不跟别人玩，习得性无助
GXY	孝顺、节俭，学业难、没要求，作业"多死了"	遇事怕难，找借口，很少有自己的态度观点
ZYJ	内向，老实懂事，自我封闭	表姐"看我不顺眼"，经常被指责，曾吵架中让他"滚出去"，因而离家出走
GMJ	好强、学习很上进，学习能力好，成绩不错，好学生，不太用管，有点调皮	考试失败后被爷爷奶奶数落，难过了很久，靠自己慢慢调整
GMR	善良、比较独立、比较理性，孤独、不自信	自己心里琢磨，不愿意告诉别人，玩游戏
GSL	不像小孩子，更像大人	看到爷爷生病自己偷偷哭，没有办法
GM	成绩好，听话，很少调皮，比较文静，不太活跃，内向	有难处会跟妈妈说，妈妈一般不责怪她

续表

	自我概念	压力应对
LKJ	比较开朗，有时候挺乐观，学习能力不错，也比较努力	周围全是学霸，不开心的时候同学会劝导他
ZLQ	听话，按时完成作业，成绩不是特别好，不太独立	一直好好读书就行
GDQ	做事认真，羞涩，内向	只喜欢看书，同学关系尚好
LCC	性格开朗，学习认真，各方面能力强，积极乐观	学习落后时会感觉愧疚，鼓励自己好好学习
CYX	比较活泼，听话，有时调皮，懂事，成绩中等，比较外向	考试没达到预期，父母没有责怪而是鼓励，决心好好学习，下次考好
WY	性格开朗，能力强，学习不错，比较外向，懂事，比较独立	一开始进入新的学校有点孤独，但很快与班长关系很好，班长介绍了很多其他的同学认识，现在关系就发展很好了

表 4.5 中，根据留守儿童访谈资料将留守儿童自我概念与其应对模式进行对比，前两个访谈中几乎得不到留守儿童的自我概念，其应对方式也更多表现为习得性无助状态，当然在他们的家人眼中，能够感觉到对子女的各种不满意。GMJ、GMR 和 GSL 都对自己有更高的期待，但是目前他们能够做到的离期待还有一些距离，他们在遇到难以解决的事情时，不容易向别人求助，会等到事情"慢慢过去"。GM 和 LKJ 对自己也不是很满意，但是周围有家长和同学的帮忙，所以没觉得有多难的事情需要应对。而最后的 5 个儿童中则能够明显感觉到他们自我的乐观和积极能量，他们会有更高的期待，但这些期待很少被他们理解为压力，所以应对中也更为积极自主。

（一）高自尊的积极影响

我们除了对自己具体领域的感知之外，往往对自己的总体价值和品质也有一种整体感受，自尊（self-esteem）这个术语通常被用来指这种总体自我评价的积极方面。高自尊的个体能够客观积极地评价自己，认为自己有许多值得骄傲的方面。对自己的特征和表现总体感到满意。他们倾向于赞成这样的自我描述，如"我感觉我是一个有价值的人，至少与其他人价值差不多""我觉得我有许多好的品质""总体来说我对自己感到满意"，这些在 ZLQ、GDQ、LCC、CYX 和 WY 的访谈中都能得到相应的反馈，他们认为自己是认真的、比较有能力的、懂事的、比较活泼外向的、学习成绩也比较好。相反，低自尊的人把自己看成失败者，经常感到自己无用、自卑，总体上对自己感觉不满意。他们倾向于认为自己是个失败者，"我期望我能更加尊重自己""我有时觉得自己一无是处"。在 ZY、GXY 和 ZYJ 的访谈中就有类似的信息，他们要么在对自己的描述中完全拒绝回答（ZY），要么对自我的描述充满消极被动的色彩。

> 留守儿童 ZYJ（14 岁）从 4 岁起就被寄养在姑姑的家里。这个家里有一个他很不喜欢的人——表姐。
>
> "……她看我不顺眼，对我说话的时候不是批评指责，就是挖苦讽刺，明明知道是我不爱吃的菜，她都要故意夹给我，逼着我吃。就是因为我爸妈不在家，住在她家就任由她欺负。
>
> "……我也没有办法，我又不能怎么样，人在屋檐下，怎能不低头？但有时候实在气不过，有一次就我们俩在家，她骂我说我不是这个家里的，让我滚出去，我就走了。
>
> "……我去了同学家，后来姑姑回来之后去同学家找我，我也没别的地方去，只能再回去。"
>
> 同为留守儿童的 WY（14 岁）也被寄养在大姨家。
>
> "我的爱好其实挺多的，我喜欢羽毛球、乒乓球，嗯……还喜欢看漫画，我画画也不错……我还会做饭。
>
> "其实大家都挺好的，我妈虽然不在身边，她几乎每天都给我打电话，问这问那的……他们（父母）都很爱我的……我乖啊，我也比较懂事，就是有时候有点贪玩儿，班里同学都觉得我多愁善感又大大咧咧的。"

从 ZYJ 的言谈中感受更多的是无奈与低水平的自我评价，对现状的无能为力，对自己的不满、对他人的不满，而引起这些不满的原因是父母不在身边。如果不是寄人篱下，这些都将不会发生。对于作为留守儿童的他来讲，这些遭遇几乎是不可回避的。但同样寄居的 WY 有更高的自尊水平，因此也有不一样环境，她有很多兴趣爱好，自己能做的事情也比较多，有更高的自我价值，有值得他人欣赏的特点等。

留守儿童的自尊水平是面对压力时的重要调节因素。高自尊的留守儿童在面对留守问题中能够更好地适应环境，而低自尊的留守儿童则往往出现难以应对的回避行为，甚至在遭遇压力之后可能导致"破罐子破摔"的习得性无助状态。ZYJ 似乎对周围所有人包括她自己都非常不满意，如姑姑与姑父的感情不够好，表姐已经 23 岁，但却是无业游民，对人很苛刻，跟姑姑姑父的关系也不好，总是爱挑毛病。学校不好，有学生打群架的现象，老师对学生的期待也只是"完成每天的任务"。而 WY 则不同，她对自己有更为清楚的认识（比较内向，乐于助人，会做很多事情）。同样的情况发生在与 ZY 的访谈中，她是大家眼中公认的"十足的问题少女"，只要她的母亲开始出现，她的声音立刻变小，并且会根据母亲的脸色来回答问题。她曾经竞选过班干部，但是没有成功，并声称"以后再也不竞选班干部了"。

缘何留守儿童的自尊能够为成功抗逆加以调节？心理学的研究发现，高自尊的人倾向于对他们是谁和是什么有更清楚的看法，并且随着时间的推移，低自尊的个体与高自尊的个体相比，在自我知识方面也具有更少的内在一致性和稳定性。低自尊的个体对自我的知识中往往具有低确定性、低稳定性、低通达性和低一致性，因此低自尊的个体被认为在自我知识方面相对来说是没有图式的，倾向于对他们自己的身份表现出不确定性和混乱（如 ZY 和 GXY）。这种身份混乱使低自尊的人更容易受到外部事件的控制，他们在对生活中经历的正面和负面事件做出反应时，在心情和行为方面都表现出更大的波动性。

在 ZYJ 的心目中，自己是被寄养在姑姑家里的，而自己的父母为了"挣钱买房子"所以将自己放在了别人家里，因此在这个家里 ZYJ 的角色只是一个"寄生虫"，每次吵架中被表姐喊"滚出去""你不是这个家里的"便显得格外刺耳。这种因寄养带来的低自尊使得他在冲突之中往往想要回避当时的冲突情境，并将所有的矛盾源头归因于寄养这一外部现实，甚至采取了离家出走的应对策略。但是同为寄养的 WY 对自己的认知是有兴趣爱好的、受人疼爱的，周围人群关系和谐的，会为自己的需求而出手相助的，因此对寄养的看法也更为积极乐观，如大姨姨夫是很好的人，对自己很好，跟父母也差不多。

高自尊的留守儿童更可能对社会信息表现出积极的自我提升的倾向，他们更愿意为自己的成功而不是失败负责，更喜欢回忆一些让他们看起来高人一等的信息。当然，总的来说，受自利归因偏差的影响，高自尊和低自尊的留守儿童都努力从最好的角度看待他们自己，但是在这么做的时候采用了不同的策略：高自尊的留守儿童会努力让那些使他们看起来优越的自我提升的机会最大化，而低自尊的留守儿童则试图避开那些使他们看起来不如别人的危险情境。如 WY 会关注学校的硬件环境建设进展状况，"学校最近新上任了一位校长，对学校开始了大规模的建设"，而 ZYJ 则"只要没有人来找麻烦，在学校里还是比较开心的，因为学校里有一些好朋友，并且在学校也看不到表姐"。高自尊的个体也特别喜欢采取自我提升的策略直接提升他们的个人价值，而低自尊的个体则更喜欢间接的自我提升途径，通过提升个体所属的社会群体来提升自我，这可能是因为他们担心自己没有能力守护个人成就中的积极特征。

低自尊留守儿童常见自我提升策略表现为以下三类。

第一，回避与忽视的保护策略。留守儿童对于努力保持一个有价值的个体形象而进行诸多努力，其中最为常见的保护性策略就是对潜在伤害性信息的回避与忽视。PH 是我们访谈中遇到的阳光开朗的女孩，她在班上学习成绩比较靠前，但母亲自从 PH 3 岁多时开始外出打工至今，与 PH 共同生活的是爷爷、奶奶和爸爸。母亲每年很少回家，平时与 PH 的联系也非常少。PH 对母亲的存在是忽视的，甚至对母亲"没什么印象"，与同学之间的对比也更多倾向于与自己同类的同学进行比较，如父母离异或同为留守儿童的同学，因为这样的比较不会给 PH 带来情感缺失的潜在创伤。

......

访谈员："你觉得母亲常年不在你身边对你有什么样的影响？"

PH："……没什么影响。"

访谈员："你想象一下，如果妈妈没有出去打工，跟你一样留在家里，你觉得会有什么不同？"

PH："……我想不来……旁边也没有这样的例子……（暂停）其实我们班好多同学都跟我一样，要么爸爸不在，要么是妈妈，还有同学爸妈离婚的，没有妈妈，所以大家都差不多。"

......

第二，强化成功的保护策略。留守儿童中另外一个常见的保护策略就是对自我成功事件的强化。留守儿童相对于其他儿童自我复杂性更低，对自我的评价多来自学习任务本身，因此在学习上的成功往往也是能够使得留守儿童自我概念得到提升的重要途径，如 YJH 称自己"做过最好的事情，就是语文考取班级第一名"。其实在他的学习经历中考取第一名仅此一次，但在 YJH 的记忆中这是最为重要的，因为这意味着他不是笨小孩，是聪明的，是有能力获得成功的。而 PH 喜欢与我谈论的更多是她的业余爱好，因为她"喜欢运动，喜欢打乒乓球，喜欢和朋友跳皮筋"，这些活动也是她获得友谊的重要途径，当这些途径受到阻碍的时候，则会引起她的强烈不满，所以她会对老师占用体育课很有意见。

第三，向后比较的保护策略。为了达到自我提升的目的，留守儿童对自我比较对象会进行特别的选择。YL 上次期中考试考了班级第四名，这次考试一些科目成绩便不如上次的名次靠前，当父亲指责YL 的学习成绩不好的时候，YL 称"我觉得我的成绩还可以，我的政治是第一名，我的历史虽然没有考好，但是这次已经超过我同桌了，他比我的成绩还要低"。而 YJH 的回答则更为明显"我们班同学都这样，他们也都跟我一样会去（玩游戏），他们有些人还没我成绩好"。

高自尊与低自尊个体在经历失败时运用不同的认知策略使自己得

到宽慰。任何失败都会对个人的总体自我价值构成威胁，但个体可以通过回想他自己的许多积极特征来分散这种威胁。高自尊个体通过关注个人的优点来应付失败，在面临失败时这些优点在他们头脑中具有更高的通达性，而低自尊的个体却没有表现出任何这种倾向。这可能是为什么失败会对高自尊和低自尊个体的自我意识产生相反的作用。高自尊个体在成就测验中失败时比成功时更积极地看待自己的人际能力，而低自尊个体则正好相反。因为低自尊个体在失败后无力提高和恢复自我的价值，更容易被失败打垮。高自尊与低自尊个体在成功后有同样积极的感受，但低自尊个体在失败后表现出更多的羞愧和羞辱感。记得 ZYJ 曾经有过这样的描述："课堂气氛'很冷'，老师提问时都没有人愿意回答（马上又补充：不过这似乎是各个学校都会有的情况）。学校不准带手机，不许打架，抽烟……有时候也会害怕，（因为学校里会有学生组成的'势力'）如果招惹了某些'势力'里的同学，可能会遭到（三年级）'大哥'的报复。"他自称是个老实的孩子，自己也尽量不去和这些拉帮结伙的同学扯上关系。

高自尊个体更愿意冒险以获得自我提升的信息。如高自尊个体在发现他们的测验中的表现比另一个人差时，会有更强烈的愿望去寻求与那个人做进一步的比较，希望在下一轮的比较中能够取得成功。相反，低自尊的个体没有表现出任何这类强烈的兴趣去和那些刚刚胜过他们的人进行比较，这种比较具有潜在的自我提升作用，但也具有高风险。

高自尊与低自尊的个体对威胁的反应不同。在面对人际能力或智力方面的失败时，高自尊个体通过努力提升关系中的积极方面来回应受到的威胁，在面临挑战时，他们运用这种关系作为自我肯定的来源。相反，低自尊的个体通过削弱关系对象对自己的积极看法，或削弱自己对他人的积极看法来对威胁做出回应。令人悲哀的是，低自尊个体不是把他们的关系或对象（重要他人）作为一种资源，而是通过贬低对象与关系，以预先保护自己免受这种迫近威胁的伤害。

总之，低自尊的留守儿童会害怕、预期最坏的情况，因此日常应对行为中常采取使失望和自我贬低最小化的认知策略，如回避行为。

而高自尊个体寻求并期待最好的情况发生，因此在自我提升策略中往往会采取更为积极主动的自我提升最大化的认知策略。受这种认知策略的调节，在留守儿童抗逆过程中往往也因自尊水平的不同呈现出不同的适应性行为和抗逆结果。

（二）自我复杂性的积极贡献

HXL 的自我观几乎都是建立在她是一个学生的基础上——我是一个学生，我学习还可以，我听老师的话，老师也都比较喜欢我，我的家人觉得我以后能上大学，我有几个好朋友，就在我们班上，她们有一个比我学习好……HXL 的学习、生活、周围的重要他人以及她的娱乐活动都与她是一个学生的这种意识联系在一起，她评价的各种关系或活动也都在很大程度上是支持自己的学业目标的。ZDL 也首先把自己视作一名学生，但是她的自我定义是建立在独立的几个具有高度价值的组成部分之上的——作为一个女儿，我是一个听话的孩子，也比较孝顺；作为一个学生，我学习还行，曾经有一次考了全班第一；作为一个吉他爱好者，我的吉他弹得很不错，老师经常夸我，班上比我年龄大的孩子都没我学得快；作为一个班长，我们班同学对我评价也还可以……这些角色中的每一个都让她表现出自我的不同方面，所有这些都决定了她对于自己是谁的认识，决定了她对自己的看法。

留守儿童的自我复杂性存在不同。有些人就如 HXL 一样，对自我的描述和表征基本集中于某一个特征或角色之上，描述的内容之间是有高度关联的，他们的自我复杂性比较简单。还有一些人自我描述则是比较复杂的，与 ZDL 类似，他们的自我概念中是比较独立的一些方面，或者存在于不同的领域，他们的自我概念包括许多不同的方面。当人们经历挑战或消极生活事件时，自我的复杂性决定了其消极情感如何从一个方面外溢到自我的其他方面。如果自我复杂性低，自我的所有方面是有高度关联的，一个领域的失败会使一个人感到在其他所有方面也是无能的。糟糕的成绩不仅意味着自己是一个差生，而且也意味着她是一个不好的女儿或无能的学生。相反，如果自我复杂性高，自我的不同方面是彼此独立的，自我领域的一方面的失败所产生的消极情绪只限于这个领域，她可能会感到自己是个差生，但是仍然会认为自己是个好女儿和好的吉他手。

高自我复杂性能够缓冲留守儿童应激事件后的消极后果。在我们访谈的留守儿童中，具有高自我复杂性的人表现得更好：他们表现出更少的健康问题和更少的抑郁、焦虑等心理情绪问题。当然这并不能意味着高自我复杂性的留守儿童就能够适应良好；在那些经历很少应激事件的留守儿童中，高自我复杂性的人与低自我复杂性的人相比没有什么优势。但是当他们经历生活应激事件时，高自我复杂性的人较少受其不利后果的影响。因为这些个体有许多不同的自我方面，对自我的领域构成威胁或挑战的一个消极事件引起的消极思想或情感只会限于有关的领域，而很少会波及其他领域的自我否定。这些复杂的个体可以利用未受影响的领域去提升他们的价值感以及他们的身心健康。

低自我复杂性的留守儿童在经历更多应激事件时，容易遭受应激事件带来的消极伤害或威胁，但是在应激事件少的情况下，他们的积极情感会外溢到自我的所有领域，导致更强烈的积极反应。"因为我学习好，又听老师话，所以刚开始的时候老师就刻意培养我做我们班班长。……我做班长比较尽责，所以同学们也都跟我关系不错，其他老师也很愿意跟我有更多的交流，他们对我学习上的期望比其他同学都要高，会经常给我很多鼓励，我学习上让爸爸妈妈都很放心，所以他们也觉得我很好，会因为我而自豪"。相反，对于高复杂性的留守儿童来说，自我在一个领域取得的巨大成功，自我的其他的未受影响的方面仍会保持平常状态，结果，低自我复杂性的人更容易产生大的情感波动，在面临挫折时心情更灰暗，在面临成功时也会有更大的快乐感。

同样，我们也可以用自我知识的分隔化水平对此进行解释。每个留守儿童（或者说每个人）都有其积极方面和消极方面，自我知识的积极方面与消极方面可以有不同的组织方式。如有关自我的积极信念和消极信念被分隔到不同的区域，一些区域全是积极的，另外一些区域全是消极的，这样自我知识的组织便是完全被分隔的。当然自我知识也可以用这样的方式进行组织：每一方面都包括了积极信念也包括了消极信念。这种自我知识的组织方式（分隔程度）会影响个体的健康状况。当自我知识积极方面与消极方面被分隔为不同的部分时，个体可能会只关注积极方面而不考虑消极方面，因此如果积极自我观念和消极自我观念彼此之间有明显的不同，那么经历积极事件的人会感到更快乐，更能够提升自我价值。相反，如果积极的自我观念与消极的自我观念是高度整合的，自我的每个方面都包含积极和消极的信息，那么，那些经历消极事件的人就会感到更快乐，因为当自我的某个方面遭受打击时，自我的积极方面的内容会对消极方面的思维起到缓冲作用。总之，高度分隔的自我会让一个人因为获得成功而狂欢，而面对失败时又非常脆弱。

（三）自我差距的现实调节

自我概念形成过程中，个体需要对自身的特征、行为、成就等进行评价，也就是现实自我（actual self），个体往往会使用两种不同的标准进行权衡：理想自我（ideal self）和应然自我（ought self）。理想自我就是我希望、渴望变成的那种人，是我对自己的希望、目标和要求。应然自我就是我觉得我应该和必须成为的那种人，是我对自己的义务、职责和责任的看法。理想自我和应然自我有时是一致的，如CCH希望自己能够成为像姑姑那样的人，读大学，有知识，并且他的应然自我也是；有时二者则可能冲突，如ZK的自我理想是成为一个有能力的人，但是目前他无法做到，他已经辍学在家，没有任何提升自我能力的机会。个体也可能会用生命中的重要他人为自我制定的标准来衡量自己，"我父母希望我能上大学，以后不要像他们那样辛苦"。当现实的自我未达到这些理想自我和应然自我的要求时，个体会感到自己是不成功的。这些负面情感的大小和性质取决于个体衡量自己时所依据的理想自我和应然自我的标准。现实自我和这个标准之间的差距，以及这种差距的可通达性和大小也会影响自我脆弱性。

不同的自我差距引发不同的情绪反应。自我差距是激发个体前进的动力，这种动力又具有提升性目标和预防性目标两类，不同的动力目标关注点不同。提升性目标是个体产生动力以改善自己的健康状况、生活状态、获取期待的结果等，这种目标是受实现积极成果的愿望所驱动的，如 LCC 和 CYX 认为自己需要更努力的学习以得到更好的成绩。预防性目标是个体有动机去避免消极状态、逃避惩罚、预防恐惧的结果发生等，这种目标受避免消极后果的目的所驱使，ZYJ 的离家出走是为了回避与表姐之间的矛盾冲突。当两种目标受到阻碍时，个体体验到的消极情绪不同：提升目标的没有实现意味着积极结果的失去——我没有得到我想要的东西，这种丧失导致了悲伤和沮丧。没有实现预防性目标意味着要经历消极的后果——我正在承受我害怕出现的消极后果，这种惩罚导致焦虑和不安。因此，当个体的现实自我与理想自我存在巨大的差距时，他会关注没有实现的期望，会感到失望、悲伤与沮丧。而当个体关注应然的自我时，则会导致预防性目标的关注，如职责没有履行好而导致的惩罚，这种现实自我与应然自我之间的巨大差距导致焦虑、不安和内疚。

　　自我差距不仅表现在大小差异，而且存在可通达程度的不同。如 YJH 和 ZDL 都认为自己在学校的表现没有期望的那么好，两个人都体验到现实自我与理想自我之间的差距，但他们关注这种差距的程度是不同的。ZDL 没有成功实现学校学业目标的想法一直徘徊在她的脑海中，而 YJH 的分数也不好，但他只是偶尔会想起这个失败。结果，两人在体验这种现实自我与理想自我差距引发的消极情绪时便存在差异，ZDL 更容易悲伤和沮丧，因为这种差距出现在脑海的次数更多。所以说当这些差距更具有通达性时，自我差距的大小会对情绪产生更大的影响。

　　自我差距的差异导致不同的人际思维策略。对理想自我的关注就是对积极结果的关注，个体会希望和期待取得成就或成绩。那些能够敏锐地意识到没有达到理想自我标准的留守儿童，一般会经历悲伤和沮丧。对理想自我特别关注的留守儿童也与一种更普遍的倾向联系在一起，在试图理解其他人的生活和计划自己的个人人际策略时，这种倾向的留守儿童会关注积极后果的存在或缺乏，这种关注使得他们特别注意他人是否实现了期望的结果，它会导致人们选择那些使积极后果最大化的策略。相反，对应然自我的关注就是对消极后果的关注，一个人害怕惩罚和过失，并期望去避免它。事实上，如果个体能敏锐地意识到未达到应然自我标准的人，会经历典型的与消极后果联系在一起的情绪，如不安和焦虑。对应然自我特别关注也与关注消极后果是否存在和缺乏的一种普遍性倾向联系在一起，这种关注会使人们特别注意和记起其他人经历还是避免了不幸的事情，它会导致人们选择那些将消极后果最小化的策略。

自我差距对个体叙事同样有影响。关注理想自我并因此关注生活中积极后果的存在或缺乏的人，会特别可能记得另一个人经历过或者没有经历过的积极后果，而那些关注应然自我并因此关注生活中消极后果存在或者缺乏的个体，会更容易记住另一个人是否遭受或避免过的消极后果事件。所以人们在关注周围他人的生活事件时也会与自己的自我差距相匹配。另外，这种匹配同样会对个体的记忆产生影响。关注理想自我或关注生活中期望的结果是否存在的个体，特别可能回忆起其他人是否实现积极后果的情境。相反，关注应然自我并因此关注生活中不期望的结果存在或缺乏的个体，特别可能回忆起那些努力避免消极后果出现的人或事。这种策略同样会应用于人际活动中，如交朋友。当个体试图交往一个朋友时，可以运用寻求积极后果的策略如获得亲密和信任（我去尝试跟她交流，告诉了她我上周回家的遭遇），也可以使用避免消极后果的策略，如疏远和不和（我发现她开始跟另一个同学关系更好，所以我只能离开）。这种策略偏好也与自我差距的类型有关。持续关注与理想自我的差距，会倾向于对积极后果越来越敏感，也会偏好那些提高积极后果的人际策略。同样，持续关注与应然自我的差距，会倾向于对消极后果越来越敏感，也会偏好那些目标在于预防消极后果的人际策略。

总之，对理想自我的关注，无论是暂时的还是持续的，相当于关注个人希望和抱负中要表达的积极后果，这种关注使得人们对他人生活中积极后果的存在与缺乏非常敏感，促使他们努力寻求和接近他们社会生活中的积极后果。现实自我与理想自我之间的明显差距也使人们容易出现与积极后果缺失联系在一起的消极情绪即悲伤和沮丧的影响。相反，对应然自我的高度关注，相当于对没能成功完成个体责任和义务时预期会出现的消极后果的关注，这种关注使个体对其他人生活中消极后果的存在和缺失非常敏感，使他们在社会生活中趋于避免和预防消极后果，这也使得他们易受与消极后果联系的消极情绪，如不安和焦虑。

三　解释风格：抗逆力的有效挑战机制

从某种程度上讲，我们选择并塑造我们的世界。充满敌意之人招来攻击；面带微笑之人带来快乐；愿意帮助及慷慨之人引致互惠与合作。同样身为留守儿童，面对留守现状和亲子分离的必然经历，儿童对事件的认知状况不同。"父母不要我了""父母外出打工是为了给我更好的学习条件""他们也是没有办法""回家一趟太贵了""大家都是这样"等，这样的回答在我们的调查中是耳熟能详的，然而对留守的不同阐释方向在他们面对风险时的适应结果截然不同。适应良好的留守儿童倾向于对留守的阐释使用积极的解释模式，而那些使用被动、消极解释模式的儿童则对留守的面对模式截然不同。

PH 对母亲几乎没有什么印象，她说同学们的父母也基本都在外面打工；ZK 对留守的解释是爸爸为了继母远离自己真正的亲人；LXF 刚开始无论如何都不愿意父母出去打工，现在"慢慢习惯了，从小他们就不在家，我要什么也不会直接问他们要，我的需要他们也不知道，我也不跟他们说，我能做的都自己做，不能做的就找朋友或找爷爷奶奶，对他们（爸爸妈妈）没什么要求"。GMR 平常是住在学校的，有时候三姨或者小姨会接他周末回她们的家，他不爱说话，"他们家里有钱，对我也很好，可我住他们家很不自在，那又不是我的家，我不知道能和他们聊些什么，学校生活就那样，所以就习惯不说话了"。

GXQ 和姐姐都随妈妈一起在家读书，爸爸在青海打工，每年过年才能回来几天。她提到爸爸时眼中是有光芒的，"妈妈觉得爸爸在外很辛苦，爸爸觉得妈妈一个人带我们俩上学很辛苦，爸爸对我很好，比对姐姐还要好，有时候妈妈让我干啥（做事情）我不想干，爸爸在的话就会替我去做了"。

对于不能经常在一起的父母，留守儿童的解释风格是不同的。PH 和 LXF 不愿意与远离自己的父母建立更多的关系，可能因为建立关系就意味着关系要不断被距离阻隔；ZK 则是完全拒绝的，因为自己是被父亲抛弃的；而 GMR 对自己的家有太多的期待，因此也更体验到寄人篱下的孤独；GXQ 虽然也经常见不到爸爸，但是爸爸似乎一直在她心里，从未离开过。

抗逆力的挑战机制是指在留守儿童遭遇留守抑或留守带来的继发性风险时，能够激发儿童的抗逆力潜能从而表现出更大的抗逆力，这也是早期研究中对风险进行定义时的重要条件。挑战机制关注风险带来的正向功能，强调在风险作用下个体的积极正向行为以迎接挑战，强调个体的主观能动作用，强调通过在风险作用下对个体潜能的挖掘来应对逆境。

个体的解释风格一直是抗逆力研究中的一个热点，因为积极解释风格有助于儿童面对困境时以积极行为迎接挑战。同样的留守困境中，留守儿童若能从优势视角进行解释，则能帮助儿童更好地适应环境，并逐步建立自己的支持资源。积极解释风格在抗逆力发展中主要表现为积极情绪与信念系统的发展。

（一）积极情绪：抗逆力提升有效途径

积极情绪与人格中的外向性相关，而消极情绪与神经质相关，并且这种相关关系相当稳定，其变化范围在 0.4—0.9①。积极情绪包括欢愉（如欢欣、幸福、活泼等）、自我认同（如自信、果敢、自强等）、专心（如机警、决断、专注等），并在个体 30 岁之后开始保持稳定，消极情绪在青春期后期达到最大强度，此后直到中年都随着年龄增长而下降。积极情绪和消极情绪有着稳定的个体差异，并都具有一定的遗传特征，其遗传相关系数在 0.5 左右。积极情绪与较高的工作、婚姻满意度相关，并且可能存在更为复杂的双向关系，

---

① Wille, N. and Ravens-Sieberer, U., *How to Assess Resilience：Reflections on a Measurement Model*, *Health Assets in a Global Context*, Springer New York, 2010.

如拥有积极情绪的个体更能享受生活工作中的乐趣，而这种乐趣获得的愉悦反过来强化了积极情绪体验。低水平的积极情绪与多种心理障碍相关。

积极情绪能够减少痛苦体验和灾难化心理①②③，并且一般而言，贡献于健康结果。如对抑郁病人药物治疗的第一周，增加积极情绪（而不是减少消极情绪）预测了改进的抑郁得分，并在 6 周之后得以复原④。留守儿童的积极情绪能够帮助他们在消极体验中快速恢复。LCC 是非常阳光幽默的男孩，他希望自己未来能上一所好大学，因为好大学意味着能跟更多优秀的人一起提升自己。他最难的事情就是考试有时候会考得不好，心情就非常低落，会有一种深深的愧疚感。但他很快就能让坏心情离开，因为现在考不好是给自己提醒要努力，又不会人生因此而没有意义。所以每每心情不好时他跟朋友打一场篮球就烟消云散，继续学习了。

许多研究表明积极情绪通过抵消和缓冲压力的影响而保护心理健康。有实验发现，影片刺激下的积极情绪相比中立或消极情绪有助于更快速的心脑血管复原。在日常生活中，压力下的积极情绪体验通过缓冲压力事件的消极情绪反应达到保护心理健康。CYX 每天早上 5 点多就要起床，因为早上自己需要做早饭，然后才去上学，她有一个不到 2 岁的妹妹，只要一有空她就会帮忙照顾妹妹。像家里拖地扫地、打水做饭之类的事情，她也都不在话下。但她一点儿也不觉得辛苦，她觉得能帮妈妈做那么多事情所以很自豪。每天下午她做完手头的事情还要去村子里给大妈们教广场舞，她说自己是村子里的跳舞小明

① Ong, A. D., Zautra, A. J. and Reid, M. C., "Psychological resilience predicts decreases in pain catastrophizing through positive emotions", *Psychology & Aging*, Vol. 25, No. 3, 2010.

② Zautra, A. J., "Fibromyalgia: Evidence for Deficits in Positive Affect Regulation", *Psychosomatic Medicine*, Vol. 67, No. 1, 2005.

③ George and Clarke, "Why Doesn't Adversity Make Everyone Stronger? Mediators of the Relationship Between Trait Emotion and Resilience", 心理学研究：英文版 5, 2013。

④ Geschwind, N., "Early improvement in positive rather than negative emotion predicts remission from depression after pharmacotherapy", *European Neuropsychopharmacology the Journal of the European College of Neuropsychopharmacology*, Vol. 21, No. 3, 2011.

星。LKJ 也是我印象非常深刻的一个，因为她的笑容。LKJ 就告诉我们，爸爸经常在外面打工，妈妈一个人在家"忙完地里忙屋里（做家务）"，所以她周末回家就帮着妈妈做些事情，妈妈有时候会阻止她说"你的手是用来写作业的，不是用来干活的"。她也非常乐意地回一句"我的手是多功能的"。

究其原因，人在积极情绪下的应对策略不同。积极情绪促成接近系统的应对行为，而消极情绪引发禁止系统的回避行为。这种不同源自进化任务中的神经生理系统的不同成分，消极情绪（如同人格特质中的神经质）是行为禁止系统中促进回避的部分，行为禁止系统是为了启动回避行为反应，对接近行为的禁止，以保护个体远离可能遭遇潜在危险的处境。反之，积极情绪是行为接近系统（如人格中的外向性）的部分，是促进有机体接近能够带来愉悦的情境。行为接近系统的功能在于帮助有机体获得生存所需的资源，如食物、住所等。积极情绪下的留守儿童选择策略更倾向于应对行为，而消极情绪下的留守儿童则为了自我保护，产生回避，如 PH 对谈论母亲的回避。

积极情绪可在行为训练中获得。个体日常生活中的活动交互能提高积极情绪水平（如约见朋友、打乒乓球），增加积极情绪体验。而令人愉快的生活经历是促进积极情绪的重要途径，进而提升抗逆力以抵御外部风险的消极影响。因此，通过提升留守儿童积极情绪的经验能力，在留守儿童面对留守或留守带来的继发风险过程中成功适应具有重要的积极意义。

（二）信念系统：抗逆力提升的灵魂核心

信念是人看待世界的透镜，个体的信念系统决定了对事物的解释风格，进而影响个体情绪行为反应模式，因此是抗逆力培养的重要方式。社会建构论认为，个体会为自己的经验制造意义，以应对所面临的危机或逆境。个体总是根据自己的自我经验及其已有社会关系进行有意义的创造，同时创造过程又受所处社会文化甚至宗教信仰的制约，联结历史、未来及理想愿望。人们如何看待问题并为其赋义，将决定其是应对或掌控问题，还是变得功能失调或充满绝望①②。

　　GMR 跟我们谈到，在周末放假时，周围的同学都会回家，他们的家里都有钱。学校里有贫困补助，需要上台讲话申请，他不敢上去，一是怕大家笑话，二是不想让别人知道他的家庭情况。"同学们平时看新闻说起山区贫困儿童都说那些孩子的家里条件差，素质不高，我担心我说出来之后大家会嫌弃我，和我划开界限。平时和朋友们聊天说起家里的情况，我一般就不插话。……有时候会请大家一起吃饭，误导大家觉得我家条件还不错，我希望和他们站在同一个水平线上。同学们家里条件不好的也比我家好很多，他们根本想不到我们家连自己的房子都没有，我只能将自己封闭起来，不让别人了解我，也就能保护我的自尊。"

　　在 GMR 的信念系统中，贫困是可耻的，贫困的同学素质低，是要被别人瞧不起的。正是这样的信念成为他表达自己的束缚，他不敢申请助学金，不敢让同学知道自己家里是贫穷的，更不敢邀请同学来家里玩。也正因如此，他也很少参与同学之间的活动。当访谈员跟他提到这样的信念是否正确时，他没有言语，或许他也不愿意承认这些信念果真如此，但它们时常影响着他的行为选择。GMR 的家乡出产煤和石油，前些年资源充足的时候，当地居民有些就致力于开采煤矿或石油，因此收入非常高，但是没有相应资源开采的农民在当地因为自然条件恶劣，所以特别贫困，贫富差距大也是当地的一大特征。GMR 家就是其中典型的贫困家庭。他们家的全部收入都靠父母外出

---

① Lee, T. Y. and Cheung, M. Y. L., "Children's Resilience-Related Beliefs as a Predictor of Positive Child Development in the Face of Adversities: Implications for Interventions to Enhance Children's Quality of Life", *Social Indicators Research*, Vol. 95, No. 3, 2010.

② Wasonga, T., Christman, D. E. and Kilmer, L., "Ethnicity, Gender and Age: Predicting Resilience and Academic Achievement among Urban High School Students", *American Secondary Education* 32.1 (2003): 62–74.

打工所获，他们姐弟三人在中学读书，母亲租了一间民房用来照顾他们三人的生活。因为这样的信念，他唯一的愿望就是读好书，考上大学，将来赚很多的钱。

信念会影响人们对事件的认知方式，它影响个体什么能看到而什么看不到，是我们看待世界的透镜。埃利斯合理情绪疗法的提出就基于这样的理论假设：人们的外部情绪和行为反应并非事件本身所引起，而是人们对事件的看法所决定的。人们如何看待自己，看待自己的经历，都是以信念为中心的，当这种信念出现谬误或不合理之处时，就会影响个体对事件的行为反应，甚至可能导致心理疾病的产生。个体的核心信念，不论是世俗的抑或是神圣的，都会将其定位于这"令人炫目的、巨大的未知之中"，而这种未知就是所谓事实。

信念系统包括个体信念、态度、价值观甚至偏见，这些内容的整合形成了个体认识世界的前提，同时激发个体情绪反应，对行为起着指导、促成或决定作用。促发性的信念可以增加个体的选择以有利于解决问题并获得成长，而抑制性信念则可能加重问题并限制更多的可能性。肯定性信念——如备受重视、被认为有潜力获得成功等——能够帮助个体即便在危机状态下仍能重整旗鼓；然而若认为自己的需求是不重要、自私的，则可能会逆来顺受，或自我枯竭，或背负罪恶，或满腹怨愤，却不考虑自身状况。信念与行动相互影响，行动的后果可能强化信念，也可能使信念发生改变。

信念是社会建构的结果，信念是个体与其重要他人及外部世界的互动中不断演化的结果。共通性的生活经验、相似的生活经历，都造就了类似的社会分析与解释系统。具有共同生活经历的人们往往会使用相似的解释系统，彼此的信念也会产生相互影响，但个体生活其中却对这种影响知之甚少。个体的信念根植于其所处社会文化之中，并受其所处社会地位与经验的影响，共有的信念能够促使个体相互理解并共同面对挑战，这种信念也会随其关系网络而不断发展，或被肯定或被改变。

个体如何理解危机处境并赋予其意义，对于抗逆力而言是至关重要的。在留守儿童适应情绪性压力的经验过程中，周围重要他人起到积极的间接影响。如父母长期不在家，如果家中有人能和孩子一起分享一些有帮助的观点，让他们理解目前的处境和未来可能要发生的事情，会有助于他们的成功适应。拥有一种看清逆境并为处境赋予意义的能力，可以使逆境更容易被忍受。

通过重要的生活经验，个体会锻炼生成一套持久的、关于社会世界的信念，进而塑造人际之间的互动模式。在面对压力逆境时，这套稳定的基本信念对影响个体如何应对压力情境，以及赋予生命挑战以积极的意义。个体信念并非一成不变，关键事件或有破坏性的生命压力，可以促使信念系统发生重大变化，从而导致信念系统的重组，并使得个体需要较长的适应期以应对这种变化。如个体保有人性本善的积极观点时，或者至少没有恶意的时候，个体能够更为信任周围环境，不会对太多人设防，然而假如个体一再经历歧视、剥削或虐待，这种信任感也可能会消失殆尽。

功能良好的留守儿童具有正常化或脉络化逆境经验的能力，儿童理解危机或逆境的来龙去脉有助于抗逆力的培养。在危机中人们往往会觉得难以招架，无法掌控对生活产生冲击的种种事件，但通过将这些苦恼正常化或脉络化，可以拓宽个体的视野，理解和体谅自己在特定情境下的反应和艰难。例如在功能良好的留守儿童中，他们都能够将自己当前无法与父母相处的情境给予合理化解释，如父母的离开是为了家庭经济状况的改善，为了自身的学习环境有更好的条件，等等。这种脉络化的解释能够给予个体应对情境中"正常化"的反应，如此便可以减少因为自身境况不同的自卑感，当然对自己的情绪或行为表现也能够理解，而不会视之为病态。

儿童会对自己成功或者失败进行预期，这些预期可能引导他们的行动而实现其预言。艾伦·贝克（Aaron Beck）指出，有三种自我挫败的错误认知，会使人更加脆弱：（1）低估力量或将力量最小化；（2）夸大每一个错误，或将错误最大化；（3）"灾难化"，即预感灾难要发生。这些信念也是抑郁症的主要来源。对灾难的畏惧会使人止步不前，阻碍建设性的行为，并引发自我挫败行为。如患得患失容易使个体否定自我而选择放弃，从而导致更大的损失。害怕被抛弃，也可能使个体在被抛弃之前就想要先行离去。在我们对留守儿童服务站访谈后的两个星期，HXL 因为自己的文具盒被同学弄坏而与同学出现争执，结果用刀划伤了自己的胳膊，说"别的孩子都有爸爸妈妈，我的爸妈不要我"。ZYA 已经读中学了，几乎一直住在学校，因为"回到家就自己一个人，很孤单"。偶尔觉得自己在外求学，父母在外打工，好像自己是一个"没人管没人问的孩子"，回到家里空落落的，有什么事也不知道跟谁说，"但我不会怨恨他们，因为他们外出打工赚钱也是为了我"。

尽管正面思考的力量已经成为陈词滥调，但大量研究证明，积极的信念对于解决压力与克服逆境具有很好的效果。赛里格曼研究发现，制约情境下的个体会更容易变得无助，会放弃对问题解决的尝试。当个体意识到无论如何都无法解决当前困境，就会不再采取任何行动，从而变得无望、被动和依赖。有些信念容易带来习得性无助，如"我命中注定就当如此"。赛里格曼认为，习得性无助既然是习得的，那么也就可以通过主宰掌控的经验而忘却，也就是沙克认为的"心理免疫"，如果在留守儿童早期经验中学会对事物进行回应，对自己的留守状态，或者父母的缺席，或者家庭的贫困等能够有积极乐观的信念，相信这些状况都预示着未来良好的目标，他们就可以避免陷入习得性无助，陷入被动和回避。他们的适应结果就会比专注于自己的留守、贫困或父母的缺席表现得更为积极，这种正向幻觉会使他们在面对困境中能够心存希冀，从而付出更大的努力以克服困难。

第三节　社会认知：留守儿童抗逆力生成之社会基础

社会情境是一个关于语言、意义和无数解释的世界，受社会情境的影响，个体的自我概念也便在这种不断流动的、变化着的、受文化特性影响的过程中得以发展。这些发展意味着思想上的转变，即对自我的理解从分离的心理实体到社会历史及情境的产物。假如我们不去留意一个人当前和过去所处的社会情境，我们就无法了解这个人的心理行为。"我们是谁""我们做了什么"都必须放在人一生的关系经验中去审视。个体与自我的关系会影响与他人建立关系的方式，影响个体面对困境中如何适应环境或关系，甚至影响个体逆境中外部资源的获得，所以说，抗逆力并非个人天赋秉性的结果，而是"社会关系的一种新生特质"。

一　归因偏向：抗逆力生成之反应机制

反应机制描述的是当危机发生时，因为危机本身的突发性、不确定性等特点，个体需要在短时间内做出反应。在抗逆过程中的危机反应机制反映了个体的应对策略模式。留守儿童的归因偏向反映了他们应对逆境中的反应模式，高抗逆力的留守儿童普遍表现出自利归因反应模式，而抗逆失败的留守儿童则更趋向于对失败的内在归因偏向。

海德（Fritz Heider）认为，现实生活中人们总是设法理解周围世界及意义，理解各种现象或事件的基本途径就是探索现象与事件的发生原因，并因此获得对环境因果结构的掌握，这也是人类基本动机。经典的归因模型认为人们会像科学家一样理性进行归因或预期，如果是这样，那么无论在何种情况下人们的归因都将是符合实际的、无偏的、一致的。但是大量研究证明，人们并没有像科学家那样理性地进行归因判断，相反人们常常表现出对特定原因的系统性偏好，即便这种解释不符合实际也是如此，这就是归因偏向的问题。

本书在此使用了归因"偏向"而非"错误"，因为错误是相对于正确而言的，人们产生归因错误意味着有一个一致公认的正确的归因标准，但显然这种标准在现实生活中是不存在的，所以使用"偏向"一词指人们系统地偏离了正轨的、理想的推断程序和步骤，但不意味着错误，这样的理解更中性、更实际。如果说本章前面所述都是留守儿童在面对危机时的自我解释机制的话，那么结果归因的部分则涉及如何解释他人。当我们在分析和讨论事件为何会发生时，特别是当我们遭遇一些消极事件或意料之外的事件时，就涉及结果归因的问题："为什么会这样？"

　　高抗逆力留守儿童中最常见的归因偏向就是利己主义偏向，也称自我欣赏偏向、自我强化偏向、趋乐偏向、自我防卫偏向等。是指人有避免为失败负责而居功自赏的倾向，在归因上的表现就是人多倾向于把积极结果归因于个体因素，而将消极结果归因于外部环境。归因偏向是人类群体中普遍存在的客观事实，留守儿童一样，他们的归因偏向影响了其面对困境时的应对模式。留守儿童 ZYJ 在与表姐争吵之后将争吵原因归因于父母不在家（就是因为父母不在家，所以表姐才欺负我）。其实在我们对 ZYJ 的姑姑进行访谈的过程中了解到，ZYJ 自身性格比较内向，而姑姑家的表姐比他年龄大，又是独生子女，近期因为工作没有着落，所以一直在家。ZYJ 与表姐之间的矛盾时间已久，双方相互都不喜欢对方的性格，在家里只有表姐和 ZYJ 两人的时候，表姐跟 ZYJ 说话，他是根本不予理睬的，甚至有些时候表现得与整个家庭格格不入，比如周末早上吃饭，其他人都已经起床，但是因为表姐在家，ZYJ 就一直在自己房间不出来，几次喊他吃饭都没有结果。所以从客观来讲，ZYJ 与表姐的矛盾不能简单归因于父母不在家，但是这样的归因显然对 ZYJ 是最为有利的，因为自己不存在任何过错。

　　无独有偶，JM 自小父亲外出打工，奶奶因为精神疾病服毒自杀，妈妈曾经因为类风湿丧失劳动力在家，5 年后去世。家里现在就只有爷爷和爸爸，爷爷的全部生活都是自己一个人料理，爸爸嗜好赌博，经常夜不归宿，但两人都很疼爱 JM。

　　　　访谈员问到 JM 的学习成绩时，"我啊，上次没考好……我们学校教学质量比较差，老师上课的时候只管讲自己的，下面同学说话他都不管，我同桌那娃可贱了，他就闲不住，一会儿动动这个，一会儿戳戳那个，就不停，光打扰我。本来还想好好听课，被他那么一折腾，就没心思听了"。

　　　　"我以前上小学的时候学习还可以，曾经考过我们班第一名，那个老师教得好，她上课没人睡觉，哪个男生上课敢捣乱，她就过来收拾。""现在老师都不收拾学生了，万一把谁打重了，人家家长还找学校。"

　　ZYJ 和 JM 的归因模式中都突出了自利归因的偏向，这种归因偏向有利于自身压力的缓解。认知解释论认为自利归因偏向与人们对事件结果的预期认知有关，当事件结果与人们认知预期一致时，个体处于认知协调状态，这种将结果归因于个体自身因素的做法不会引起认知失调，因此是认知系统能接受的。但当结果与预期认知不符时，个体处于认知不协调状态，这种结果若归因于个体则出现认知失调，个体认知系统难以接受，若归因于外部环境则能降低认知失调感，保护了个体的认知统一。如 JM 的自我认知中，若将成绩不好归因于自身，则产生认知失调，但当归因于环境因素的时候，这种认知失调的减少，能保护她对自我的认知统一性。人们大多是期望能够成功的，所以对成功预期符合个体认知期待，失败则不符合认知预期，因此这种偏差便得以产生。

　　同样的现象，不同的理论给予了不同的解释。动机解释论从趋利避害的动机原则来理解利己主义偏向。按照这种解释，之所以存在这种偏向是因为成功往往与快乐、愉悦等正性情感体验相关，反之失败常与痛苦、不快这些负性情绪相联系。人为了增加成功带来的愉悦或减少失败带来的痛苦，就将成功归因于自身，失败则推之外部。如 ZYJ 将与表姐的冲突归因于外部因素，能够减少自身的失败和痛苦，减少负性情绪的产生。产生这种影响至少存在三类动机影响：其一，维护与增强自我评价。个体有维护与增强自尊心的需要，这种保护机制使个体宁可放弃信息的客观性，做出维护自我价值的归因，自利偏差能够满足自我形象与价值的维护。其二，给人留下好的印象。人不仅会设法保持好的自我感觉，也希望在他人心目中有好的形象，这样能够获得他人尊重与认同的需要满足。社会具有崇尚成功摒弃失败的价值体系，失败归因于环境因素而成功归因于个体能力有助于维护他人心中的良好形象，有助于获得他人尊重与认同。其三，维持个体对环境的控制，避免认知失调。个体倾向于认为自己有能力做到任何事，能够适应外部环境并对环境加以控制，倾向于对自身控制能力的过分自信。为了维持这种自信感觉，当个体将成功内部归因，能够达成自我认知的一致性，增强个体的环境控制感，而失败的外部归因也避免了认知不协调，维持环境控制感。

总之，高抗逆力的留守儿童在对生活事件的认知中最常见的归因偏向就是利己主义偏向，这种归因风格能够在他们遭遇困境中维护个体对环境的控制感，维持较高的自尊水平，是留守儿童成功抗逆的重要保护因素。

二 社会支持：抗逆力生成之保护机制

社会支持感知是留守儿童微系统、中系统与外系统三者交互作用的结果。对于发展中的个体来说，社会关系既是问题也是解决途径。如果儿童想要发展社会交往能力，他们需要充分投入优质的社会关系当中。发展中的儿童处于一系列重要的关系当中，每一种关系都能影响儿童之后的发展路径。与主要照顾者之间亲近的依恋关系是儿童早期社会发展中最为重要的，但是随着儿童的成长，那些所谓"超依恋关系"也变得日趋重要。儿童处于社会网络之中，如果他们与母亲之间的依恋比较弱，那么父亲、祖父母或兄弟姐妹则可能成为儿童依恋的对象，罗特指出，儿童理解自我的形成或人格结构发展过程中，社会关系的质量和特征尤为重要。

如在与初二女生 GMJ 的访谈中，问及她的支持系统时很是黯然。她觉得自己的父母忙忙碌碌，只关心自己的成绩，不关心自己的心灵和内在需求；老师只看成绩排名，只会批评和责骂学生，只关注成绩好的学生，对后进的学生冷嘲热讽；同学之间则虚伪冷漠，甚至因为激烈的竞争而内心相互忌恨敌对。所以当她在学习上丧失效能感，又没有归属感时，就陷入了一种无助与无望的状态，而无助无望的个体更容易放弃求生的动力，而追求死本能的实现（访谈中明确地表达有过想死的念头）。

良好的社会支持是抗逆力发展的重要保护因素。心理学研究认为，良好社会支持的个体其生活满意度、主观幸福感、积极情绪均有较高水平，如个体的社会支持质量与积极情感和亲密朋友数量呈正相关，而这些因素对抗逆力的生成发展均具有保护功能。进一步的深入研究中，学者们提出，来自家庭、朋友有或其他如老师、亲戚同学等的支持大致表现为工具性、社会性和情感支持等多种方式。对于留守儿童而言，同伴关系中提供的主要表现为情感支持，来自父亲的支持多表现为工具性特点，而母亲的两种支持类型等同（这也是与母亲单独留守的儿童适应较好的一个原因）。

留守儿童因为成长中父母的缺席，社会支持相对弱化。如 LCC 很难体验到来自母亲的情感性支持，但这种支持往往能够从同伴、朋友处得到。

在对初三年级的 LCC 进行访谈时他就提到，"其实妈妈每周都会打电话过来，但可能是不在一起，所以每次接电话也不知道要说什么。……她关心的就是学习，只是问一些学习上的事情，哪有那么多要说的？所以也就几分钟（就结束了）。""生活上没什么，每天都这样，她（妈妈）也知道，所以也没啥问的，偶尔有时候需要交钱或者啥的，她会多问两句，也没什么，钱她都会给我，只要我不上网吧，就没什么问题。""还是他们（同学）能理解我，我有时候一个人待着，他们会过来问我是不是不开心，有什么事。没事的时候也经常一起聊天。……乱聊，没什么主题，想起什么说什么，有时候就是开玩笑，乱侃。""心事也说，但男孩子嘛，基本上不怎么说的。要不显得太娘了。"

社会支持从功能上可分为情感性、资讯性和工具性支持。情感支持表现为对他人的鼓励、关心、关爱、困难中的陪伴等；工具性支持则表现为对经济上的支持、物质帮助或具体问题情境中的指导建议，又称具体社会支持；资讯性支持指对个体的肯定或否定等信息传达，以提高其自信，同时获得关系中的信任，也称信任支持。研究表明情感性支持比后两者更能促进个体积极自我认知和心理健康，但工具性或资讯性支持对于个体需求的满足却至关重要，并且后两者需要首先得到满足之后，个体的情感支持对于良好自我认知才具有积极作用。

这种关系与马斯洛的需求层次理论有诸多相似之处。对于留守儿童来说，父母能够给予的社会支持主要通过工具性支持来呈现，因此这种支持也是联系亲子关系的主要纽带。

在对初一年级的 YL 访谈时，姐姐妹妹都称这个唯一的男孩每个星期的零用钱都是 2—3 倍于另外两个，父母每次与男孩的电话联系却给予了为人父母的身份感，或者说是被需要的感觉。但是如果不能及时给予工具性的支持，男孩会对父母大发脾气，甚至拿不上学来威胁，这或许也是留守儿童父母的无奈之处。

留守儿童社会支持的弱化是其回避型应对的重要原因。当留守儿童不能得到足够的社会支持，往往在社会交往过程中产生无奈、孤立感，自我保护的本能使得他们在此时更多选择了回避型的应对策略。如GMR 在与表姐冲突之后，"实在忍不下去"使得他离家出走，去了同学家，"反正也没地方去"的无奈又使得他不得不继续回到姑姑家里。然而，回避型的应对策略不利于抗逆力的生成。因此在留守儿童抗逆力培养中，需要注重对留守儿童社会支持的提供，尤其是情感性支持，这样才能使得儿童在留守中仍旧具有获得安全、归属的需要满足，鼓励他们以自主方式能动地应对生活中的压力挫折，进而达到抗逆力的培养。

虽说留守儿童有其特有的社会支持来源，但与非留守儿童相比，父母的缺席使他们的社会支持质量大打折扣。留守儿童的父母，由于长期在外打工，鲜少有时间与孩子进行深入沟通，对于青春期的留守儿童来讲，身体内部与环境变化均影响其心理变化的发生[1]。疏离的亲子关系、心有余而力不足的家庭监管、学校管理的弥补缺位，甚至社会教育的不力都难以满足留守儿童对内外部支持性资源的需要，阻碍了抗逆特质的生成、发展及安全感的提高[2][3]。

---

① 文一、刘琴：《青少年心理弹性量表评估中国儿童心理弹性现状的 meta 分析》，《中国心理卫生杂志》2015 年第 11 期。
② 陈惠惠、刘巧兰、胡冰霜：《农村留守初中生社会支持、同伴关系与心理弹性的关系研究》，《现代预防医学》2011 年第 9 期。
③ 张海鸥、姜兆萍：《自尊、应对方式与中职生心理韧性的关系》，《中国特殊教育》2012 年第 4 期。

三　假设验证：微系统与抗逆力生成之作用逻辑

微系统究竟如何调节留守儿童的抗逆结果？在本章前面的定性讨论中，认为留守儿童自身的生理环境为其抗逆力生成提供了物质基础，如年龄、性别等，年龄和性别作为个体的基本生物性特征，在个体发展与文化的交互中作用于抗逆过程和结果。留守儿童心理环境为其抗逆力生成提供心理支持，如安全依恋关系的建立、稳定乐观的人格特征、积极认知风格都是抗逆力生成的心理基础，这些特征在个体与其所处系统的交互中产生，同时作用于与生态系统的交互作用；而留守儿童的社会认知作用于留守儿童对外部社会环境的关系，这种关系影响了他们在与环境互动中的归因偏向和社会支持感知，能够有效调节和保护抗逆力的生成发展。为了进一步验证我们的研究假设，本书引用 CEPS 中留守儿童相关调查数据做进一步的验证分析。

（一）研究假设

抗逆力研究聚焦在贡献于人类发展的特定子系统中，也就是将留守儿童放置于其生活的微观、中观与宏观环境中进行研究，环境与个体的交互是影响个体发展的决定性因素，而这种影响则以个体的认知特征及应对风格的方式表现出来。因此个体仍是这个系统的核心，个体自身的生理、心理及社会特征是影响抗逆力发展的关键要素。基于上述的讨论，在微系统的抗逆力生成作用逻辑探索中形成如下假设：

研究假设 1：留守儿童生理、心理及社会认知作用于他们的抗逆结果，心理及社会认知水平越高，其抗逆力越强，抗逆适应结果越好。

将上述研究假设进行具体化，则形成如下 4 个分假设：

研究假设 1a：留守儿童中女生比男生抗逆力更高，适应结果更好；

研究假设 1b：留守儿童年龄越小，越不利于抗逆力的生成，其适应结果越差；

研究假设 1c：留守儿童自我未来信心越积极，越有利于抗逆力生成，其适应结果越好；

研究假设 1d：留守儿童自我认知越积极，越有利于抗逆力生成，其适应结果越好。

（二）数据分析

基于实证的研究假设中，最有力的方法就是定量分析。本书的验证性分析大致分为三步：相关、对比和回归。在本书引用的数据库中，与留守儿童微系统相关因素主要包括年龄、性别、未来信心及自我认知。年龄是通过调查时间与留守儿童出生年月之间的差值计算获得，性别是以女性为参照的二分变量，未来信心变量指标来自问卷中对"你对自己的未来有没有信心"这一条目的回答，结果是从根本没有信心、不太有信心、比较有信心和很有信心 4 点结果的选择，并且作为一个定序定距变量纳入分析，而自我认知得分是在因子分析基础上将"我的反应能力很迅速""我能够很快学会新知识""我对新鲜事物很好奇""我能够很清楚地表述自己的意见"四个条目降维获得，并命名为"积极自我认知"。其选项由完全同意到完全不同意 4 分量化，四个条目得分求和之后转变成取值 4—16 的连续变量纳入分析。

将四个因素与三个因变量之间进行相关分析，结果如表 4.6。

表 4.6　　　　　　　　微系统因素与抗逆结果相关分析（r）

R	认知适应	学业适应	心理适应
性别	0.05 *	-0.25 **	-0.05 *
年龄	-0.16 **	-0.05 *	-0.07 **
未来信心	0.08 **	0.14 **	-0.27 **
积极自我认知	0.13 **	0.09 **	-0.18 **

* 表示在 0.05 水平上显著；** 表示在 0.01 水平上显著；*** 表示 0.001 水平上显著（后文同）。

从表 4.6 可以看出，对于留守儿童不论认知适应结果，还是学业或心理适应结果来说，个体微系统的年龄、性别、未来信心及积极自我认知都与其高度相关，相关显著性达到 0.05 或 0.01 水平。男生在认知适应方面好于女生，而在学业适应和心理适应方面都要差于女生，这可能由于认知发展更多依赖于个体心理发展的结果，而学业适应和心理适应则更多在于与外部环境的交互作用，女生相比男生更为乖巧细腻，所以在学业适应方面表现得更好，但在心理适应方面则略差些（心理适应得分越高说明适应结果越差，另外两个则反之）。

同时相关数据显示，随着留守儿童年龄的增长，他们的认知适应、学业适应结果更差，但是心理适应结果更好。留守儿童的学业成绩来自七年级或九年级的期中考试成绩，对于初中学生来讲，七年级课程相对简单，而九年级课程知识更多综合，所以学业成绩上的这种变化本身也符合中学生成绩的变化规律。但心理适应结果的提升可能源于留守儿童在中学之后发展了更多的同伴支持，所以因为留守带来的消极体验也更少。

留守儿童对未来生活的信心和积极自我认知能够积极预测其认知、学业和心理适应结果，这也与我们之前讨论的结论相似，因此成为前面理论建构的重要证据。

相关分析是对变量之间的变化趋势的考察，能够得到两个变量的共变关系及其方向，但往往不能得到变量之间是否存在因果关系。为了进一步得到四个自变量对因变量的作用，根据留守儿童适应结果，将认知、学业和心理适应均高于均值的个案定义为抗逆力组，而其他定义为非抗逆力组，进行对比分析。

性别的对比分析采用不同性别儿童占有总体的百分比差异进行对比（如表4.7），从表中得知，在高抗逆力组，女生比例高于男生，而低抗逆力组男生比例则高于女生，与研究假设1a一致。

表4.7　　　　　　　不同抗逆力水平下性别百分比（%）

		性别		合计
		女	男	
抗逆力	0	45.5	54.5	2144
	1	51.8	48.2	355
合计		46.4	53.6	2499

年龄和自我认知是作为连续变量进行分析的，因此对二者进行均值比较，并采用单因素方差分析进行组间差异检验，结果如表 4.8。高抗逆力组年龄均值显著高于低抗逆力组，与研究假设 1b 相一致；自我认知得分在高抗逆力组也显著高于低抗逆力组，与研究假设 1d 相一致，并且组间差异均达到极其显著水平。

表 4.8 　　　　　　　不同抗逆力水平下的均值比较

		年龄	F	自我认知	F
抗逆力	高	14.0 ± 1.44	26.7***	0.64 ± 0.48	38.7***
	低	13.5 ± 1.45		0.46 ± 0.50	

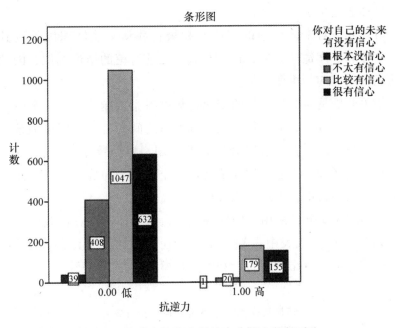

图 4.1　抗逆力不同水平的未来信心频数对比

未来信心的调查是定距变量，因此将未来信心与抗逆力水平进行交叉分析，从图 4.1 可以看出，在抗逆力不够高的留守儿童中，选择比较有信心的人数最多，其次为非常有信心和比较没有信心；而在抗逆力高的留守儿童中，比较有信心和非常有信心所占比例达 94.1%。这样的结果与研究假设 1c 一致。

作为对假设理论的验证，找到相应的抗逆力影响因素并确定其能够预测抗逆力的生成发展已经能够说明一些问题，紧接着我们仍需知道这种预测力到底如何？这些因素到底在多大程度上对抗逆结果产生预测？在文献回顾中已经知道，儿童留守模式、父母亲的教育水平以及家庭经济状况往往影响着儿童获得社会资源的途径和多寡，因此在微系统的验证中，将儿童留守模式、经济状况、父母教育水平等控制变量一起纳入回归方程，以验证基于个体层面的相关变量对儿童抗逆结果的影响效力。验证结果如下表 4.9。

从表中数据可以看出，留守模式等控制变量对儿童认知适应结果影响显著，尤其是家庭经济状况和母亲的受教育程度，对于留守或非留守儿童适应结果均存在显著调节作用，而父亲受教育程度在非留守儿童中影响效应显著，但对于留守儿童影响不显著，可能因为留守儿童家庭结构中缺失的角色往往由父亲所致。这些控制因素的调节在学业适应和心理适应中影响相对较弱。

表 4.9　　　　　　　微系统对抗逆力影响的回归分析 t（B 标）

	认知适应		学业适应		心理适应	
	留守	非留守	留守	非留守	留守	非留守
留守模式	-1.90 (-0.04)		0.57 (0.01)		1.74 (0.04)	
经济状况	2.88 ** (0.06)	6.45 *** (0.09)	-1.49 (-0.03)	-1.74 (-0.02)	-1.28 (-0.03)	-4.55 *** (-0.06)
母亲教育	3.49 *** (0.08)	3.52 *** (0.05)	-0.31 (-0.01)	-1.74 (-0.03)	-1.99 * (0.05)	-1.12 (-0.02)
父亲教育	0.95 (0.02)	5.01 *** (0.08)	1.05 (0.02)	3.38 ** (0.05)	-0.40 (-0.01)	-1.33 (-0.02)
性别	1.04 (0.02)	-1.15 (-0.02)	-12.91 *** (-0.27)	-20.32 *** (-0.27)	-0.69 (-0.01)	-3.22 ** (-0.04)

续表

	认知适应		学业适应		心理适应	
	留守	非留守	留守	非留守	留守	非留守
年龄	-5.54*** (-0.12)	-7.19*** (-0.10)	-1.14 (-0.03)	-4.70*** (-0.06)	1.05 (0.02)	5.35*** (0.07)
未来信心	1.55 (0.03)	4.18*** (0.06)	6.65*** (0.14)	10.66*** (0.15)	-10.40*** (-0.22)	-14.51*** (-0.20)
自我认知	4.46*** (0.10)	6.29*** (0.09)	3.02** (0.06)	3.01** (0.04)	-6.12*** (-0.13)	-7.53*** (-0.10)
F	16.05***	48.14***	28.91***	85.96***	27.12***	70.02***
AdjR^2	0.06	0.06	0.10	0.10	0.09	0.08

将儿童认知、学业及心理适应三类适应结果分别作为因变量，选择留守儿童和非留守儿童分别进行线性回归，旨在考察这些因素影响力的同时，进一步探索这些因素对抗逆力影响是否具有情境特异性特征。结果发现，情境特异性在微系统的影响中确实存在。对于认知适应来说，留守儿童组年龄和自我认知两个因素进入回归方程，方程可决系数为0.06，而非留守儿童组，年龄、未来信心及自我认知三个因素均进入回归方程，方程可决系数为0.06；对于学业适应来说，留守儿童性别、未来信心及自我认知进入回归方程，非留守儿童则性别、年龄、未来信心及自我认知都进入回归方程，方程可决系数0.10；对于心理适应来说，留守儿童未来信心及自我认知进入回归方程，方程可决系数为0.09，但非留守儿童四个因素均进入回归方程，方程可决系数为0.08。

年龄对于留守与非留守儿童的影响存在情境特异性，年龄越大，非留守儿童学业适应越差，心理适应越差，而对于留守儿童不具有类似的影响。在认知适应中，年龄在留守与非留守组影响效应均显著，不存在类似的差异。性别在留守与非留守的认知适应中没有差异，而对于学业适应影响差异性显著，对心理适应的影响体现在非留守组，留守组影响不显著，没能进入回归方程。然而自我认知和未来信心的影响却具有明显的情境共通性特点，除了留守儿童未来信心影响较弱之外，无论对于留守儿童还是非留守儿童，这种影响效应均显著，在三类适应中均进入回归方程。当然这样的结果也不得不让人怀疑，留守儿童的未来信心本身是否相对较低？

回归分析结果并没有证明研究假设1a是正确的，相反，性别的这种影响呈现出多元化的趋势。对于认知适应和心理适应来说，并没有得出女生更好或男生更差的适应结果；而对于学业适应来讲，女生适应结果显著好于男生，与研究假设相一致。因此留守儿童中女生适应好于男生的结果仅表现在学业适应方面，其他方面这种性别效应不存在。

研究假设1b提出年龄越小，留守儿童适应会越差。然而在回归分析模型中，留守儿童认知适应随着年龄增大认知得分更低，与研究假设相反；在学业适应和心理适应的模型分析中，年龄效应不存在。这种结果一个可能的原因是调查对象年龄相对接近，分别为7年级和9年级学生，如果年龄相差更大，儿童因为年龄而分布在不同发展关键期时，这种效应差异则可能产生。

研究假设1c和假设1d在回归分析中均得到了验证，也即自我未来信心得分越高，儿童三方面的适应越好，抗逆力越高；留守儿童自我认知越是积极，三方面的适应越好，抗逆力越高。

因此本书似乎可以得到这样的结论，从微系统的影响因素来讲，留守儿童未来信心和自我认知是抗逆力生成发展的预测性因素，其可决系数在0.06—0.10。认知适应方面留守儿童与非留守儿童差异不明显，但在学业适应方面，留守儿童的年龄发展优势不存在，在心理适应方面留守儿童年龄、性别影响也不存在，留守儿童的自我认知和未来信心两项贡献率达9%。相对非留守儿童来讲，真正影响留守儿童的因素会变得更少，这似乎可以从我们前面讨论过的自我复杂性来进行解释：留守儿童自我发展的影响因素相对较少，其支持发展的影响也相对单一，这样的结果造就留守儿童遭遇未来信心或自我认知方面挫折时，其受挫影响也更为激烈，面对风险也更多。年龄和性别对于留守儿童的抗逆力影响存在情境特异性特点，而自我认知和自我未来信心的影响却具有情境共通性。

本章小结

处于生态系统中的个体，其微系统是抗逆力生成的灵魂或核心，而个体的生物系统则是抗逆力生成的物质基础。在抗逆力生成中，先天因素与后天因素共同决定了抗逆力生成发展。从生理因素来看，年幼留守儿童生理功能的可替代性更强，但经历创伤之后有更少的复原，其适应性发展差于年长儿童；从性别上讲，在各年龄阶段的留守儿童，女孩都比男孩更能克服困境，有更高的社会支持。

留守儿童的依恋关系、自我概念和解释风格等则构成了他们抗逆力生成的心理基础。依恋关系是对亲子分离的有效补偿机制，与主要抚养者之间良好的依恋关系往往能够对亲子分离风险进行有效的补偿；自我概念是抗逆力生成的有效调节机制，留守儿童的高自尊、高自我复杂性和适度的自我差距，能够有效调节留守困境带来的压力；解释风格则决定了抗逆力形成的速度和模式，积极乐观情绪表达和信念系统往往有助于激发留守儿童的抗逆潜能，促使留守儿童在困境中积极应对以迎接挑战。

自我在社会关系中形成，自然也便打上了社会性的烙印。留守儿童在其社会关系中形成的社会支持感知和归因偏向都影响了他们抗逆力的生成发展。高抗逆力留守儿童普遍表现出自利归因偏向，而低抗逆力儿童更容易将失败进行内在归因。当留守儿童对自身所拥有的社会支持数量和质量感知更为乐观时，更可能表现出积极应对而非回避的行为反应模式，因此构成了留守儿童抗逆力生成的有效保护机制。

最后我们对前面提出的假设引用 CRPS 的调查数据进行验证，结果发现留守儿童的未来信心和自我认知是留守儿童微系统中影响抗逆力发展的重要预测因素，其可决系数在 0.06—0.10。

第五章 中系统：抗逆力近端资源缓冲机制

留守儿童置身于生活场域之中，其成长、发展均受所在场域环境的影响。留守儿童的基本特征在于其家庭结构的变化和不稳定的发展，这种变化与不稳定便成为留守儿童发展、成长潜在风险的场域。因为留守这一生态特征的存在，他们的成长中普遍存在家庭功能弱化、家庭沟通内容单一、家庭关系网络疏离、家庭规则不够统一稳定的特点，他们的日常生活和基础教育功能由家庭子系统或扩大家庭来代偿，而这种代偿功能的弱化是导致留守儿童成长的潜在风险，反之这些功能的增强可以作为留守儿童承受留守风险的重要缓冲机制。

第一节 家庭功能：留守儿童的抗逆力心理缓冲机制

留守儿童家庭结构模式是经济发展和人口变迁共同影响的结果。社会心理学家阿琳·斯果林克提出影响家庭变化的三个领域。第一是经济领域。从工厂到办公室的变迁意味着高收入的蓝领工作的消退，而低收入的粉领工作则在增多。这一改变伴随着女性进入劳动力市场这一大规模运动。第二个影响家庭变化的因素是人口学因素。在科技社会，抚养子女对于日益缩小的家庭规模而言逐渐成为非常沉重的经济负担，之前对家庭多子女的期待逐步消逝，取而代之的便是集中经济资源养育一两个子女，父母养育成为家庭中的首要责任。然而，真正导致留守儿童成为一个社会问题的则是第三个原因。斯果林克认为，第三个影响家庭结构性变化的是"心理贵族化"，它同样对家庭有着深远的影响。由于人们教育水平的提高和闲暇时间的增多，人们开始变得更为内省，对内在体验也更为关注。

如果说农民工外出打工首先带来的农村经济的增长、家庭经济的改善和生活水平提高的话，那么对于留守儿童来讲，他们生活的家庭经济状况的改善是用亲子分离和养育功能缺失作为代价的。在经济发展的持续催化中，农村年轻的父母无法选择留在家中完成养育子女的责任——即便他们有这样的想法。科技社会子女养育的沉重压力和计划生育政策的共同作用使得父母养育成为家庭中的首要责任，而全民教育水平的提高使人们在养育中对子女心理需求的关注和满足更为重视，但留守儿童却因为留守无法享受正常的父母养育功能，日常照顾和养育功能由家庭子系统或扩大家庭代偿。由于其他养育者在养育职能中的非主体地位导致养育功能和效率受到影响，因此也是留守儿童成长中需要面对的风险问题。

一 家庭子系统：功能弥补之缓冲

留守儿童因为其身份的存在，也就造就了他们的家庭结构与其他非留守儿童不同。随着父母或者其中一方外出打工，他们的家庭结构便缺少了核心家庭的主要成员。家庭都需要完成其特定的功能，对于留守儿童来讲，他们的养育功能则是这个有残缺的家庭结构需要面对的。家庭如何应对留守儿童的养育功能？每个家庭因为其拥有的社会资源不同也采取了不同的应对方式。我们访谈中遇到留守儿童家庭结构模式大致可以分为五种：与爷爷奶奶共同生活、与父母其中的一方共同生活、与兄弟姐妹一起生活和自己单独生活（如表5.1）。

表5.1　　　　　　　　　　**家庭子系统的五种模式**

LXF	与爷爷、奶奶、弟弟在家，父母常年外出打工
PH	与爸爸、爷爷奶奶一起在家，母亲常年外出打工
YM	与哥哥、姐姐共同住在留守儿童服务站

LKJ	与母亲留守，父亲外出打工
ZF	自己一个人住校，偶尔回爷爷奶奶家，父母离异，父亲两三年才回来一次，从未跟母亲联系过

在目前留守儿童问题研究中，最为常见的也是对上述五种留守模式的影响来展开的。第一种留守模式是留守儿童中比较多见的，家庭中的父母都外出务工，将子女托付给家庭中的老人来看管如LXF，这种留守模式对留守儿童的养育代偿功能我们在下章会进行详细探讨。第二种留守模式也是目前文献中认为对儿童的消极影响仅次于儿童单独留守的模式，儿童需要与父亲单独留守家中。在中国传统文化中的性别分工是男人需要担负养家糊口的责任，当家庭中需要女性外出务工以养家糊口的时候，往往意味着家庭中的男性（父亲角色）可能无法担负经济支持的责任，或者家庭中的夫妻关系受到威胁（如PH的母亲都是自从外出务工之后就很少回家，目前虽然从法律上婚姻依然完整，但是听带领我们去访谈的村干部讲，她的母亲都可能再也不会回来了）。第三种留守模式在我们调查的区域比较多见，因为当地有专门的留守儿童服务站，儿童日常学习及生活照顾都由留守儿童服务站专门人员负责，家长也可以相对放心地让子女在家乡就学。YM姐弟三人都生活在留守儿童服务站，她们三人的日常生活主要由姐姐来照顾，两个弟弟妹妹若有什么特别的事情会通过电话请示远方的母亲，具体则由姐姐或服务站的工作人员提供相应的帮助支持。第四种是在留守儿童调查中最为常见的，母亲留在家里照顾子女学习生活，父亲一人外出务工，为家庭提供经济支持（如LKJ）。这样的家庭分工符合中国传统文化对于男女两性的角色期待，从理论上讲，也是留守儿童家庭结构最为理想的一种模式。最后一种留守模式与第三种有些类似，儿童在家乡完成学习生活，父母则外出务工，如果有什么特殊需要，扩大家庭或亲戚朋友会成为儿童的支持性资源（如ZF），不同的是这种留守中的儿童并没有除了父母之外明确的成人监护，因此对于儿童来讲，其监

护功能也是最为弱化的。

正如前面所述，无论何种家庭结构模式，家庭都需要完成其特定的功能。当家庭结构发生改变的时候，家庭中的子系统就需要根据这种改变调整家庭中的分工模式，以顺利完成家庭功能。当然对于留守儿童来讲，家庭中的养育功能往往直接影响着留守儿童是否会成为一个问题，所以家庭结构的变化会促使家庭成员顺应家庭的这一变化，以使家庭仍然能够正常运转。有抗逆力的家庭往往在家庭结构发生变化时会更快速地进行家庭功能调整，使家庭能够重新恢复结构变化之前的平衡状态。而这种变化本身对家庭潜能具有激活功能。家庭在初步建立时因为功能互补的需求，家庭需要在双方相互磨合中进行角色分工，这种分工在使成员获得归属感的同时，也意味着家庭成员的某些功能是不能够被充分发挥的，如夫妻中的一方担负起家务劳动的责任，另外一方家务劳动能力就暂且被搁置而不能得到充分发挥。

留守儿童家庭中某个或某些成员的离开在导致家庭结构产生变化、家庭功能受损的同时，也为部分家庭成员更多能力的激活形成契机①②。如最为常见的留守儿童与母亲在家同住的情况下，父亲养育的部分功能主要由母亲来承担，也就是在父亲离开的同时，母亲能够及时弥补父亲缺席导致的功能缺失，这在儿童对家庭结构变化的顺利适应产生重要缓冲功能，从理论上来讲，这也是留守儿童家庭结构最为理想的一种模式。

> CYX 与妈妈和妹妹在家，父亲在她 2 岁时就外出务工，每年只能回来一次。"爸爸说妈妈一个人在家照顾我们两个非常辛苦，所以希望我能够多帮助妈妈。"CYX 会做很多事情，如做饭、扫地等，在不影响学习的情况下，她还会帮忙照顾只有 2 岁的妹

---

① Mangham, C., Reid, G. and Stewart, M., "Resilience in families: challenges for health promotion", *Canadian journal of public health*, Vol. 87, No. 6, 1996.

② Ganong, L. H. and Coleman, M., "Introduction to the Special Section: Family Resilience in Multiple Contexts", *Journal of Marriage & Family*, Vol. 64, No. 2, 2010.

妹。CYX 学习很优秀，"妈妈说爸爸一个人在外面打工很辛苦，所以要我们每个人都做好自己的事情，这样爸爸在外面才能放心"。

当家庭中某个或某些成员不能履行其家庭功能时，其余家庭成员需要发挥自身潜能，完成家庭功能弥补，以使家庭中的儿童在遭遇亲子分离之后仍然能够获得相对完整的家庭养育，以使家庭重新恢复平衡状态。但是留守儿童的家庭结构并非只有上述一种，当家庭中的父母都需要外出务工时，家庭中的子女子系统是否能够顺利完成家庭相应功能则呈现出不同的结果。

YL（哥哥，排行第二）、YM（妹妹，排行第三）和他们的姐姐（排行第一）都生活在留守儿童服务站。姐姐读初三，YL、YM 分别读初二和六年级。因为父母不在家，所以姐弟三人的日常事务由姐姐打理，如每个星期给两个弟弟妹妹零花钱，或者有什么特殊需要的时候由姐姐跟父母联系。为了联系方便，父母给他们三人买了一部手机，平时由姐姐代管，如果弟弟妹妹需要打电话，也需要跟姐姐要手机联系。

这是一个典型的子女子系统完成家庭基本功能的案例。同样单独留守的 ZF 却有不同的感受。

ZF 从出生开始就成为留守儿童，父亲常年在外打工，开始是与母亲一起，后来父母离异，父亲两三年才能回来一次。ZF 住在学校，周末很少回家，"不想回家，回去了也是自己一个人，跟个孤儿一样，在学校好歹还有同学可以说说话"。除了没钱的时候需要跟爸爸联系之外，其余很少与家人联系，"他基本不管我，也管不上，偶尔打电话除了问我学习之外，也没别的可说"。

如果家庭子系统无法完成家庭缺失的部分功能，则可能导致家庭抗逆的失败，如问题儿童的产生。ZF 的家庭养育功能可以说是完全缺失的，ZF 作为家庭中的子系统，无法承担起对自我的监护和照顾功能，当然他在面对留守困境中也形成了自己的应对方式：社会失范行为。在同学面前，他是个豪爽、重情义的角色，会有"跟我也差不多"的一些朋友一起玩、打架、抽烟等，因此 ZF 的老师也非常担忧，"如果现在走上了正路，那么将来不会很差，但是如果现在没能纠正过来，将来就难说了。"

家庭临时形成的子系统并非静止的，因为每个子系统的稳定都是在日常生活事务的沟通与交流中逐渐稳定下来的，如果家庭结构发生变化，这种子系统的稳定性也会受到挑战。就拿 YL 他们家的例子来说，当他们的父母都在江西的时候，父母子系统和子女子系统是两个相对独立的系统，但当他们的母亲加入子女子系统中时，这种稳定与独立便受到破坏，形成另外的不同形式的子系统。

> YL、YM 的母亲曾经在两年前没有外出打工，在家里专门照顾三姐弟读书一年。在访谈中发现，YM 的眼里，"妈妈特别偏着哥哥，哥哥要什么她都给，他（哥哥）每周的零花钱比我和姐姐加起来的都要多。"YL 告诉我们，"她（YM）就爱胡搅蛮缠，所以妈妈没办法，就得跟她玩。"然而在姐姐的眼里，"他（弟弟）比较淘气，爱玩，所以需要（更多的）钱上网玩游戏，YM比较缠人。"说到她自己时，一句"我是老大嘛"用来解释她自己的独立。

上述文字中可以从侧面了解到 YM 母亲在家照顾三子女时的家庭互动模式。在没有母亲的时候，三姐弟的子系统是相对稳定的，只有母亲偶尔以弱干预的方式介入子女子系统中。而在母亲回家之后母子子系统或母亲与小女儿的子系统会变得更为紧密，两个系统之间也会出现一些纠葛，而姐姐则形成另外一个独立的子系统，保持一个相对距离较远的互动状态。当然这样的系统交互模式在三姐弟的学习过程中并没有起到良性的作用，因为不是所有的子系统都能顺利完成家庭成员缺位造成的功能缺失。一年之后，母亲还是离开了他们，去了江西打工，家庭恢复了之前的两个子系统的交互模式。

构成家庭生活实质的日常交往使不同的家庭子系统之间有不同的接近程度，因此，子系统可以被视为由不同的边界包围，而这些边界的可渗透程度不同。如果一位父亲和他的孩子很亲近，那么父亲和孩子之间的边界就被视为是可以渗透的。与此相应，母亲可能不会轻易参与父亲和孩子的子系统，那么在这一子系统和母亲之间的边界则被称为僵硬的。在另一个家庭中，父母子系统和子女子系统之间的边界可能具有非常高的可渗透性，这反映在孩子可以参与父母之间的相处，或者父母可以进入子女行使其功能的过程当中。

> KXJ 家里有爷爷奶奶和爸爸三个大人，奶奶和爸爸都是比较严厉的人，所以会因为 KXJ 学习上不好或者家里表现不乖而打她。爷爷是个和善的人，当奶奶或者父亲打 KXJ 的时候，爷爷会从中劝阻，或者护着 KXJ，此时爷爷和 KXJ 形成了一个临时同盟关系。但是在家里需要有什么重大决定的时候，尤其是"大人的事"，爷爷奶奶便成为一个稳定子系统，他们会联合起来跟爸爸进行争辩。

当然家庭子系统功能互补的建构过程需要长期的协商、妥协、重新排列和竞争，这种交流互动通常是看不见的，不仅因为背景和主体都在不断改变，也因为它们在本质上通常都是一些细枝末节的琐事。如谁在何时以何种方式对谁做出回应？谁与谁的接近程度和亲密水平如何？谁要为谁负责？哪些事件增加了家庭凝聚或加重了压力？通常用来缓冲和调节的机制又有哪些？

在留守儿童的家庭功能补偿作用中，家庭权威有助于这种补偿功能的顺利进行。因为在家庭成员出现冲突时，家庭中某个成员的权威角色往往使其他成员更容易接受，这样也就更有利于冲突的解决。如在 YM 她们家里，姐姐是年长的一个，父母将手机、银行卡等事宜都交给姐姐来打理，如果两个弟弟妹妹不能按照事先约定的方式进行互动交流（往往这类冲突也发生在两个弟妹之间），姐姐有权力决定事情如何进行，此时姐姐在家庭子系统中就承担了家庭权威的角色。而在 KXJ 的家里，父亲则是这样的权威角色，但是爷爷奶奶从伦理上处于上层，所以父亲的决定往往会引起爷爷奶奶的共同反对，此时家庭冲突便开始出现。

层级是必要的而且也是有效的，功能上的分化伴随成员在特定领域中的专家地位，其他成员则可能接受权威，这会让家庭更好地行使其功能。在留守儿童的家庭中，父母的权威通常用来解决冲突，这种权威有益于孩子在这一过程中的学习，但当赤裸裸的权力变成将某一结论强加于他人的方式时，则通常导致适应不良（如 ZY 的家庭就有多重权威角色）。

ZY 是个十足的问题少女，正如她奶奶说的"整天在家里，基本不出门，也不跟别人（弟弟妹妹）玩，老是一个人待着，出去见了人也不会叫（不问候）"。在我们的访谈中则注意到，ZY 说话时眼睛紧紧盯着她妈妈，若发现妈妈有点不满意，她就不说了。

二 家庭规则：获得归属之缓冲

在访谈中，让研究者印象最为深刻的一点就是留守儿童缺少规则。机缘巧合，在去留守儿童服务站进行访谈的时候，杨站长不在家，所以联系之后，我们便直接来到了服务站，中午的时候就开始了访谈。时逢周末，服务站的孩子不去学校上学，也有一些周末是不回家的。大约到下午 5 点多的时候，能够符合访谈条件的儿童已经全部谈过了。但是为了等到杨站长回来继续进行访谈，所以没有直接返回，而是选择在镇子上住了下来。还有时间，看着这些可爱又有些可怜的孩子们，就想要给他们做点什么。时间正值下午饭时，所以与服务站的工作人员商量之后就开始为这些孩子准备一个相对丰盛点的晚餐。

忙活了将近 2 个小时，饭菜终于可以逐步上桌了，因为条件限制，炒菜只能一个一个上，所以上菜的方式也是逐步上桌。第一个菜上桌，瞬间哄抢一空。因为服务站还有两位年长的工作人员一起忙着做饭，所以专门去交代孩子们，等到饭菜上桌之后，大家一起开始吃，让他们先等等。结果第二个菜上桌了，没到 1 分钟，又是哄抢一空。又重复了一次规矩，还是没有用。后来也不再强调了。等到做完菜能够开吃的时候，桌面已经一片狼藉。

家庭的交互作用遵循着一定的规则，这些规则决定着家庭成员的行为，并形成一种持续性的行为模式，它们是构成家庭并维持家庭关系的准则，也是指导家庭生活的行动纲领。这些规则可能是描述性的，也可能是规范性的。描述性的规则基于个人的权力与义务进行规定，而规范性规则是要告诉家庭成员哪些事可以做哪些事不可以做，如一般的家庭都会有这样的不成文的规定：成员到齐之后才能开始吃饭。僵化的家庭可能是规则太多，混乱的家庭可能是规则太少。在功能良好的家庭中，规则帮助其维持家庭秩序与安定，同时也允许随着家庭环境的转变而改变。如当家庭中的孩子出生之后，其许多家庭规则便需要随之调整。

家庭成员会适应其家庭规则，而家庭的规则会指派其每个成员以角色和功能，这种适应能够促进家庭平稳地行使其功能，也预示着安全、回应、忠诚与和谐的存在。僵化的家庭规则则意味着某种常规会成为枯燥的惯例，缺乏自发性并成为家庭成员成长中的限制。

GSL 每天早上"大约 5 点多起床，给他们（两个弟弟）做早餐（一般是煮方便面或者挂面），然后带他们（两个弟弟）上学"。在学校她"经常去他们（弟弟的）班里看望他，他老被人欺负。……如果有人欺负他们，我就去吓唬吓唬那些（欺负弟弟的）人"。GSL 下午放学或周末放假会帮爷爷种庄稼，如种玉米、土豆时，她负责"打窝子"（用锄头挖埋种子的坑）。GSL 爸爸妈妈回来时，不准随便去别家吃饭，过年不准随便去别人家玩。"妈妈在家的时候，可以带长艳（她的好朋友）来家里玩。"

GSL 做的这些事情都是家庭约定俗成的规则，这些规则规定了家庭成员的行为方式，如 GSL 需要早起照顾两个弟弟吃饭、上学。当然这些规则会根据家庭环境的变化而不同，如妈妈在家时可以带好朋友来玩，但是他们不在家时，她需要帮助爷爷做家务、照顾两个弟弟。

家庭作为个体生活中最重要的近端环境，其规则的形成和效能能够为家庭成员形成与其他外部群体或环境的边界。在边界内部，是"我们的"，而在边界外部，则是"他们的"，也即归属与安全感的形成。这些规则是基于每个特定的家庭及其成员对彼此的期待，并且会因为习惯、相互配合或某些功能性作用等因素而得以延续。家庭必须能够动员并组织他们的资源以缓冲压力，并能根据具体情况重新调整家庭功能及规则，这样才能有效处理危机或长期的风险性逆境。如 GM 在爸爸打工的时候会帮妈妈做家务，但是爸爸回家时，爸爸会主动做很多家务，GM 则无须帮忙。

家庭规则何以引发归属感的形成？在所有的文化中，家庭都是为其成员打上自我性的印记。人类认同体验具有两种要素：归属感和分离感。这两种要素混合并相伴而行，且都是在家庭中得以实现的。对于年幼的儿童来说，家庭塑造并且规划着儿童的行为和认同感，儿童的归属感就来自对家庭群体的顺迎，也来自儿童在贯穿不同生活事件的稳定的家庭结构中一致采取的交往模式（即规则），每位成员的认同感都会受其对属于特定家庭感觉的影响。对于稍微年长的儿童来说，他们通过参与不同家庭的不同子系统及家庭外部群体，会对所属家庭形成分离感，因此而获得个体化，即自我独立意识的形成。

家庭规则有助于儿童心理社会需要的满足。普林格尔（Kellmer Pringle）在《儿童的需要》一书中将儿童成长的需要归结为四个方面：（1）爱与安全的需要，即儿童需要体验爱的关系、连贯性和亲密情感；（2）新体验的需要，儿童必须有机会接触并掌握一系列的生活技能；（3）赞扬和承认的需要，鼓励对儿童来讲是至关重要的；（4）责任的需要，儿童应当在一个安全的环境里不断增强其独立性。在她的需要列表中，并没有把维持温饱的生理需求包括在其中，当然这是她故意将之排除在外的，"因为生理需求不仅已得到更清楚的认识，而且是目前较容易和普遍能够得到满足的需要，所以关注的重点就应当是心理—社会需要"①。对于留守儿童来说也是如此，他们的温饱问题似乎都能够得到满足的，但是特殊的家庭结构会直接影响儿童四类需要的满足。家庭规则明确了家庭内部与外部之间的界限，这个界限本身就是对家庭内部成员的保护，使家庭成员明确地归属于这个家庭，并且无论何种情况，家庭内部必然是安全的。这样的家庭规则有助于儿童爱与安全需要的满足，他们能够有机会体验到来自家庭内部的爱、亲密及这种关系带来的安全感。同样，一个建设性的家庭规则是能够鼓励儿童探索新的生活技能的，鼓励儿童习得新的应对知识、能力，并且在家庭内部开始实践，所以建设性的家庭规则同样有助于满足儿童新体验的需要。当家庭规则明确了每个家庭成员的角色，同时也赋予了家庭成员每个角色应当承担的责任义务，这对于儿童责任需要的满足同样重要（这点在留守儿童家庭中尤其重要）。

从整体看，留守儿童的家庭规则相对较为模糊。在调查中，最普遍的规则就是家庭权威的存在，不论是怎样的留守家庭模式，总有一个家庭权威，这可能也是家庭适应性发展的结果。当家庭结构变化导致家庭子系统需要完成家庭养育功能时，子系统需要相应的权威地位来执行相应的功能，否则可能导致家庭功能不良。但也有例外，如KXJ的家庭，家中涉及KXJ学习的事情似乎还要好一些，父亲和爷爷奶奶往往能够保持一致，但是当家庭中发生其他需要决策事情时，爷爷奶奶与父亲意见相左的情况下事情就会被搁置下来，因为双方谁也不能做出让步，唯一解决的办法就是拖着不解决，或者完全放弃。另外晚上回家的规则也几乎都是存在的，当然这也是保障儿童安全的一条基本规则。但是仍有例外，如JM的家庭。

> JM目前和爷爷住在一起，两年前奶奶和妈妈相继去世，爸爸在她小学时候就外出打工。妈妈在大约5年前患类风湿在家养病，日常生活由奶奶照顾。2年前奶奶因为精神疾病服毒自杀，

---

① ［英］普林格尔：《儿童的需要》，春秋出版社1989年版，第34页。

没多久妈妈生病去世。JM 想不到家庭有什么规则，明确的不明确的似乎都没有，爸爸不在家的时候，JM 经常在伯伯家里"混饭吃"，爸爸回来之后，偶尔会做饭给爸爸。JM 称"假期在家的时间像个流浪儿，同学家轮流住，很少在自己家里，在家的时候也只是躺在床上玩手机"。JM 的家人不需要一起吃饭，吃饭时不回家不需要打招呼，就连晚上不回家也很少跟大人说。

当然前面两个案例不能称为功能良好的家庭。功能良好的留守儿童家庭中往往存在相对完善清晰的家庭规则。如在家里需要听大人的话，没有得到允许是不能随便去别人家的；如果出去玩吃饭前必须回家，否则就需要提前请假；吃饭的时候必须与家人坐在一起，不可以自己单独带走吃；不能和大人顶嘴；花钱需要向家长请示；天黑之前需要回家；看电视不能时间太久；出门必须和家人打招呼，晚上晚回来一会儿也没关系，但是必须回家；等等。

家庭规则有时候是公开说明的，大家都很清楚，例如，孩子不能随意打断大人的讲话，没完成作业不可以玩耍，等等。然而大多数家庭的规则却是秘而不宣的，也不是写在纸上的条文。如成绩单先给爸爸看，因为妈妈可能会生气，不能做个爱哭的孩子等。这种潜在的规则通常要在互动中通过观察和思考家庭成员反复出现的行为模式来推断。在大多数情况下，家庭规则都是父母制定的，他们要求子女遵守或执行。有时家庭成员也可以在互动中通过陈述自己的观点而共同建立一些规则并共同遵守。家庭治疗的先驱者萨提亚（Satir）发现，在功能良好的家庭中，家庭成员的规则是有弹性的、恰当的、可以改变的，这种规则也使得家庭成员之间的关系能够更为持久，这是家庭微系统与外部系统交互过程的约定或界限，是使得家庭成员能够在家庭内部得到保护的保障。

总之，家庭过程缓冲和调节着生活压力事件及家庭成员的功能结果，这种过程又受家庭规则的影响和制约，在建设性的家庭规则影响下，家庭凝聚力和家庭适应性便得以产生，这也是帕特森（Patterson）得出的家庭抗逆力主要结构①②。家庭成员间的情绪黏合与相互之间的独立感，情感依恋、家庭成员活动监控在家庭成员中的交互中显示出更好的抗逆力，同时也在家庭成员的个体抗逆过程中起到重要的缓冲作用。

三 家庭关系：乐观养成之缓冲

家庭的功能服务于两个不同的目标：一个是内部的，对家庭成员进行心理保护；另一个是外部的，对文化的顺应和传承。所有文化中的家庭都需要为其成员打上自我性的印记，认同便因此产生，因此说家庭是其成员产生自我认同的母体。每个成员的认同感都会受到他所属群体感觉的影响，如他是父母的孩子，是弟弟的哥哥，同时也是爷爷的孙子。个体认同感的组成虽然有变化，但也有其连续性，作为一个独立的实体，个体的心理环境与外界环境是联系的。尽管家庭是成员心理发展的母体，但也需要顺应社会文化的传承，而这种顺应为儿童提供了适应性实践训练的机会，因为他们终究需要从家庭中分离，作为一个独立个体步入社会，家庭对社会文化的传承本身也为儿童的社会适应进行了预期准备。对于现代快速变迁的社会而言，家庭是人类最好的组合单位，社会要求成员具有的弹性与适应性越大，家庭作为社会心理发展的母体功能也便越发重要③④。

良好的家庭关系能够促进留守儿童的自我认同。和谐的家庭关系有利于衍生出成员的积极自我认知。人是关系的产物，良好的关系能够给予个体乐观、积极的情感体验，而这种情感体验的传染和交互作

---

① Patterson, J., "Integrating family resilience and family stress theory", *Journal of Marriage and Family*, Vol. 64, No. 2, 2002.

② Rodrigues, N. and Patterson, J. M., "Impact of Severity of a Child's Chronic Condition on the Functioning of Two-Parent Families", *Journal of Pediatric Psychology*, Vol. 32, No. 4, 2007.

③ Coyle, J. P., Nochajski, T., Maguin, E., et. al., "An Exploratory Study of the Nature of Family Resilience in Families Affected by Parental Alcohol Abuse", *Journal of Family Issues*, Vol. 30, No. 12, 2009.

④ Walsh, F., "Family resilience: a framework for clinical practice", *Family Process*, Vol. 42, No. 1, 2003.

用反过来又继续滋润着良性关系的发展①②。

HLL 的家庭就是这样的。她大约 2 岁的时候，爸爸就开始常年在外打工，逢年过节才能回家。她有个 9 岁的弟弟，两人都在镇子里读书，所以妈妈就在镇子里租房子照顾他们姐弟俩，为他们做饭，顺带辅导他们的作业。HLL 认为自己的"家庭很好，很温馨也很幸福。虽然爸爸不经常在（自己）身边，但是爸爸对我们都非常关心，很重视我们的学习"。而妈妈则全身心都是照顾她们的学习和生活。爸妈"虽然不经常在一起，但是关系很好，偶尔也会吵架，大多数时候还是很和谐……妈妈觉得爸爸在外工作很辛苦，所以回家之后就很少要爸爸做什么家务……爸爸觉得妈妈很辛苦，带着两个孩子读书，所以经常给妈妈打电话，问我和弟弟是不是很乖"。用 HLL 的话来说，尽管爸爸常年在外打工，但是爸爸对女儿的关爱并没有因为距离遥远而减少，反而是更为关心，加上妈妈一直以来的陪伴和悉心照顾，对于她来说似乎并没有什么因为爸爸不在身边而缺憾。HLL 的自我认知中是"性格开朗、大方，学习挺好"，她的妈妈也觉得"性格挺好，能听得进去大人意见"。HLL 在家里"有话就说，不需要隐瞒，遇到事情听妈妈话，按照妈妈说的做就好了"。

HLL 的家庭模式是非常平常普通的家庭，这类家庭很少因为一个成人的缺位而出现不和谐，父亲虽然不在家里，但是仍旧协助母亲承担养育功能，家庭成员之间的沟通模式也坦诚而民主，所以在各个子系统之间或内部都有相对稳定和谐的交互模式，这样的家庭是健康的。对于 HLL 来讲，她习得的家庭成员沟通模式就是如此，每个人都做着自己能做到的和应该完成的任务，"每个人把自己的事情做好就是对家人最好的爱，这是爸爸说的"。在积极情感体验的影响下，个体更倾向于以积极的方式看待自己和他人。HLL 的父母、爷爷奶奶

---

① Marcellus, L. , "Supporting resilience in foster families: A model for program design that supports recruitment, retention, and satisfaction of foster families who care for infants with prenatal substance exposure", *Child Welfare*, Vol. 89, No. 1, 2010.

② Brokenleg, M. , "The Resilience Revolution: Our Original Collaboration", *Reclaiming Children & Youth* 18 (2010): 8 - 11.

都觉得她是听话、懂事的孩子，学习成绩好，也比较自觉，而周围人群（尤其是重要他人）的积极期待往往强化了个体的自我认知，所以 HLL 知道，自己是学习优秀的，并且就应该是优秀的，努力的。

家庭关系对于留守儿童积极认知的促进能够缓冲留守时间的影响。在调查中发现，留守时间越长的儿童其自我认知更为消极，其应对方式也更多回避性行为，但是这种现象在家庭关系良好的留守儿童中很少发现。因此很容易形成这样的猜测，家庭关系的和谐能够促进留守儿童形成积极自我认知，养成乐观的应对风格，因此也缓冲了长期留守带来的负面影响。当然这样的猜测也可能存在一些漏洞，因为调查对象年龄在 10—16 岁，留守时间短意味着他们已经成长到一定年龄之后才遭遇留守，所以可能存在另外一个可能，就是从生命发展的角度看，留守开始的时间越晚，留守产生的消极效应也越小，越有助于儿童积极自我认知的发展。或者说更早期的留守家庭不利于家庭中良好关系的发展？这些仍需在后续研究中继续探索。

究竟是留守的时间长度还是留守的开始时间影响了家庭关系的缓冲功能？本书有个有趣的发现，留守时间超过 6 年的儿童中没有得到家庭关系的这种积极促进功能。这个现象对于留守开始时间的假设有了更多的支持。在对儿童心理发展的进一步探索中发现，积极自我认知开始于生命早期，学龄前儿童认为自己是有能力的、受人欢迎的，这种积极的自我认知倾向会影响其一生，虽然这种力量会随着年龄的增长而不断减弱，但是记忆是自我中心的，积极认知的个体往往更能记住强化积极认知的事件并形成自我图式。如有音乐天赋的人会记得在哪个情境中他们表现出了特长，聪明善良的人会回忆起在哪些情境中他们展现了自己的品质。

这样的证据支持了本书对儿童早期发展中留守有更为严重的消极影响的假设。如果用关键期来进行解释的话，在儿童发展早期，留守缺陷对儿童形成积极自我认知具有消极影响，但是在儿童发展较为成熟之后，留守与否对儿童自我的认知状况影响则大打折扣。因此也提示现在的父母，在儿童早期尽量少选择留守的家庭组织模式。但令人欣喜的是，良好的家庭关系能够有效缓冲这种消极影响，所以即便年轻的父母必须选择孩子成为留守儿童，那么营造一个积极健康的家庭关系模式能够有效降低留守的这种影响。

良好的家庭关系能够提升留守儿童的独立性发展。家庭是儿童社会化的重要场所，家庭对儿童社会化的两大功能就是促进儿童自我认知的形成，并促使儿童与家庭的分离，个体成长的标志就是与家庭的成功分离。良好的家庭关系能够提升儿童独立性的发展，有助于儿童与家庭的成功分离。人的成长都源自内在的生命力，它推动个体成为自我控制的、独立思考的、行为成熟的个体。同时这种力量能帮助个体与家庭建立良好的情感联结。任何人都无法做到与自己原生家庭的完全分离，且每个人在成长中与家庭的分离程度各不相同。在与家庭分离的自我分化过程中，家庭成员也需要客观评价自己与他人的关系，这样才有利于从混乱情感关系中的分离。

个体首先是家庭中的一分子，需要维持与父母、兄弟姐妹及同伴的关系，当家庭发展到第二个阶段的时候，个体需要将成长中的自己从原生家庭中独立出来，这样便能与父母形成对等的成人关系。独立自我的发展是与家庭分离的前提，而独立性发展需要在家庭中实践出现实可行的人际交互模式。

功能不良的家庭中，最为常见的家庭关系有"纠缠"和"疏离"两种（如图5.1），而留守儿童家庭模式则主要表现为关系的疏离。纠缠是家庭成员中的情感融合，表现为家庭成员间情感的过度联系，它和家庭功能失调有着直接的关系，自我分化则是家庭成员健康成长的目标。人的自我分化表现为将情感与认知进行区分的能力，也就是个体对事物的看法有多大程度不受情感的影响。换句话说，自我分化程度高的人，不论家庭本身有何种程度的焦虑，个体的行为能力是遵循个体的原则进行而非卷入家庭情感的影响，如果个体在情感和认知上难以进行较为清晰的区分，甚至达到融合状态，个体的功能也就是最差的。此时他可能被自动化或无法控制的情绪左右，他们难以将自我认知与他人观点进行区分，容易被家庭力量或情绪支配困扰。这种对家庭存在自动情感依附的人，会感到从家庭中分离的困难，于是成为影响家庭功能的人，个体也会变得情绪化而失去自我控制，没有能力进行客观的思考。自我分化程度高的个体能够平衡情感与认知关系，既有强烈的情感体验和自发行为，又能自我控制，客观看待事物，抵制外来影响。因此分化也就是将自己从家庭的情感混乱中解放出来的过程。

图5.1 家庭关系的不同模式

纠缠型：YJH是家庭里的"小警察"，"爸爸脾气不好，他一回来就跟妈妈吵架，我就得帮他们劝架"。

访谈员："如果你不劝架让他们自己解决会怎样？"

YJH："那还不出人命了，（沉思一会儿）或许也不会，但肯定会吵很长时间。""……我不管怎么行呢？他们那么爱闹别扭。"

在家庭系统中，如果夫妻之间出现冲突，双方中的其中一方或者双方就可能产生明显的焦虑，此时为了减轻焦虑，家庭中的另外一个成员（孩子）就可能被卷入夫妻关系之中，平衡他们之间的关系，构成三人互动的三角关系。良好的三角关系是家庭关系中最为稳定的系统，但如果焦虑持续升温，三角关系无法包容时，就可能将痛苦扩散到其他人，当更多人被卷入时，系统就可能变为连锁的三角关系，甚至引发多重三角关系之间的冲突（如YJH的家庭，当父母发生冲突的时候，YJH就需要卷入夫妻关系之中进行调停）。留守儿童家庭系统因为父母或其中一方时空上的隔离，当家庭沟通出现冲突时，留在家里的父亲或者母亲极易与儿童形成暂时的联盟，这种"相依为命"的需要常使儿童顺理成章地卷入夫妻交互系统中，承担了家庭中另外一方母亲或者父亲的职责。鲍文（Bowen）指出三角关系有四种可能的作用：（1）原本平衡的两人关系可能因为增加了一个人而变得不稳定；（2）原本稳定的两人关系因为第三者的离去而失去平衡；（3）原本不稳定的两人关系因增加了一个人而变得比较稳定；（4）原本不稳定的两人关系因第三者的离开而变得稳定。三角关系影响着个体从家庭中的分化，情感上依赖父母的孩子分化程度也可能最低，最不能与家庭分离。根据多代传递理论，当一个人的自我分化程度比他的父母还要低时，这个第二代的个体就会选择与父母一样有着自我分化低的个体作为伴侣，由于他们的自我分化程度都低，新家庭的焦虑程度可能更高，这种焦虑可能决定了第三代孩子的情感分离程度，从而影响了他成长为一个成熟快乐的人。

在家庭系统中，情感卷入较深的留守儿童为了寻求独立，他们会尝试各种策略抗拒与家庭的融合，他们可能会离开家庭所在地去另外的地方生活，与家庭保持一定的空间距离，或者与父母不沟通交流，从心灵上筑起篱笆，或者用自我欺骗的手段切断与家庭的实际接触，告诉自己已经脱离家庭的束缚。如 YJH 在谈到父母关系时非常激动，他说他中学一定要离开家，住校学习，为了离开家，他不想在家乡的中学就读，想去紫阳（县城）中学，那样他就不需要经常回家，"省得看到她（母亲）难过就觉得是我自己的错"。所以父母与子女的情感融合程度越高，发生情感截断的可能性也就越大，因此情感隔离常常发生与高焦虑或情感依赖的家庭。并且也可能发生多代传递现象。

留守儿童家庭中最为常见的关系模式就是"疏离"。与纠缠的模式相反，处于疏离状态的家庭或其子系统，成员可以自主执行其功能，但他们的独立性存在歪曲，缺乏了对家庭的忠诚与归属，并且相互之间缺乏了情感联结，以使个体需要支持或归属依赖时无法寻求或获得这种支持。疏离型的家庭能够容许成员间的大量差异，但家庭中的个体所承受压力局限于系统中僵化的边界内部，只有高度的个体压力才能因为足够强烈而引起其他子系统的回应，才足以激活家庭支持系统。JM 和 ZK 的家庭都是这样的模式，父母与子女子系统之间的界线是僵化的，他们不会像纠缠型家庭那样，儿童吃饭的事情也可能引起轩然大波。相反，他们的家庭在 JM 和 ZK 面对是否需要继续上学这样的事情面前，仍然显得无动于衷。因此说，纠缠型家庭往往过快地对家庭中的偏差行为进行反应，而疏离型家庭则总在需要反应时不能及时做出反应。

　　疏离型：ZK 想退学，"他（爸爸）才不管我，他为了那个女人（再婚妻子）连家都不要了，爷爷奶奶都不管，还能管我？"谈到他自己时，他称"我不用他管，我就是不想念书了，没意思"。"学校整天死气沉沉，大家上课都睡觉，我又不可能考上大学，（念书）还不如出去打工呢。"

　　良好的家庭关系有助于青春期的适应性发展。本书的调查对象年龄刚好处于青春准备期或青春期早期，在此阶段的留守儿童对个体独立性有了更高的要求，他们希望能够摆脱家庭的控制，但仍需要家庭作为一个安全的港湾行使其保护功能。因为在儿童年幼时，哺育是家庭中的主导性功能，幼儿或儿童阶段，他们更多需要来自家庭的控制和指导。当他们发育趋于成熟，如到了青春期，来自父母的要求与儿童自身对自主性的需求发生冲突，此时家庭抚养也开始变得艰难。因为青春期儿童的父母往往要求子女遵守规则却不能给出遵守规则的理由，或者不能充分解释规则的意图，或者他们觉得这些理由是无须解释的，但儿童没有相同的认知。所以随着儿童年龄的增长，他们或者不接受规则，或者以不同的方式与父母表明他们自身的需要，或者对父母提出新的要求，如时间和情感的更多投入而非规则。良好的家庭关系能够形成明确而健康的系统，成员之间根据需要形成互补以相互适应，成员之间的交互模式也更为互补，双方都能做出让步但却并非认输，成员中的任何一方都可以在许多领域支持对方行使其功能。这样的系统有助于培育留守儿童的学识、创造力和自主性。

　　良好的家庭关系有助于留守儿童自尊水平的提高。威廉·詹姆斯（William James）将自尊定义为对自我价值的感受，取决于个体对自己成就状况的认知。良好的家庭关系能够促进自尊的发展。首先，良好家庭关系中，留守儿童能够获得温暖与尊重，这样他们就可以有机会与父母直接讨论问题并且得到父母的指引（如 GM）。相反如果父母与子女关系比较疏离，或者是随意的、拒绝的，那么孩子经常得到的会是批评和指责，孩子不敢去与父母进行更多的交流，或者也没有这样的机会，因而发展出低自尊（如 ZY）。其次，良好的家庭关系中，成员更倾向于以积极的方式解决问题或应对生活中的挑战，这种积极应对的模式是留守儿童学习的榜样，这种榜样作用更可能使留守儿童形成高自尊。反之不良的家庭关系中留守儿童缺少类似的榜样学习机会，或者习得家庭中父母回避型的应对方式，因此发展出低自尊。

　　GM 称，"以前还没有妹妹（没出生）的时候，他们（父母）还经常会吵架，现在不会了，他们都很爱我们俩。……爸爸比较厉害（严厉），所以有什么事做得不好就悄悄跟妈妈说，其实爸爸也没事，他也不打我们"。

　　ZY 很少出门，在家也不和其他人玩，总是自己一个人待着，（奶奶说）"在外面见人都不会叫（称呼问候）"。而 ZY 觉得，"我爷爷还可以，他比较喜欢我，其他人都没有"。妈妈提到 ZY 时"简直就是反面典型"，在这种批评指责的家庭关系中，ZY 只好将自己封闭起来。

高自尊不同于防御性自尊。防御性自尊的个体有易受伤害的特点，当他们受到挑战时，他们会表现出与高自尊行为特征不一致的行为方式。防御性自尊存在两种类型：第一种是能力低但是具有高价值感，这种人由于他们在能力上存在不足而对批评过分敏感，当他们感觉能力受到质疑时，为了防御由能力低而引起的焦虑，就会自吹自擂，运用过度补偿的方式来进行防御。或者他们会批评或埋怨其他人，运用置换的防御方式，把对自己的批评转向他人。以自我为中心的个体大多具有这种类型的自尊。第二种类型的防御性自尊与高能力但低价值感有关。这种人对质疑他们价值的批评过分敏感，因为他们很介意别人说自己没有价值（如 GMR）。当他们感受到自我价值受到挑战时，为了防御由低价值感引起的焦虑，他们会在任务中过分投入，希望创造出不凡的成就，因此他们运用了升华的防御机制，他们过分投入任务的表现反映出他们想为这种低价值感做出一些补偿，或者他们会用威胁或不恰当的反抗行为来应对他人对自我价值的批评与威胁，这种防御机制就是反社会行为（如 ZF）。

总之，良好的家庭关系塑造了留守儿童的积极自我认知的发展，能够对留守时间的风险效应进行缓冲，能够提供留守儿童独立性的发展，使他们能够在家庭环境中获得安全与归属感，获得自我价值，也有利于高自尊的获得，以积极乐观的方式应对外部环境的变化。

四　家庭沟通：提升效能之缓冲

……
"你多久跟爸妈打一次电话？"
"也不一定，一个多星期吧。"
"你们电话里会说些什么？"
"主要是学习。"
"一次电话会打多久？"
"有时候一两分钟，有时候五六分钟，不一定。"
……

这是在访谈中最普遍的对话。无论是住在亲戚家、爷爷奶奶家或者留守儿童服务站，能够与他们进行深入沟通的人非常少见。访谈中提到最多的就是同学，但是与同学之间的交流也限于游戏、学习内容，当问到如果觉得在学校受到不公正待遇，心里觉得委屈要向谁诉说？他们的回答也几乎是一致的，"如果有同学说一说，一般就不说了，过去就是了"。留守儿童很少主动与父母联系，基本上都是父母每个星期跟他们联系一次，或许是因为相隔时间太久，无论是父母还是孩子在除了学习之外的内容似乎找不到交谈的话题。"好着吗？""好着呢。"将千里之外的思念就凝聚在简简单单的几个字间。

留守儿童的家庭沟通模式呈现出简单化、碎片化的现象，尤其是亲子沟通之间。当儿童尚年幼时，父母是身边的重要他人，同时也是留守儿童学习模仿的榜样和依恋的对象，为了获得亲子依恋带来的安全感，他们在父母离家打工时会拒绝、哭闹、阻止与父母之间的分离。当分离已经成为一种习惯，无论是留守儿童抑或是他们的父母因为日常交流的骤减而难以找到相互沟通的话题。当儿童年龄稍长，自我独立性发展的需求使得他们对自我的期待是有能力的、无须父母保护的，因此也更加羞于与父母深入交流，尤其进入青春期，自我独立性的增长和同伴归属的发展更是增加了与父母的心理距离。所以也就导致了访谈中最为常见的交流模式。

那么在留守儿童的心目中，他们不需要与父母的更多沟通吗？在进一步的访谈中，给出的答案是否定的。

> WY 在大姨家做早餐，因为想吃鸡蛋，所以就用了三个鸡蛋，结果被大姨夫批评"太多了""浪费"，"其实我那时候很想回家，我想吃鸡蛋妈妈肯定不会反对的，他（姨夫）说得没错，我那就是浪费，当时心里就是不舒服，想回家，爸妈不在。想跟妈妈打电话，还得问大姨借手机，所以就出去转了转，回来就没事了"。

留守儿童与父母的物理距离使得他们在需要沟通交流时无法立刻达成，所以更多采取了回避和压抑的应对模式。然而他们的沟通需要并未因为压抑而消失，他们需要父母给予支持和指导，以应对生活中的种种事宜，进而提升其自我效能感。这些需要主要体现在以下方面。

习得应对策略，提升自我效能。有抗逆力的个体往往不会怪罪他人，进行个人攻击或者寻找替罪羊。每个留守儿童也都一样，有为自己的感受行为负责的意愿。当家庭沟通不良时，批评、责怪和不信任会成为亲子沟通中的障碍，在这种恐惧中，成员之间的情感表达会变得异常敏感，并往往具有攻击性和批判性（如"你不好好学习去同学家干什么？"）。家庭冲突也有了得以滋生的土壤，甚至变得不受控制而陷入沟通恶性循环。当孩子学习行为缺乏时，家长会用不给学费、生活费进行威胁。这会加剧他们的焦虑和挑衅行为，而这些行为又让家长觉得忍无可忍，身在异地又无可奈何，只有减少沟通，"眼不见心不烦"。沟通理论认为，生活中的人们总在进行沟通与交流，并且一个人的所有行为都是沟通性的，也就是说只要有行为就会出现沟通，人的每种行为都是在向别人传达一定的信息，所以一个人不可能不沟通，正如一个人不可能不行为。良性的家庭沟通在成员之间相互传达信息的同时，为成员构建支持性的关系，达成"亲其师信其道"的养育氛围，使留守儿童虽非耳提面命，却能有效沟通，为自己的行为负责，习得有效的问题应对方式。

促进正面互动，提升自我效能。留守儿童中常见的一些无效应对策略，如不愿意承担责任（学校教育质量太差），寻找与问题无关的信息，从不恰当的来源中寻求支持与建议（如加入校园暴力团伙），提出不切实际的活动方案（想要辍学），拖延（不做作业），对问题解决能力持有悲观态度（反正他们也不会管我）。如果留守儿童家长在儿童遇到问题时不是批评指责，而是正面与儿童进行互动交流，找寻问题的根源以及可以努力的方向，与儿童一起策划活动或者问题解决的办法，共同关注于令人愉悦的主题，有利于儿童应对能力的提升，进而获得自我效能感，获得有效的应对策略，如承担解决问题的责任，寻找与问题有关的信息，找寻可以信赖的建议和帮助，提出切合实际的行动方案，保持对问题解决的乐观精神，创造性地解决问题。

合作解决问题，提升自我效能。功能良好的家庭不是没有问题，有抗逆力的家庭主要表现为以合作的方式处理家庭遭遇的冲突或解决问题的能力，当然这需要对不同的意见进行包容，并在日常生活中和遇到困境时具有良好的问题解决技巧①。留守儿童家庭沟通最大的障碍就是时空距离的阻隔，作为留守儿童的父母，需要在日常生活中及时了解儿童可能遇到的问题，在建立良好沟通关系的基础上，与儿童共同探讨问题解决技巧。儿童的解决方法可能是不完美的，甚至是幼

---

① Saltzman, W. R., "Enhancing Family Resilience Through Family Narrative Co-construction", *Clinical Child & Family Psychology Review*, Vol. 16, No. 3, 2013.

稚的，此时如果批评指责可能导致以后问题沟通的渠道中断，因此需要在倾听的基础上，理解儿童的做法，同时给予相应的建议，在充分体现儿童主体性地位的基础上，尊重儿童自身的选择，并鼓励儿童为问题自主解决负责，这样的沟通方能起到合作解决问题以提升儿童自我效能的目的。

　　总之，留守儿童的家庭功能是成功抗逆的重要缓冲机制。当留守儿童的父母或其中一方缺席时，家庭中的其他子系统会对家庭原有功能进行补偿，以缓冲家庭结构变化带来的压力；家庭中明确的家庭规则可以将家庭内部与外部进行区分，这种明确清晰的界限为留守儿童提供了一个安全港湾，促进留守儿童归属感的获得；家庭成员之间无论夫妻关系或亲子之间良好的家庭关系有助于留守儿童形成乐观的认知风格，从而从积极角度或资源取向应对生活中的困境，更好适应变化的环境；而良好的家庭沟通则能促进留守儿童自我效能的发展。

第二节　扩大家庭：留守儿童的抗逆力关系代偿机制

　　中国人重关系，在遇到需要求助的情境时，首先想到的就是关系。费孝通先生在《乡土中国》中提出，乡土社会的结构是一种差序格局的状态。差序格局具有伸缩性，其边界相对稳定。传统乡土社会流动性极小，农民生活半径不大，差序格局的关系圈子也不会有太大变动。在相对稳定的差序格局中也存在关系分类，如一般意义上家人关系肯定比非家人关系重要，同族关系要比异族关系重要，这些重要关系的一般性名称就是"自己人"①。从关系类型上看，自己人可分为亲缘性自己人和交往性自己人，亲缘性自己人是通过生育和婚姻形成的，交往性自己人是通过社会交往建立的。传统乡土社会中，亲缘性自己人是主导性的，而交往性自己人是受限的。亲缘性自己人基本可以满足个人对社会支持的需要，只有那些生活和交往中心在村落

---

① 王德福：《乡土中国再认识》，北京大学出版社 2015 年版，第 32 页。

之外的人，对营造交往性自己人关系才有足够的动力和能力。亲缘性自己人的作用空间一般在私人生活领域，主要体现为情感慰藉和互惠互助。

随着社会变迁和市场经济的发展，国家号召农村的剩余劳动力进入城市就业，并且号召妇女也加入劳动大军之中，农村的家庭作为一个生产单位，第二代开始成为户主，老年人在照看孩子和家务劳动方面扮演着重要的角色，但是权威降低。核心家庭更加普遍，但是对老年人照顾孩子和家务劳动的需求依然存在。怀默霆预言：如果健康标准的提高和生命延长的速度比房屋和托儿所的提供速度更快，那么老人这种有价值的角色在未来会被更多强调。当子代从资源、能力、文化等各方面都超过父辈，中国进入文化反哺的时代①，父辈开始为子辈服务。也正是在这样的家庭模式下，家庭中的年轻人更容易顺应劳动力市场的需要，更能集中精力干工作。西方国家通过福利制度和女性不工作来解决人们的后顾之忧，照顾家庭弱势成员，而在中国，虽然没有同样的福利制度，并且女性也出去工作了，但是老人们站了出来，开始承担原来妻子应该承担的家庭义务。

一　扩大家庭的依恋代偿

在调查中，一个最为明显的特征就是农村中留守的儿童年龄处于低龄化阶段，也就是说，在儿童 1—2 岁时，他们的父母更多选择了外出打工，而将年幼的孩子留给长辈照顾。因为在他们朴素的观点中，年幼的孩子尚不懂事，也容易照看，所以可以放心地交给长辈。待儿童稍稍年长，进入入学年龄之后，一批父母选择双方或其中一方回家照顾孩子学习，因为孩子的学习是长辈能力之外的事情。当然也有部分父母选择更晚返乡，等到孩子初中之后才回到他们身边。这种现象也是留守儿童研究中的一个难点，因为他们的留守和流动可能是动态的，留守与非留守也是动态的，其中可能在某个时期是非留守

---

① 周晓虹：《文化反哺——当代中国亲子关系的新模式》，《家庭教育》2003 年第 1 期。

的。当然留守开始和结束的早晚也有差异。

依恋关系是抗逆力生成的基础，留守儿童与抚养者形成的依恋关系类型会直接影响抗逆力的生成方向，有安全依恋的留守儿童往往与乐观、稳定的人格特征和积极认知风格相关，对留守儿童的抗逆力生成有重要的催化作用。而不安全的依恋关系往往与消极、被动的应对方式有关，不利于留守儿童抗逆力的生成。儿童尤其是年幼儿童首先需要与重要养育者发展安全的依恋关系，在正常家庭中，这种安全依恋对象由父亲或者母亲来提供，但是对于留守儿童来说，他们的父母如果不在身边，则需要由其他养育者完成依恋对象的代偿作用，以形成安全或其他类型的依恋关系。留守儿童依恋关系是对亲子分离的有效补偿机制，如果留守儿童在亲子分离的客观事实中能够与主要抚养者建立良好、安全的依恋关系，往往能够对亲子分离进行补偿。

留守儿童的依恋代偿对象往往产生于留守儿童扩大家庭之中，当父母都无法成为他们的依恋对象时，其他家庭成员若能够及时代偿留守儿童的依恋需要，与他们建立安全的依恋关系，则在留守的风险机制作用下，儿童依旧能够适应良好，甚至更优秀。下面两个访谈对象则是留守儿童中相对幸运的两个，因为他们的父母需要提供的养育功能，从祖父母那里得到了良好的补偿。

> CCH："我小时候（3岁时）妈妈就走了，好多人都劝爸爸再找一个，我爸也处过一两个，觉得还是会影响我，所以就一直一个人。……爸爸一直在外面工作，开始在天津打工，后来就去了新疆，都在外面，很少回来。……基本上一年回来一次，家里就是我、我爷爷、我奶奶，以前还有我小姑，现在小姑也出嫁了。"
>
> 访谈员："爸爸在外面做什么工作你清楚吗？"
>
> CCH："以前不知道，现在大概知道了，他给我说过，他说他现在在新疆的哪一个（某）石油企业工作，是个技术工人。……他一年（每年）有一段时间不上班，去年回家就是趁不上班的时候，家里老房子需要修一修，所以他回来盖房子，盖完了才走。"

访谈员："你平常跟爸爸都说些什么？"

CCH："几乎不说啥，偶尔他打电话过来问我学习上的事情，其他也没啥说的。平常有事我都跟我爷我奶说，我一直是我爷我奶管的，我爸基本上不用管啥……我爷给我交学费，生活上都是我奶照顾，学习我都是自己学，我们这儿的（学生）都是自己学习，没（大）人管。""我爷是从银行退休的，比较有文化，所以希望我像我姑一样，好好学习，以后进大城市生活工作。……我长大以后肯定要照顾我爷我奶，他们把我养大的。"

这个案例是我们在陕西汉中地区进行访谈时遇到的。无独有偶，在我们的访谈中，LXF 的遭遇与 CCH 几乎如出一辙。

LXF 今年刚上高中，16 岁。听村里人讲，LXF 的爸爸在年轻时候去厦门打工，认识了 LXF 的妈妈，所以就来到了她们家。但是在 LXF 刚刚出生的时候，她的爸爸因为车祸受伤，奶奶也因为生病住院，所以家里突然变得一团糟。妈妈不能忍受那样的生活，就离开了。从此之后，LXF 再也没有见过妈妈。爸爸伤好之后，就继续了打工生涯，她则由爷爷奶奶一直照顾抚养。所以 LXF 是自一出生就成了留守儿童。

LXF 家庭经济状况不错，"爸爸在福建打工，很少回来。别人都说爸爸挺能（干）的，我不太清楚。我的花销都是爷爷管的，爷爷以前经常出去挣钱，走南闯北，去过好多地方……我不知道（爷爷）怎么挣钱，他们（爷爷奶奶）从来不缺我的钱，只要不大手大脚乱花钱就行"。访谈员询问 LXF 遇到最困难的事情时，她显得很勉强，"好像没有过什么困难，有困难爷爷奶奶可能都帮我解决了，印象中没有过什么困难。……要说困难那就是不喜欢在重点班待，班里同学都只管学习，连说笑都很少，太紧张了。"

"最爱爷爷，爷爷比较幽默、爱搞笑，他去过的地方多，见识广，他老教我一些做人的道理，比如做人要讲诚信，说话要算数，生活上需要注意礼节，见了人要问（候），考试不能作弊，学习做事要认真努力，否则人家（别人）就不尊重你，等等。奶奶是有一些唠叨，所以她讲的话我基本都是左耳进右耳出，但她讲的也有很多道理，这些道理记住就行了。""弟弟（5 年前爸爸再婚，现在有个 4 岁的小弟弟）跟我一样，也住家里，我比他大，他会缠着我跟他玩，我写完作业就带他出去。"

LXF 对爸爸妈妈（继母）都没有什么感情，很少给爸妈打电话，有什么事情都会跟爷爷说，爷爷会给自己讲道理，所以感觉虽然没有妈妈，但是家还是完整的。

LXF 学习很好，学校老师、村里邻居都夸她懂事、爱学习，老师也经常要求其他同学向 LXF 学习，她就读的学校是一所当地最好的高中，但是她不喜欢待在重点班，因为大家都在学习，中午也不休息，竞争太激烈，所以她喜欢普通班的氛围，但是如果考的成绩好，就会进入重点班。

案例中的 CCH 是具有良好适应结果的一个（至少目前是），因此可以说是拥有抗逆力的个体。他是阳光的、健康的，性格温和，待人热情，喜欢读书，喜欢学校的生活，有自己的理想愿望，也能够自己承担责任。他的依恋对象就是自己的奶奶，而在我们整个谈话过程中，爷爷奶奶履行的完全是父母应该承担的养育功能。而 LXF 则喜欢自己的爷爷，因为爷爷会教给她很多东西，家里人之间的关系也很好，所以她从来不觉得自己欠缺了什么，曾经有一阵想过自己的母亲怎么如此狠心，但是这不能跟家里人讲，所以过了一段也就不再想了，有爷爷奶奶的照顾也很幸福。上述两个案例虽说儿童的父母均无法担负对子女的养育责任，但是儿童与祖辈之间形成了一般家庭中的三角养育关系，并且这种三角关系比较稳定，不会因为父母或者其中一方的缺席而发生变化，这种三角养育代偿功能对于留守儿童来讲，获得了相对稳定和谐的家庭模式，所以在他们的成长过程中，家庭是稳定、完整的，并没有因为留守而遭遇缺失，因此他们扩大家庭的功能代偿成功缓冲了亲子分离带来的风险，也获得了如非留守儿童一般的养育环境。

对留守儿童的依恋代偿具有如下功能：首先，能够为留守儿童提供舒适的、安全的庇护所。一个人的自我与个性是社会关系中形成的，而社会关系的质量，尤其是童年期社会关系的质量对自我个性的发展至关重要。留守儿童生命早期与重要养育者形成的安全依恋关系能够使他们在面对压力时有安全、稳定的庇护所。其次，有助于在威胁情境下产生积极应对方式。个体与他人之间的经验关系能够帮助个体整合认知与情感经验，进而统合为个体的心理表征方式，这种基于经验的关系认知，有助于个体在威胁情境下获得保护，进而发展出积极主动的应对行为。依恋关系的补偿过程分为两个阶段：预测结果和补偿行为。当个体在社会学习过程中形成积极的心理表征方式，对威胁环境的结果预期更为积极、可控，因此其应对行为方式也更为主动积极。反之，当个体对威胁情境的预期存在恐惧等消极情绪状态，其行为应对则常以回避为主。最后，留守儿童依恋代偿有助于留守儿童探索性行为的发生。有安全依恋的留守儿童易于形成良好的内部工作模式，在更多的环境中都能够体验到安全稳定，获得更为广泛的安全保护性环境，进而更容易形成自信的性格特征和探索性行为。反之，如果留守儿童没有形成足够的安全依恋关系，其安全基地就会缩小，甚至缩小到自我的范围之内，从而形成孤独自闭的性格和退缩回避的应对行为。

总之，留守儿童因为亲子分离的风险，往往不能满足安全依恋的需要，但是如果家庭中的其他照顾者能够及时提供依恋功能，对于留守儿童的安全依恋具有良好代偿功能，有助于留守儿童抗逆力的生成。

二　扩大家庭的监护代偿

随着产业结构调整，农村青年劳动力进城务工，在为农村带来经济发展的同时，也造成了留守儿童父母或者家庭监护功能的严重缺失，这势必影响留守儿童身心健康和农村教育的发展进程，甚至引发一系列社会问题。解决留守儿童监护缺失是提高留守儿童抗逆力发展的必要举措。

根据目前留守儿童的生活形态，农村留守儿童监护方式大约有五种类型。一是隔代监护，由祖父母、外祖父母抚养、监管的监护方式；二是上代监管，指由与孩子父母同辈的人来监护的方式，如叔叔、舅舅、姑姑、姨姨等；三是单亲监护，指父母其中一方外出打工，另外一方在家监护的方式；四是自我监护，指上述三种方式都不能满足，因此将监护责任让渡给孩子自己的方式；五是机构监护，父母都需要外出打工，但是不放心孩子自己监护，因此以有偿方式将孩子监护交给专门的留守儿童服务机构的监护模式。不同监护模式完成任务大致相同，除了自我监护之外，其余监护模式都在留守儿童缺失成人监管的现状进行了相应的代偿，或者是亲戚，或者是祖辈，或者是有偿服务机构，这些人以代理监护人的角色行使着对留守儿童的日常监管功能，如日常照料、学习监管、事件处理、情感关注、家庭教养等，然而就目前这种监护代偿功能来看，前三项监护代偿功能普遍尚好，但后两种监护功能在代偿中往往因为缺失了更多情感的维系而弱化，甚至缺失。

> 在对留守儿童的祖辈访谈中他们就提道："我们年纪大了，你说娃小，我们还能多照顾些，无非就是叫娃吃好穿暖，别生病。现在娃大了，人家学习上的事情咱（我们）也不会，给人家辅导不了，其他的你给人家说，人家也不爱听。……就是尽心呢，人家他爸他妈不在屋里（家里），咱也不能看着娃没人管，想管的确也管不动了。"

家庭监护的缺失，给留守儿童及家庭造成诸多危害。脱离家庭监护，留守儿童的权利保护严重缺位。宪法规定公民都有受教育权利，留守儿童的父母为了给孩子创造更好的经济条件所以外出务工，但儿童具有成长发育的关键任务，因为父母的缺席他们无法享受父母的思想教育和价值引导，缺少父母情感上的关爱呵护，思想道德教育缺位，学习困难缺少帮助，甚至儿童安全受到威胁，因此说，他们的受教育权实际上是受到威胁的。留守儿童人身权存在隐患。留守儿童若得不到及时有效的成长监护，可能产生发展隐患，或安全威胁，或自我过失，或违法犯罪，或轻生自杀，危及自己或他人安全。发展权受到限制。农村留守儿童如果缺乏有效监管，可能过早流入社会，有的整天沉迷于网络，或与社会不良青年一起，成为社会不安定因素的帮凶，甚至卖淫嫖娼、偷鸡摸狗，影响留守儿童健康发展权利。

　　调查中发现，适应良好的留守儿童往往具有良好的家庭监护代偿功能，监护代偿的实施主要表现为祖辈监护和亲戚监护，也就是留守儿童扩大家庭中的某个或某些成员，在留守儿童父母无法实施良好监护时，代替其父母承担家庭监护责任，以帮助留守儿童顺利成长。

　　　　在与 CCH 的交谈中，他说未来自己想做一名高校教师，"没有人建议过以后做什么，人生发展指导规划都靠自己，爷爷奶奶希望我去北京读大学，因为他们觉得北京什么都好"。自己平常做人做事、与人交往、为人处世都是奶奶教导的，"她告诉我怎么邀请朋友来家里，怎么与人分享"。妈妈不在，爸爸常年在外，所以一切都靠爷爷奶奶，"如果没有他们，可能我也就成了街上的小混混，敲诈小朋友。奶奶经常教导我不要跟混混学"。

　　来自扩大家庭的监护代偿需要满足三个条件：（1）留守儿童父母均无法承担家庭监护功能。虽说法律规定未成年人的父母是未成年人的法定监护人，监护人的监护职责就包括被监护人的身体健康、生活照顾、教育管理等。当留守儿童的父母均无法完成这种法定监护职责时，就需要扩大家庭对此功能进行代偿。如若留守儿童父母其中一方有能力完成儿童监护功能，扩大家庭则无须也无力承担监护责任。（2）扩大家庭中具有承担监护代偿的主要成员。当留守儿童的父母无法承担监护责任时，就需要慎重选择能够代偿监护功能的监护人。虽说祖辈在家庭功能发展中的仍旧承担着应由核心家庭承担的儿童养育功能，但当祖辈年龄太大，身体健康状况不良，在儿童学习生活上不能切实有效提供帮助，或者认为只要让孩子吃饱穿暖就算尽力了，这样的祖辈监护在很大程度上不能满足留守儿童发展需求，是不能完全承担养育监护功能。因此一些家庭选择在扩大家庭中的叔辈选择监护抚养人，如姑母、姨母等。但因为每个家庭都有其养育职责，往往这样的代偿对象也需要考虑对方的家庭是否能够承担监护代偿职责。（3）代理监护人员是稳定的。有效的留守儿童监护代偿需要有相对稳定的监护代偿人员，这样的监护功能才具有持续性和稳定性，否则，如若留守儿童监护人处于不断变更过程，对留守儿童的教育引导则无法持续进行，监护人的理念差异也容易造成留守儿童的混乱，不利于留守儿童的适应和成长。下面的案例就是缺少监护的留守儿童的悲惨和无知导致的恶果。

留守儿童服务站的杨站长告诉我这样的一个故事（就发生在调查对象的村子里）：同为留守儿童的刘某，大约 10 岁的时候（2007 年）没有去学校，而是在河里捉螃蟹，正与一位放牛人对骂，他以为这个孩子脑子有问题，这样家长才没让读书，但杨站长听着说话很正常，当问到为什么不去上学的时候，"我爸不让我上学"。"你想上学吗？""无所谓。""你不上学，长大之后你想干什么？""长大打工啊。""去哪里打工？""去美国。""为什么？""外国的钱比中国的钱大，在那里赚一块钱在我们中国可以当几块钱用。"

14 岁的刘某彻底不去上学，所以爸爸就带他去自己工作的砖厂打工，夏天砖厂太热，他用酒精擦洗身子，觉得凉快。之后用打火机点，想看看酒精到底能烧着不，结果把砖厂烧了，他也差点儿被烧死，胳膊都是植皮的。这是第一次，砖厂也没有索赔，只是让他离开。之后又找了一家，有一天看见开砖车的司机没熄火，下车与另外一名工人说话，他趁人不注意，爬到车上，因为完全不懂开车技术，结果挂了倒挡，车掉到了后面的废土沟，在关键时刻司机将他拽了下来，才保住了一条命。后来刘某被送进了拘留所，当时还不满 15 岁。

留守儿童扩大家庭的监护功能不仅以儿童抚养为主要目的，更需重视儿童引导教育功能。家庭是儿童社会化的主要场所，留守儿童却因为留守而失去了正常的家庭成长环境，因此留守儿童扩大家庭的监护代偿除了吃饱穿暖等生理需求的满足之外，还需要对留守儿童社会化过程起到教育引导职能。儿童的社会化过程中对监护人在生活和心理上都有着强烈的依赖性，他们需要从父亲那里学习独立、自主、坚强、勇敢等性格品质，需要从母亲那里学习温柔、体贴、同情、善良等，家庭教育的任何缺失都可能造成儿童发展不均衡，甚至产生自闭、抑郁等心理障碍。虽然比较而言，母亲监护比起其他类型的监护具有较大优势，因为她们能够对留守儿童生活照料更为细致，需求满足也更为及时。

当这些需要不能得到满足时，一个最为常见的现象"代沟"就会出现，父母无法与子女进行坦白深入的沟通，家庭中的监护人被儿童视作"别人"而不愿进行沟通交流，他们成长中面对的困惑、压力只能自我消化，最常见的就是"过段时间就过去了"。这种教育引导中的缺乏往往使留守儿童以更为回避的方式进行压力应对，不利于其抗逆力的生成。如果留守儿童扩大家庭中能够提供足够的家庭监护和教育引导功能，儿童在社会化过程中拥有相应的家外支持资源，则有助于他们抗逆力的发展。

三　扩大家庭的示范代偿

留守儿童有抗逆力的适应结果，是在社会学习的基础上产生的。在留守儿童缺失父母作为养育者的示范作用时，其扩大家庭如何进行示范代偿，以完成留守儿童社会学习，是我们接下来要探讨的话题。

行为理论的一个重要功能就是解释行为模式的获得过程，包括行为表现如何受自身内在或外在因素的影响调节。依社会学习的观点来看，人的本性具有巨大的潜能，它能够在生物学的限度内，通过直接和替代的经验，而塑造成各种不同的形式。当然，心理和生理发展的水平会限制人在任何一个特定时间内所获得的内容。发展早期儿童的榜样学习基本上限于即时模仿。随着年龄增长，儿童将经验符号转化成技能，并转化成运动形态时，复杂行为的观察学习和延迟模仿就随之增加了。

示范学习使得个体的能力获得过程大大缩减。任何个体都无法经历所有社会学习情境，而观察学习为此提供了更为简洁的学习过程。否则，若儿童没机会听到发音原型，就不可能习得言语技能，人们很难相信，一个人从对任意发声的选择性强化中就能形成复杂的词语。在从大量的可能性中选择一些元素与独特的行为进行联结，只要通过社会线索就能有效传播的行为模式。那么，示范便是学习中不可缺少的一个方面，即便个体拥有其他获得新行为的方式，示范依然具有其重要意义，它可使行为获得过程迅速缩减。在有符号中介作用下，个体不必进行所有尝试去解决问题，个体可通过符号信息预见不同行为带来的结果，由此进行自身行为的改变。自我调节在示范学习中具有重要地位，在环境诱因妥当时，只要提供认知支持，提供个体对自己的行为结果预期，个体就可能进行自我控制的学习行为。

示范学习的可能为个体的成长提供了更为高效快捷的途径，更使得留守儿童在父母缺位的成长中顺利发展成为可能。

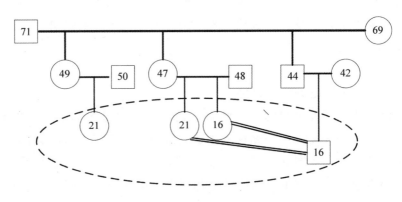

图 5.2　示范代偿家谱图

抗逆力良好的留守儿童在其扩大家庭中均存在一位或者以上的行为示范家庭成员，如图 5.2 中的留守儿童 CCH 自小与姑姑的三个孩子一起学习生活，两个姑姑都是受过高等教育的，都是中学教师，小姑家的姐姐和妹妹则一直与 CCH 共同生活在奶奶家里。因此在 CCH 的生活中，有爷爷奶奶如父母般的照顾，更有同辈姐妹的共同生活、共同学习。姑姑家的两个姐姐已经分别进入大学学习，而 CCH 的认知中，长大必然得读大学，追逐自己做一名大学教师的理想。

> 访谈员问 LZJ 最尊敬的人是谁，他说"刘老师、爸爸，还有好多人"。"尊敬老师是因为他知识渊博，爸爸是因为他是我爸爸，还有亲戚（舅舅家的大哥），他学习好。"

留守儿童的示范学习受认知过程的制约。个体行为大部分是通过认知中介而发挥其作用。认知部分地决定着人们将观察哪些外部事件，他们将如何理解这些事件，这些事件是否会留下什么持久的影响，它们具有什么功效作用，或者人们如何组织信息以在未来应用。

留守儿童究竟如何进行示范学习？动机是行为促成的首因，动机能够激起和维持行为。有些行为的动因来自环境事件和机体状况的刺激作用——饥、渴、疼痛等使人厌恶的外部刺激物都可以促进人们的行动。但大量的人类行为是在缺乏有力的、直接的外部刺激作用时被促动并长期被维持的，这些情况下，行为诱因源自各种认知活动。"我大姨家的哥哥姐姐学习都很好，他们家的老大已经上了大学，全家人一提到那个哥哥都满是羡慕和自豪，我妈妈一提到他们就让我也好好学习，家里没钱，经济上不如人家，只能在学习上争口气。"

示范学习的对象需要具有相应的特征。（1）目标特异性。留守儿童观察学习的对象需要具有一定的特异性特征，是能够吸引他们注意的，并且在认知上"想跟他一样"。（2）目标接近性。留守儿童观察学习的对象与自身在一定领域或时空上存在接近性的特点，因为接近为观察学习提供了更高的接触频率，为行为产生和行为强化提供了机会。在观察学习的各种决定因素中，联系模式是很重要的。经常与一个人联系的那些人，或是由于自愿，或是由于强制，会限定此人的行为类型，这些行为类型将反复出现，因而也是学得最牢的。（3）相似性，示范学习的对象与留守儿童存在一定程度的相似性，或年龄相似，或性格特征相似，这些相似性的结果能够给予留守儿童以信心，"他跟我差不多，他能行，那我也应该能行"。（4）目标达成的预期。留守儿童的示范学习需要对学习结果的预期具有积极乐观的判断，这种预期能力使他们的行为能够受未来结果的促动。以往的经验会使人们产生种种期待：某种行动将会带来好处，其他一些行动将不会有什么好的结果，还有一些行动只会造成麻烦。人们在想象中考虑到所预期的结局时，就会把未来的结果转化为目前行为的动因。因而多数行为常常受到预期的控制。

总之，留守儿童在亲子分离的现实条件下，扩大家庭中的某个或某些家庭成员安全稳定的养育关系能为留守儿童提供安全的依恋对象，有助于留守儿童社会关系的形成与发展；留守儿童扩大家庭为其提供的监护代偿功能是其顺利成长的有效保障，有助于困境中的功能缓冲；留守儿童扩大家庭中某个或某些成员良好发展，能够为留守儿童提供示范代偿作用，引导他们的个体发展规划与努力方向。

四　假设验证：中系统与抗逆力生成之作用逻辑

从前面的定性分析中可以得出，留守儿童的中系统包括家庭和扩大家庭两方面的缓冲，家庭中的父母一方或全部离家之后，重新组合的家庭子系统的功能弥补是留守儿童抗逆力发展的有效缓冲，家庭中明确的家庭规则有助于留守儿童归属感的获得，家庭中父母或亲子之间的良好关系有助于留守儿童乐观感的形成，家庭成员之间有效的沟通模式有助于留守儿童效能感的提升。而扩大家庭能够在留守儿童父母养育功能缺失的情况下提供依恋代偿、监护代偿和示范代偿功能。为了对我们讨论中的理论假设进行验证，本书将 CEPS 中包含中系统的影响因素进行归类，获得父母教育、父母信心、家庭经济、亲子互动、父母关系及父母监护 8 个变量，在统计分析的基础上验证之前的假设。

（一）研究假设

家庭环境是留守儿童生活近端环境中最为重要的，家庭养育功能的良好与否直接影响着留守儿童留守状态下的发展状况。根据本章前面的定性讨论，提出研究假设2：家庭环境越好的留守儿童其抗逆力发展水平越高。抗逆力研究中普遍发现，家庭环境中拥有更好的保护性资源，家庭中的儿童在遭遇逆境中则能够得到更好的恢复，其抗逆力水平更高。本假设旨在研究，留守儿童的家庭环境对他们遭遇留守风险的缓冲功能是否存在，其缓冲效应如何。

将留守儿童家庭环境进一步操作化为父母教育、父母信心、家庭经济状况、亲子互动及父母关系，可具体化为如下6个分假设：

研究假设2a：留守儿童父母教育水平越高，留守儿童适应结果越好；

研究假设2b：留守儿童父母对其越有信心，留守儿童适应结果越好；

研究假设2c：留守儿童家庭经济状况越好，留守儿童适应结果越好；

研究假设2d：留守儿童家庭亲子互动状况越好，留守儿童适应结果就越好；

研究假设2e：留守儿童父母关系越和谐，其适应结果就越好；

研究假设2f：留守儿童父母监护功能越好，其适应结果就越好。

（二）数据分析

首先根据研究假设生成相应研究变量（表5.2）。

表5.2　　　　　　　　　留守儿童中系统变量条目说明

变量	条目	选项
母亲教育	你的母亲文化程度：	1. 没受过教育　2. 小学　3. 初中　4. 高中　5. 大学　6. 研究生及以上
父亲教育	你的父亲文化程度：	1. 没受过教育　2. 小学　3. 初中　4. 高中　5. 大学　6. 研究生及以上
家庭经济	你的家庭经济状况：	1. 贫穷　2. 一般　3. 富裕

续表

变量	条目	选项
父母信心	父母对你的未来是否有信心？	1. 根本没有信心 2. 不太有信心 3. 比较有信心 4. 很有信心
父子互动 （取值：5—15）	你的父亲是否经常与你讨论下列事情： 学校的事情 你与朋友的关系 你与老师的关系 你的心情 你的心事或烦恼	1. 从不 2. 偶尔 3. 经常
母子互动 （取值：5—15）	你的母亲是否经常与你讨论下列事情： 学校的事情 你与朋友的关系 你与老师的关系 你的心情	1. 从不 2. 偶尔 3. 经常
父母监护 （取值：5—15）	你的父母在以下事情管你严不严： 在校表现 每天上学 每天几点回家 和谁交朋友 穿着打扮	1. 不管 2. 管但不严 3. 管得很严
父母关系 （取值：3—6）	你同意下面的说法吗？ 你的爸爸经常喝酒 你的父母经常吵架 你的父母关系很好	1. 是 2. 不是

　　父亲教育和母亲教育是指父母的最高文化程度，并根据数据库中的原有分类，将高职、高中、中专、技校四部分数据合并为高中学历，将大专、本科两类数据合并为大学学历，其余部分不变，形成了定序、定距变量纳入分析。家庭经济则根据问卷原有数据的三分类方式的定序、定距变量，得分越高说明经济状况越富裕。父母信心分数越高表明父母

对子女越有信心。其余四个因子父子互动、母子互动、父母监护及父母关系都是在因子分析基础上降维合并成的连续变量，亲子互动分别包括5 个条目，答案为从不、偶尔、经常 3 点计分，相加之后得到取值 5—15 的连续变量，得分越高表明亲子互动频率越高。父母监护包括 5 个条目，答案分为不管、管但不严、管得很严 3 点计分，形成取值 5—15 的连续变量纳入分析，得分越高表明父母监护功能越强。父母关系则包括 3 个条目，答案为二分选择：是或不是，对前两个条目反向计分之后相加，形成取值 3—6 的连续变量，得分越高表明父母关系越好。

　　本研究的前提假设就是留守儿童的家庭环境功能相对非留守儿童要更差。差的原因在于留守儿童遭遇家庭中的亲子分离，而亲子分离为留守儿童的家庭成长环境带来一系列风险或继发性风险。在统计分析之前，本书首先对四个连续变量以是否留守为割点进行比较（表 5.3），旨在探索本研究的前提假设是否存在。结果发现非留守儿童在父子互动、母子互动、父母监护及父母关系四个方面均得分更高，表明与非留守儿童相比，留守儿童家庭中父亲、母亲对留守儿童生活、学习方面的关心更少，对留守儿童的学习、表现、朋友、生活的监管能力更差，父母关系也相对较差。因此进一步证明，留守儿童遭遇了家庭环境中更多的风险。

表 5.3　　　　　　　　　　　　留守与非留守儿童家庭环境比较

	留守	X ± S	T	p
父子互动	否	9.51 ± 2.82	5.30	0.00
	是	9.13 ± 2.83		
母子互动	否	10.58 ± 2.75	10.47	0.00
	是	9.87 ± 2.87		
父母监护	否	11.37 ± 2.20	5.34	0.00
	是	11.08 ± 2.28		
父母关系	否	2.71 ± 0.64	7.20	0.00
	是	2.60 ± 0.73		

　　在进一步的相关分析中可以发现，将家庭环境因素与三个因变量之间进行相关分析时，父母教育水平与更高的认知发展和心理适应相

关，与学业成绩相关不显著，因此可以推测父母更高的文化程度使得他们能够更多关注到儿童心理需要的满足，并且在子女认知发展中营造良好的条件，但是因为亲子分离的特点，所以无法照顾到子女的学习。家庭经济状况也有相似的相关模式，而家庭经济状况往往受家庭中成人教育水平的影响，因此也可以作为教育水平的继发性影响。父母对子女的信心与留守儿童认知、学业和心理适应都显著相关，并且在相关矩阵中相关系数最大，因此可以推测父母对子女更高的期待和信心是影响留守儿童良好适应的重要因素。

表5.4　　　　　留守儿童家庭环境与适应结果相关分析（r）

	认知适应	学业适应	心理适应
母亲教育	0.12 **	0.00	− 0.10 **
父亲教育	0.10 **	0.03	− 0.07 **
父母信心	0.12 **	0.18 **	− 0.25 **
家庭经济	0.09 **	− 0.03	− 0.07 **
父子互动	0.06 **	0.16 **	0.05 *
母子互动	0.10 **	0.16 **	0.13 **
父母监护	0.04 *	0.10 **	0.02
父母关系	0.05 **	0.08 **	− 0.20 **

　　无论父子互动还是母子互动与留守儿童适应结果均显著相关，父子互动与留守儿童学业适应相关更大，而母子互动则与留守儿童心理适应相关更大，并且在数据中，母子互动高频率与留守儿童心理适应更差的结果相关，让我们联想到对于初中七年级和九年级学生来说，刚刚步入青春期的他们对于母亲监管的唠叨更为反感，所以导致母子互动的心理影响结果是适得其反的。父母监护有助于认知适应的发展和学业成绩的获得，与心理适应无关，而父母关系对留守儿童的影响尤其是心理适应的影响则是非常重要的。

　　接下来对家庭环境中的这些变量以抗逆力水平为割点进行比较。抗逆力水平仍旧采用学业、认知、心理三方面均适应良好则为高抗逆力组，并赋值为1，其余抗逆力水平不够高的赋值为0。

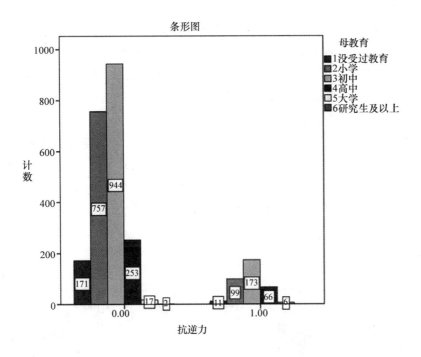

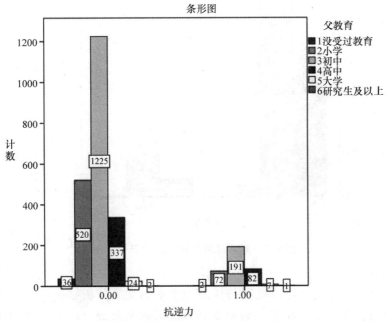

图5.3　父母教育与抗逆力交叉分析图

　　图5.3（左）是对不同抗逆力水平下留守儿童母亲受教育程度的对比分析。从整体上看，抗逆力低的留守儿童母亲受教育程度更低，主要集中在小学和初中文化程度，高中以上文化程度占总体的12.7%，而在高抗逆力组，没有接受过教育的母亲明显偏少，多集中在小学、初中或高中阶段，高中以上文化程度占总体的20.3%。图5.3（右）则是对不同抗逆力水平下留守儿童父亲受教育程度的对比柱形图。低抗逆力组父亲文化程度相对母亲更高，主要集中在初中阶段，高中以上文化程度占到16.9%，而高抗逆力也以初中文化为主，但高中文化比率明显更高，占到总体的25.4%。对比结果与研究假设2a相一致。

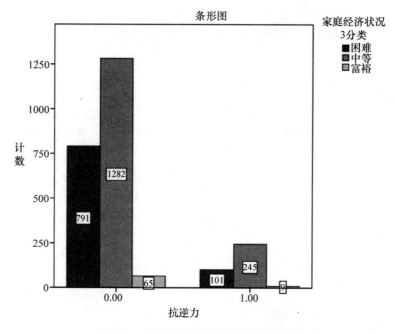

图5.4　家庭经济与抗逆力交叉分析图

　　图5.4是家庭经济状况与抗逆力水平的交叉分析结果，从图中可以看出，家庭经济状况一般水平的儿童占绝大多数，但家庭贫困往往是儿童发展资源的重要限制性因素。在低抗逆力组，家庭贫困儿童占

到总体的37%，而在高抗逆力这个比率降低到28.5%。这个结果也与研究假设2b一致。

　　调查中对于父母对留守儿童的未来信心进行考察，由留守儿童自评父母的此类观念，答案从"根本没有信心"到"很有信心"四分类，从图5.5可以看出，在高抗逆力组，父母对子女未来信心的选择基本分布在比较有信心和很有信心两类，二者共占总体的92.7%，而在抗逆力不够高的留守儿童中，父母信心主要表现为比较有信心，不太有信心和很有信心基本相当，而比较有信心和很有信心占到总体比例为75.2%，显著低于高抗逆力组。

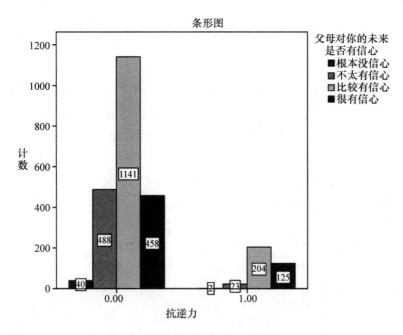

图5.5　父母信心与抗逆力的交叉分析

　　亲子互动、父母监护及父母关系在本研究中作为连续变量纳入分析，因此在分组对比中对这些变量采用均值比较方式进行独立样本 t 检验，结果如表5.5。

表 5.5　　　　　　　　不同抗逆力留守儿童家庭环境比较

		父子互动	母子互动	父母监护	父母关系
抗逆力	高	9.85±2.87	10.96±2.69	11.45±2.03	2.72±0.65
	低	9.01±2.80	9.69±2.86	11.02±2.31	2.58±0.74
t		-4.97	-7.98	-3.59	-3.27
P		0.00	0.00	0.00	0.00

从表 5.5 中可以得知，抗逆力高的留守儿童其家庭中亲子互动、父母监护及父母关系得分均显著高于抗逆力不够高的留守儿童，与研究假设 2c、2d、2e 均一致，也说明我们将这四个变量作为抗逆力生成影响因素进行回归是合适的。

为了了解家庭系统中的这些因素对留守儿童抗逆力生成的作用逻辑究竟如何，本书将家庭中的影响因素如父母教育、父母信心、经济状况、亲子互动、父母监护及父母关系全部纳入回归分析，并将儿童留守模式、年龄及性别作为控制变量纳入分析。研究将农村非留守儿童作为对照，旨在了解这些因素中哪些具有情境共通性或情境特异性。结果如表 5.6。

表 5.6　　　　　家庭环境对抗逆力影响的回归分析 t（B 标）

	认知适应		学业适应		心理适应	
	留守	非留守	留守	非留守	留守	非留守
留守模式	-1.36 (-0.03)		0.84 (0.02)		2.33 * (0.05)	
年龄	-4.83 *** (-0.11)	-5.53 *** (-0.08)	-1.87 (-0.04)	-3.33 ** (-0.05)	0.97 (0.02)	4.00 *** (0.06)
性别	2.73 ** (0.06)	0.30 (0.00)	-11.29 *** (-0.25)	-18.43 *** (-0.25)	-2.27 * (-0.05)	-5.26 *** (-0.07)
母亲教育	3.03 ** (0.08)	3.45 ** (0.06)	-1.65 (-0.04)	-1.30 (-0.02)	-2.06 * (-0.05)	-1.27 (-0.02)

续表

	认知适应		学业适应		心理适应	
	留守	非留守	留守	非留守	留守	非留守
父亲教育	0.93 (0.02)	4.48*** (0.07)	0.71 (0.02)	2.11* (0.03)	0.42 (0.01)	-0.92 (-0.01)
父母信心	3.28** (0.08)	6.75*** (0.10)	7.64*** (0.18)	12.55*** (0.18)	-6.97*** (-0.16)	-8.83*** (-0.13)
家庭经济	3.34** (0.08)	6.08*** (0.09)	-1.66 (-0.04)	-2.14* (-0.03)	-2.02* (-0.05)	-4.22*** (-0.06)
父子互动	-0.92 (-0.03)	-2.05* (0.04)	-0.91 (-0.03)	-2.28* (-0.04)	-3.44*** (-0.10)	-3.43** (-0.06)
母子互动	2.56** (0.08)	5.37*** (0.10)	3.04** (0.09)	2.64** (0.05)	-1.55 (-0.04)	-3.03** (-0.06)
父母监护	-0.76 (-0.02)	-2.43* (-0.04)	-2.85** (-0.07)	-2.47* (-0.04)	-1.68 (-0.04)	2.63** (0.04)
父母关系	-0.46 (-0.01)	1.42 (0.02)	2.88** (0.06)	2.05* (0.03)	-5.71*** (-0.13)	-9.56*** (-0.13)
F (p)	10.50 (0.00)	34.16 (0.00)	22.76 (0.00)	62.79 (0.00)	21.11 (0.00)	45.05 (0.00)
AdjR^2	0.06	0.06	0.12	0.11	0.11	0.08

　　从表中数据可以看出，年龄和性别的控制效应显著。留守儿童留守模式、年龄和性别对儿童家庭环境的抗逆力影响具有一定的调节作用，主要表现为留守模式在心理适应中的影响，如儿童与母亲留守的心理适应结果好于与父亲留守或单独留守的情形。儿童随着年龄增大，认知适应结果更差；非留守儿童随着年龄增加，学业适应与心理适应更差，但留守儿童中不存在这样的差异。性别在学业适应与心理适应中均有显著影响，表现为女孩的学业适应更好而心理适应更差，认知适应中的差异仅存在于留守儿童中，非留守儿童组不存在类似差异。

　　在留守儿童的认知适应模型中，母亲教育水平、父母对子女的未来信心、家庭经济状况、母子互动四个因子进入回归方程，方程可决系数为0.06，可见留守儿童认知适应的家庭影响相对较弱，并主要来自母亲的影响。在学业适应模型中，父母信心、母子互动、父母监护和父母关系进入回归方程，方程可决系数为 0.12。在心理适应模型中，留守儿童的母亲教育水平、父母信心、家庭经济状况、父子互动和父母关系进入回归方程，方程可决系数为 0.11。从上述三个留守儿童抗逆结果回归模型中可以发现，留守儿童家庭环境的影响更多体现在对留守儿童学业适应和心理方面的贡献，家庭中的父母信心、母子互动和父母关系贡献于儿童学业适应的结果，家庭中亲子互动、父母对子女未来的信心、父母拥有相对融洽和谐的婚姻关系，对于留守儿童心理发展具有更为重要的贡献。

母亲教育对于留守儿童心理适应具有情境特异性，因为这种效应在非留守儿童适应中并不显著，然而在认知适应和学业适应中却具有情境共通性的特点，表现出对认知适应的显著影响和学业适应中的影响不显著。父亲教育对于儿童认知与学业适应具有情境特异性特征，表现为非留守儿童中的显著影响和留守儿童中的无影响，这与留守儿童大多都存在父亲养育缺失有关，但心理适应影响不显著。父母对儿童的未来信心和家庭经济状况对于留守或非留守儿童具有情境共通性特点，但家庭经济对留守儿童学业适应的影响不显著，这个结果与阶层固化的观点存在矛盾之处，可能由于农村儿童本身家庭经济状况差异较小，因而不能达到影响显著性水平。父子互动对留守儿童心理适应有积极贡献，但对认知和学业适应没有显著贡献，在学业适应中只对非留守儿童有显著影响。母子互动对儿童认知和学业适应均有积极贡献，但在留守儿童心理适应中影响不显著，这与留守儿童亲子分离导致母子互动质量低下有关。父母监护在儿童适应中具有情境特异性特征，但这种影响表现为对非留守儿童的显著负效应，对留守儿童学业适应影响显著而心理与认知适应影响效应不显著。这让人联想到处于青春期的留守儿童因为亲子分离，父母的监护能力是低下的，但是对于非留守儿童来说，他们的发展任务决定他们希望自我的独立自主，因此并不喜欢父母更多的管理和限制，所以对他们来说父母监护反而是一种压力来源；而留守儿童亲子分离造就这种监护弱化，反而少了来自父母唠叨的压力来源，这个结果显然与研究假设 2d 不一致。

父母关系对儿童三类适应结果具有情境共通性的特点，表现为学业适应与心理适应中的积极贡献，但认知适应影响不显著。

重新审视前面的 6 个研究假设，虽说在分组对比中，对比结果与研究假设全部一致，但是当这些因素共同作用于留守儿童时，它们的影响效应便呈现多元化的结果。母亲教育对留守儿童认知和心理适应影响效应存在，并且在心理适应中具有留守的情境特异性特征，与研究假设 2a 基本一致；但在父亲教育程度对留守儿童适应结果的影响验证中，并不存在显著性效应，不能验证 2a 的假设。父母对子女的未来信心对留守儿童三方面适应均具有积极贡献，因此与研究假设 2b 一致。家庭经济对留守儿童认知与心理适应影响显著，与研究假设 2c 一致，但是在学业适应方面这种影响不存在。父子互动与母子互动效应也存在多元分歧的结果，父子互动仅贡献于留守儿童心理适应，而母子互动贡献于认知与学业适应，因此不能完全证实研究假设 2d 的存在。父母关系则对留守儿童学业适应与心理适应有积极贡献，与认知适应影响不显著，因此只能部分证实研究假设 2e 的存在。最后，父母监护对留守儿童三方面的适应结果影响均未达到显著水平，因此不能证实研究假设 2f 的存在。

总之，在留守儿童的中系统中，父母教育水平、父母对子女的信心、家庭经济状况、父母与子女之间的亲子互动、父母对子女的监护功能及父母关系本身共同影响了留守儿童的适应结果，其可决系数在 0.06—0.12，中系统的影响主要体现在对留守儿童心理适应的发展。定量分析同时进一步证明，相对于非留守儿童来说，留守儿童家庭功能是相对弱化的，其亲子互动功能、父母监护功能对留守儿童抗逆力的生成发展影响受到一定限制，因此也进一步很好地验证了前面对家庭功能影响的讨论。

本章小结

留守儿童的家庭功能对其成功抗逆具有重要缓冲和代偿效应。当留守儿童的父母或其中一方缺席时，家庭中的其他子系统会对家庭原有功能进行补偿，以缓冲家庭结构变化带来的压力；家庭中明确的家庭规则可以将家庭内部与外部进行区分，这种明确清晰的界限为留守儿童提供了一个安全港湾，促进留守儿童归属感的获得；家庭成员之间无论夫妻关系或亲子之间良好的家庭关系有助于留守儿童形成乐观的认知风格，从而从积极视角或资源取向应对生活中的困境，更好地适应变化的环境；而良好的家庭沟通则能够提升留守儿童的自我效能。

扩大家庭模式是一种能对压力或贫困进行很好适应的家庭模式，所以在很多贫困家庭中，扩大家庭便显得尤为重要。家庭功能能够被共同分担，家庭中的一位成员可以照顾孩子，而所有其他成年人则去工作以支持整个家庭。家务杂事或其他任务也被共同分担。扩大家庭中可获得的友谊以及多种多样的帮助资源与支持资源，使得扩大家庭成了贫困状态下家庭唯一可能采用的形式。

留守儿童的扩大家庭代偿功能往往是基于亲缘关系，在留守儿童家庭教育弱化或缺位的状况下，为留守儿童提供良好的依恋对象，使留守儿童在家庭结构不利情形下依旧能够获得安全依恋关系；扩大家庭的其他成员能够在留守儿童家庭监护功能缺失时提供监护代偿作用；同时，留守儿童扩大家庭中的某个或某些成员的存在本身能够为留守儿童提供示范代偿作用，引导他们的发展计划和努力方向。

最后在我们的假设验证部分也发现，在留守儿童的中系统中，父母教育水平、父母对子女的信心、家庭经济状况、父母与子女之间的亲子互动、父母对子女的监护功能及父母关系本身共同影响了留守儿童的成功适应结果，其可决系数在 0.06—0.12，且影响主要体现在留守儿童心理适应方面。

第六章 外系统：抗逆力远端资源保护机制

人和环境之间的关系被定义为有机体与环境之间的场域，他们认为将个体抽离出环境的思考方式是无意义的，因此强调人和环境的一体性。留守儿童的生活、生存、个性养成和行为特征都受所在场域的影响，也便成为他们与所在场域互动过程的一部分，因此将留守儿童抽离其所在场域进行分析是没有任何意义的。在留守儿童的生活场域中，如果说留守儿童与其家庭中的重要他人构成了留守儿童的近端环境的话，学校、同伴网络及邻里社区则构成了留守儿童的远端环境。它们的发展特点建构了留守儿童面对风险逆境中的外部环境，影响了留守儿童的支持性社会关系的发展状况。

第一节 学校教育：留守儿童心理环境之营造

学校是以儿童身心发展规律为基础的，针对儿童成长发展专门设计的，以系统的、有计划、有目的、有组织地为儿童身心健康和认知发展提供教育引导的专门场所。学校教育通过为儿童创设优良教育环境，并抵制环境中的消极影响，以主动干预引导的方式保障儿童健康成长与发展。留守儿童在家庭教育弱化的情况下，学校积极、主动的教育管理以弥补家庭养育的缺失，并在力所能及范围内加强对他们的关心呵护，对留守儿童的抗逆力发展具有重要的保护作用。

留守儿童在学校环境中的交互对象主要为两类：教师和学生。教师与留守儿童的关系和对留守儿童的学业期望构成了留守儿童重要的学校支持环境，而学生则以同伴网络的方式影响着留守儿童的关系支持网络。

一 师生关系：学校归属之培养

师生关系是一个由多层面关系构成的复杂体系。其中有因学习而建立的教育关系，又有人际交往中的社会烙印，同时受社会关系的制约。陈桂生教授认为师生关系实际存在三层相互影响的关系：社会关系、教育关系和自然的人际关系，忽视其中任何一种关系都使得师生关系不够圆满。每种关系又因师生需求的不同或环境不同而有不同的表现。留守儿童因为父母或其中一方的缺失，教师则以"重要他人"的角色登场而对留守儿童的学校生活产生影响，为教师的特定影响地位奠定了基础。留守儿童对学校生活的认知状况与师生关系紧密相关，这种关系包括了社会关系、教育关系及人际关系。留守儿童学校生活的积极认知与否则直接影响着他们的学业适应结果，甚至影响他们整个学习生涯的走向。如 KXJ 就非常与众不同，他想做一名农民。

> KXJ 以后想做一名农民，但是与父亲不同的农民。"因为现在的农作物都使用化学药品，质量都不好，所以人家外国都不要我们国家的大米"……"我要种植出没有化学药品的质量好的蔬菜粮食"……而这些都是他们的生物老师告诉他们的。

师生关系质量影响着留守儿童的适应结果。师生关系包括了教育关系、社会关系和自然的人际关系，然而在传统学校教育思想中，师生之间的教育关系是最为主导的。教育活动中教师与留守儿童之间建立的关系是影响留守儿童适应结果的重要部分，教师对留守儿童学业上的关心和鼓励往往影响留守儿童对学校生活的评价。对学校生活积极评价的留守儿童表现出教育活动更高水平的师生关系质量。

> HLL 的眼中，就读的学校挺好，环境也很好，老师是平易近

人的，很爱班上的学生，从不会因为哪个学生成绩不好就非常讨厌谁，老师对同学学习成绩要求较高，作业也不多，平常上课气氛很活跃，老师提出的问题同学们都能够积极主动发言。HLL 喜欢她的老师，在老师眼中她是学习好、听话、能够自主学习的好学生，老师会经常在班上要求其他同学向 HLL 学习，"老师老夸我，夸得我都不好意思"。

GDQ 也很喜欢去学校，但与 HLL 不同的是，GDQ 的老师不会都夸她。GDQ 的老师是会打人的，曾经因为老师进教室时，她还在与班上的调皮鬼吵架，把他们俩叫到办公室要求相互打耳光。老师是会布置很多作业的，尤其是学习成绩不好的同学，作业更多。GDQ 的成绩应该不怎么好，因为同一时期的访谈中，他们班的 GXY 告诉了我们两次考试成绩，而 GDQ 却说"刚上初中，没怎么考试，这次期末成绩还不知道"。但这些都没有影响 GDQ 去上学的热情，她喜欢两个老师：蒋老师（班主任）和孙老师（语文老师），因为她非常喜欢学习语文，喜欢看书，每天都去图书馆借书看，看书速度也很快，一两天就要读一本。蒋老师和孙老师都喜欢她，虽然她成绩不是很好，但是她的作文一定是最好的，孙老师和蒋老师也经常鼓励她多看书学习，以后要去大城市读大学。

教育活动中，让学生"亲其师"方能"信其道"，这是对教师教育工作的要求，也是在教师教学活动中深刻体验着的道理。心理学研究表明，人的积极性主要来源于对成功的渴望和成功之后带来的喜悦。留守儿童由于家庭结构的不完整和家庭教育的缺失，他们自我概念复杂性相较非留守儿童要更为单一，他们对自己的渴望和期待也更多局限于学业成就的获得，内在对学业成功的需要也更为强烈。如果他们在学业方面总是不能获得成功，则可能造成习得性无助的结果，失望之后丧失学习兴趣，甚至辍学。因此对于留守儿童来说，如果在师生关系的营造中能够注重对留守儿童多元学业成就的评价，构建良好的师生关系，有助于加强他们学习动力。如在前面（GDQ）案例中，教师在师生关系营造中注重教师角色本身对学生的影响，及时对学生发展良好的方面给予强化，而不是一味只看学习成绩，这样有助于营造更高质量的师生关系，有助于留守儿童学业成就的获得。

学校积极认知影响留守儿童学业成就的获得和抗逆力的发展。在CEPS中，认知、学业、心理适应良好的355名留守儿童中，对学校生活持有积极认知模式的有249人，占总体人数的70.1%，而在其余的2054名抗逆力不高的留守儿童中，对学校认知持有积极态度的只占52%。

师生关系复杂性影响留守儿童的学校归属感。在本书的调查中发现，留守儿童（尤其是初中之后）多选择学校寄宿的学习生活模式，留守儿童在校住宿比例占到45%。因为留守儿童大多数时间都是在学校度过，他们的学习、生活、思想行为都发生在学校环境之中，因此也有了更多的机会与教师进行交互作用，这些活动全部是由班主任或其他教师来承担管理照顾职责。所以也有人提议，在留守儿童管理中，建立教师"代理家长制"，即教师与留守儿童之间结对子，教师在学校环境中代理家长职责，从学习到生活全程负责。在这样的师生关系中，就已经突破了学生与教师之间的教育与被教育者的关系模式，而扩展了更多的关系内涵。教师需要在学习上作为留守儿童的教师、引导者，在生活上则是留守儿童的照顾者和监护人，在思想上是留守儿童的指路者，在心理上是留守儿童的保护者、依恋者，在遇到压力或矛盾冲突时更是留守儿童的支持者。师生关系不仅表现为教育关系，更是作为一个社会人的社会关系和作为一个自然人之间的平等的人际关系。

> YL只喜欢他们的地理老师，"因为他不作践我。" ZDL喜欢她的班主任老师，因为她（老师）很喜欢抚摸她（ZDL）的头。我问LZJ最尊敬的人是谁，他说"刘老师、爸爸，还有好多人"。"尊敬老师是因为他知识渊博，爸爸是因为他是我爸爸，还有亲戚（舅舅家的大哥），他学习好。"

学校老师对于留守儿童来讲是另一个"重要他人"，留守儿童在上学期间与老师相处时间相对更长，尤其是班主任老师，因此他们也有更多的机会与留守儿童建立复杂多元的教育关系，有机会从更多角度对留守儿童进行教育指导和人生导航。

> ZYA 说，每天晚上睡觉前老师都要到宿舍外面催他们赶紧睡觉，不要说话，白天吃饭前会告诉班上的几个男同学要洗手，老师对他们学习上要求不高，只说过希望他们长大后都能成为有价值的人。

与同伴提供的支持不同，老师不仅能够为留守儿童提供心理上的援助，有时候还可以给予学生更为实际的支持（GXY 的老师在运动会需要统一服装时，班里两个同学没有交钱，就是老师帮他们交的）。在整个农村社会中，老师被认为是最有学识、有远见，最受人尊重的人，一个学生如果能够获得良好的师生关系，便可以获得更多的支持，获得与老师建立依恋关系的机会，甚至获得强有力的保护。如果与老师关系疏远，甚至关系矛盾紧张，则无法利用这一重要社会支持，甚至增加个体人际张力与压力困扰，从而面临更大的风险。

> GDQ 不知道该怎么描述老师，但在对自己最艰难的事情描述中提到，小学三年级时老师用竹条子打她，但她忘记老师为什么打她了。初中之后有一次上课她跟同学吵架，老师把他们叫到办公室，让他们用手互相打脸。PH 也不知道怎么描述老师，曾经有一次自己作业没有做，被老师打出了鼻血，回家告诉爷爷奶奶之后，奶奶说她该打，她也觉得自己该打。

根据教育活动的不同层面，师生关系首先表现为工作关系，同时涉及两个个体之间的心理关系和个人关系，教师作为教育主体具有儿童道德引导功能，因此也包含了道德关系的部分。师生之间的工作关系是为了完成教学任务产生的；心理关系则联结者师生之间的特定情感氛围和情感体验，是双方人格特征、心理状态及情感交流的关系；师生作为两个完整的独立个体，双方良好的人际关系有助于教学任务的完成，并且这种关系是其他关系难以替代的，双方可以从对方那里了解到具体的要求，并能收集到真实客观的反馈信息，能够简化交流过程，真正做到良好沟通；师生之间的道德关系则是双方依赖责任、义务来维持的，用以巩固和维持社会道义。从访谈资料中可以得出，留守儿童的师生关系对于儿童成长和适应更为重要，他们有更多的接触机会，良好的师生关系能够给予留守儿童心理上的支持，有助于教学任务的更高质量完成，师生之间的个人关系则能够以榜样示范的方式传递给留守儿童做人做事的方式、道理，老师与学生之间的互动也能够影响留守儿童道德自我的成熟。但在访谈中仍能发现，留守儿童师生关系存在两极化的特点，有良好师生关系的依恋和支持，同时也存在师生关系的疏远甚至关系冲突，而不良师生关系会使留守儿童自身处境雪上加霜，激发了留守儿童回避、疏远的消极保护机制。

适度民主的教师风格有助于提高留守儿童对师生关系的认同。通常研究中将教师风格分为三种：民主型、专制型及放任型。对于留守儿童来讲，放任型的教学模式从表面上给了学生足够的自由选择机会，让学生根据自身需求选择感兴趣的内容，但因为缺少对学生的引导和控制，一切都由学生自己把握，这对于留守儿童是不负责任的。因为留守儿童尚处于独立意识发展之中，还未形成稳定世界观、价值观，此时的放任更多会使儿童无所适从，效果反而会更差。这种状况往往出现于传统教师权威与现代平等观念的共同影响下，老师对学生的日常表现不满，但又没有有效的管理措施的情境中。如 ZK 感觉"老师对同学没什么大的期望，上课睡觉的人也比较多"，整个课堂都"死气沉沉的"。而专制型则恰恰相反，通常伴随着教师行为和心态是疏远的、学生行为是服从或反抗的，如 GXY 告诉我们，如果班里有同学表现不好，老师会罚全班同学写作业或者背课文，有时候他们会故意不写，"那么多的作业，反正也做不完"。专制型的教师往往会将学生学习、生活及实践活动全部包办，担负起学生几乎所有日常事务，而没有因材施教，形成的结果导致儿童要么完全顺从，做好孩子，或表面顺从，私下反抗，或敬而远之。而民主型教师的教学模式是平等、开放、互助的，教学活动中注重集体的共同创造，也不扼杀儿童个体的贡献，能与学生共同计划、讨论，给不同水平学生设置不同目标。虽说民主型教师风格能够重视学生主体能动性的发挥，然而传统的师道尊严、天地君亲师、师徒父子、严师出高徒等思想在与当今应试教育的碰撞下，使留守儿童既想要老师民主亲和，又希望老师"厉害一点"，"要不学生都不害怕，那还能管住班？"

适度民主的教师风格有助于留守儿童道德规则的养成。调查发现，留守儿童因为家庭教育的缺失，往往缺乏相应的规则意识与责任意识，他们在教学活动中遇到需要自己选择的时刻，往往因为缺乏必要的指导而无所适从。从理论上讲，民主型的教师风格是最有利于教学活动的顺利开展的，但是对于尚缺少规则意识和自主能力的留守儿童来讲，他们希望在教育活动中的老师"严"一些，否则自己会无法约束自己而荒废了学业。当然在他们对"严"的描述中能够看出，他们需要的不是心理距离的疏远，而是更多的指导，他们需要老师明确告诉他们怎样是对的、怎样是错的，遇到问题怎样处理，遇到压力如何调节，遇到困难如何应对，而不是仅存于课堂上的师生关系或"对学生太好"的教师行为。

教师与学生之间的关系需要以人为本，面向全体学生，尤其对于留守儿童来说更是如此。发挥学生自身的主体作用，还需时刻关注学生情感，从而发挥教师的主导作用，这样才能建立民主、平等、合作的师生关系。师生关系应该以和谐为核心，以真诚、信任、理解、尊重、关心、爱护、欣赏、赞美为互动原则，这样的关系不仅有助于教学活动的顺利开展，而且对教师与学生的身心健康和人格发展都有极为重要的意义。一个负责任的教师不仅需要给学生以知识，更要培养学生有利于人类、有利于社会适应的人格，这样的师生关系必然贡献于留守儿童面对压力逆境中的适应，贡献于抗逆力的发展。

师生关系以学校归属感为中介，促进留守儿童成功抗逆。（1）学校归属感是儿童抗逆力生成的内在动力。马斯洛在需求层次理论中提出，低层次的需要满足是高层次需要的前提基础，只有当个体低层次的需要得到基本满足之后，才会追求更高层次的需要满足。归属需要的满足是人的基本需要，是学生为了达成自我实现需求的前提条件，学校归属感水平将决定学生更高层次需要的出现和满足。自我实现是个体潜能完满发展的目标。作为学校中的独立个体，每个个体都有发展自我的需要，儿童对学校的归属水平对学业动机、学业投入及发展结果具有重要的影响。（2）学校归属感能有效控制学生消极抗逆。赫胥（Hirschi）的社会控制理论将人性假设为邪恶的，因此需要对个体采取相应的控制措施用以预防犯罪。他认为个体在传统社会中发生的联结或者归属关系，能够避免产生犯罪行为，人类能够抑制内在邪恶并遵守社会规则的唯一原因就是个体与社会集体发生的归属关系，这种与规则社会集体的联结关系越强，或者说与反社会规定的群体之间联结越弱，越有助于个体抑制内在邪恶本性，反之亦然。所以当学生与学校的联结感越强，具有更好的归属关系时，学生就越不容易出现不良行为或社会失范行为。（3）不同发展阶段的个体，学校归属需求不同。社会发展理论认为，与他人建立归属关系需要三个要素：投入机会、能力和推动力。个体在不同发展阶段，社会给予的投入机会是不同的，因此也决定了个体在不同发展阶段其归属关系特点不同。如在学前儿童期，家庭是儿童最重要的活动场所，因此他们与家庭产生联结的机会远大于其他群体的联结投入，家庭在此阶段是儿童社会化的重要场所，此时儿童的归属关系主要表现为家庭归属。当进入小学之后，学校变成儿童社会化影响的重要力量，它能帮助儿童获得同伴之间的交流能力，这时儿童的归属关系表现为家庭归属与学校归属并重的特征。然而中学之后，儿童独立性的增强和社会环境的接触范围增大，使得同伴群体对儿童影响力明显增加，儿童归属关系结构除了家庭与学校外，又增加了对同伴群体归属的需求。归属关系之间并非各自独立而是相互影响的，如对家庭的归属关系会促进学生的亲社会归属和同伴归属的发展。

学校环境与留守儿童归属需求的匹配有利于儿童抗逆力的获得。根据个体与环境的拟合论观点，个体跟环境之间的拟合程度对个体的环境适应状况具有决定性作用，当个体的目标及需要与环境中提供的发展机会一致时，个体的积极动机、情感和适应性行为结果随之产生，否则可能导致不良的发展结果。对于留守儿童来说，如果学校提供的环境与他们发展需求相互匹配，则能够促进其顺利发展，否则，可能对学生的兴趣、动机、价值观、态度及学业成就带来不利影响。导致这种不匹配有诸多原因，如较差的师生关系、教师对学生缺乏了解、学生缺少自主决策机会等。

留守儿童的学校认同与学校归属感紧密相关。当留守儿童喜欢自己的学校时，对学校活动也会有更多参与，他们的学校归属感则会更高。在认同—参与模型理论中也有类似的解释。认同是指学生对学校的认同，参与则指学生对学校课内外活动的参与，包括遵守校规校纪、课外活动参与或者对学校管理中的合理化建议。学校认同与学生对学校的目标任务评价有关，学校归属感则依赖于学校认同感的发展，二者都能够增加学生对学校活动的参与，无论数量或质量。在学生得到恰当指导的前提下，增加活动参与能够为学生提供更多学业成功的机会，学业上的成功反过来也能增强学生的学校认同和学校归属感。也就是说，学业成就是造成学校归属感提升的原因，同样也是其结果。如在认同参与模型中认为的，学生对学校的归属感是儿童学业成功的必要条件，但非充分条件，如果仅仅获得学校的接受与尊重，而没有对学校目标的相关评价，也缺乏适当指导，是无助于学业成功的。

总之，留守儿童的学校生活时间更长，父母的缺位也使老师成为更为重要的成人榜样，良好的师生关系和适度民主的教师风格能够促进留守儿童的学校认同、学校参与，进而提高学校归属感的获得，有利于留守儿童抗逆力的发展。

二　教师期望：学业效能之激发

教师期望是教师对学生行为结果的某种预测性认知，这种认知是在学生知觉反应的基础上产生的，是由教师对学生的活动期望所引起的学生学习效果的变化，也称皮格玛利翁效应，或期望效应。当教师以某种语言或非语言的方式，或明或暗地将期待传递给学生之后，学生感受到这种期待，结合师生关系及自我的信念系统对期待进行解释，进而形成自我期待，并将之转换为朝向期待目标的行为反应。当然这种期待并非必然具有积极意义，只有当教师对儿童的期待合理并能够产生积极效应，才能调动学生内部动力，激发留守儿童的学业自我效能，促进留守儿童的适应性发展。

　　ZK 是我们这次访谈过程中遇到的唯一一名刚刚辍学的留守儿童。

　　访谈员："在你老师眼里你是个咋样的学生？"

　　ZK："我老师，（停顿）就是个普通学生啊，不爱学习，学习成绩也不好。"

　　访谈员："你觉得你老师对你的学习或者将来有什么样的期望？"

　　ZK："他对我没有啥期望，期望都是给好学生的，对我……不当坏人就行了。"

　　访谈员："那你喜欢学习吗？"

　　ZK："我不爱学习……其实我也蛮喜欢看书的，就是不爱看上课的那些书，什么习题呀辅导呀的。"

　　访谈员："那你喜欢看什么书？"

　　ZK："我最爱看人物传记，还有一些人生哲理一类的书我也爱看，都是闲书。"

　　GDQ 也喜欢看书，学习成绩也一般，但她在老师眼里是个爱读书、作文非常好的学生，她说"我爱在学校待，学校有个图书馆，书多（得）很，各种各样的书，能随便看，还能借。在屋里（家）我看书我奶老吵我呢，叫我干这干那"。在我们访谈 14 岁的 ZF 时，刚好是他的老师带领我们去他家的，老师说"这娃（ZF）学习不咋样（不怎么好），办事能力不错，交代给他的事情还是办得挺好。"ZF 自己也觉得自己对待老师还是比较礼貌，同学们也觉得他"讲义气"。

上述的案例中我们可以看到老师对留守儿童不同的期望效应会有明显的差别。同样喜欢看书成绩一般的 ZK 和 GDQ 却有完全不同的发展结果，ZK 已经辍学在家，但年龄原因目前尚无法外出打工，而 GDQ 却可以继续在学校，几乎每天沉浸在读书的乐趣之中。ZF 的访谈中正好遇到了他的老师，在老师眼中的他与自己对自己的评价有着如此的默契，可见教师期望在留守儿童发展过程中的重要影响。

　　缘何教师期望能够影响留守儿童的学业适应结果？不同的理论给出了不同的解释。教师期望效应源自期望网理论、库勒（Cooley）的镜中我理论及莱默特（Lemet）的标签理论。期望网理论提出，个体身处不同文化环境之中，受文化环境、个体需求、自身特质及他人期望共同影响，个体自我期望因此形成并进而影响其成就表现。在此期望网中，父母、教师和同伴期望与自我期望相互影响，是自我概念形成的原因，也可对自我概念进行修改和指正，同时自我概念也反过来影响自我期望的产生与发展。库勒使用镜中我概念来强调自我是与他人互动形成的社会性产物，他认为一个人对自己的认识其实反映的就是他人对自己的看法，也就是说人们对自己的观念是建立在别人的评价之上的。镜中我概念的获得往往有三个阶段：（1）感觉阶段，自我想象自己在别人面前的形象，这个阶段的自我概念是设想的他人感觉；（2）解释阶段，也叫定义阶段，自我想象自己的形象会得到别人怎样的判断和评价；（3）自我反映阶段，由前两种想象而产生的自我感觉。标签理论由莱默特（1951）首次提出，标签是人们对自我形象的界定中产生的，是与他人互动的结果，产生自我形象的重要因素就是他人的标签。该理论源自符号互动理论，认为偏差行为是社会互动的产物，是他人应用社会规范对违反者制裁的结果，偏差者的标签贴在个体身上，周围人会依标签而对其进行识别，这种识别反过来又强化这种偏差观念，因此也是暗示性的结果，常带有负面影响。

　　教师期望是在师生互动过程中产生的，是一种心理暗示的结果。教师对每个学生期望不同，面对不同学生行为方式存在差异，这种差异导致学生获得的机会或资源不均，进而导致期望结果的产生。另外教师期望需要与学生实际相符。与实际相符的积极期望能够顾及学生发展的主观条件，因而能够促进学生良好发展的预测，反之消极期望对学生的预测推断与学生实际往往不符，即便相符，其预测趋势也是令人沮丧或消极被动的，不利于学生发展的积极促进，不利于抗逆结果的产生。

　　影响教师期望的因素包括留守儿童与教师两方面。正如教师期望产生于师生互动过程之中，期望效应的实现过程是从教师对学生期望的产生开始的，留守儿童学业成绩、智力水平、学习态度、家长职业、家庭经济地位、兄弟姐妹情况等都是影响教师期望的重要信息，这些信息的加工处理则受教师本人的观念、个性、心理特征等影响。

　　　　在对张老师的访谈中，他认为"这些孩子其实挺可怜，父母总觉得能把上学的钱赚回来就可以了，生活上有学校的食堂，周末回到家里有老人照看，所以没啥子事（没什么事）。但是这些孩子毕竟是个娃，好多事情还不懂呢，他们都还自己管不住自己，没有大人……听话一些的（学生）还能好一些，不听话的就难说了"。

　　正如案例显示，受社会媒体对留守儿童晕轮效应或刻板印象的影响，往往在教师心目中形成留守儿童的衣着邋遢、缺乏管教、性情乖戾，并常常有如网络成瘾等各种行为问题的印象，而其外部环境也缺少资源与支持，如父母对留守儿童缺少关心、缺乏沟通、情感冷漠、经济支持差等。这些因素都不利于教师对留守儿童积极期望的产生。另外，教师自身的观念、个性调节着教师对这些信息的加工处理方式，如教师效能感。高效能的教师倾向于对留守儿童给予动态的、较高的期待，而低效能的教师则更多认为学生能力是孤立静止的，留守儿童存在的问题是静态、持久的，他们意识不到留守儿童自身的可塑性和创造性，会以当前状况表现来预测他们未来的发展，不利于留守儿童潜能的发挥，更不利于留守儿童抗逆力的发展。从下面对留守儿童老师的访谈中我们也能感觉到，这种困境不仅仅是儿童自身的，老师在管理中也存在相当的困境，当然他们的困境与老师对这些儿童的认知期待紧密相关（难管），同时又受到自身自我效能的影响而不敢管、管不住。

> 张老师："其实现在这些娃（留守儿童）挺难带的，听话一些的还可以，尤其是女生，基本上给把道理讲清，娃们还是能懂，学习成绩不管哈好（好坏）先不胡来，有些娃他爷他奶也管不下（管不住），他爸妈也不在（家），你说重了人家跑了，人家长（他们家长）还跟你没完。……整体上这些娃自我管理能力太差，做事没深浅，有些班主任都不敢管，我现在带了六七年了，基本上能摸来他们的脾气，还好弄些。有的女老师连把课上下来都困难，干脆上完课就啥也不管了。"

教师期望影响留守儿童的行为归因模式。教师期望是教师与学生互动的结果，最终在学生身上体现出来。教师期望被留守儿童接收与理解之后，通过影响其自我概念和归因风格来影响学生最终的行为反应，所以说自我概念和归因风格是影响教师期待效应的两个重要中介因素。所谓自我概念是自己对自己的行为、能力或价值所持有的感觉、态度和评价。个体的自我概念正如"镜像我"，是通过他人对自己的评价而获得的对自我的社会性及心理性的认知结果。对自我概念产生影响的"他人"是个体生活中的"重要他人"，往往包括了父母、老师、同伴等。他们认为自己是有用的、有价值的，自我就可能形成更为积极的自我概念，反之则可能形成消极自我概念，而教师对于父母缺位的留守儿童来说称为他们的"重要他人"则是当仁不让的。期望效应的心理机制是通过改善留守儿童自我概念为核心，教师通过寄予他们积极或消极的期待，为他们营造一个积极或消极的"镜像我"，这种镜像我则有助于激励或削弱他们的动机水平，开发或阻止内部动力系统。归因是个体对自己的行为结果产生原因进行的知觉反应或能力推断。通常接受高期望的学生，倾向于将自我的成功归因于内在的能力或外在的努力，而将失败归因于外在努力不够，这种归因模式同样有助于营造一个积极的自我概念，有助于个体后续活动中努力或动机的保持。接受低期望的学生则相反，将成功归因于外部不稳定因素，如运气，而将失败归因于内在稳定因素，如自己太笨。这样的归因方式使得学生觉得自己无法控制学业上的成功或失败，因而发生恶性循环，导致习得性无助的产生。

> YL 没有"一补"（国家给在校中小学生的午餐补助），留守儿童服务站的杨站长说是因为 YL"在学校表现不好，跟人家老师对着干，所以（老师）把他的'一补'取消了"。YL 说自己不喜欢参加学校的各种活动，因为"没意思"，就算父母没有外出打工"也不会参加"。当问到为什么感觉没意思的时候，他称"之前也参加过，就是没意思，所以再也不会参加了"。
>
> ZY 想要竞选班里的团支书，班主任老师叫她去办公室，问 ZY 为什么想参与竞选，"她为什么都不问别的同学，只问我？"后来她因为一票之差没有竞选成功，"以后再也不竞选班干部了"。

YL 的老师将国家补助与学生管理结合起来使用，让 YL 不能满意，甚至对老师要组织的其他活动也失去了兴趣；ZY 则不明白老师为什么只单单要找她谈话，认为是对自己的不信任，所以再也不想参与班级的竞选活动了。教师期望总是在师生互动过程中发生的，并且这种期望以留守儿童认知归因模式为中介，影响儿童后来的行为反应。上述两个案例的行为反应都是不合理的教师期望，对留守儿童积极应对行为的产生具有抑制功能。

总之，学校教育对于留守儿童心理环境的营造具有重要的作用，学校是留守儿童家庭之外社会化发展的重要场所，对于家庭教育缺位的留守儿童来说，学校教育则对他们的社会化发展承担更为重要的责任。良好的师生关系有助于营造温暖、积极的学习氛围，提高留守儿童对学校归属感的产生；而教师对留守儿童的积极期望对于留守儿童学业效能的提高则具有重要意义。

第二节　同伴邻里：留守儿童社会关系之扩展

个体抗逆力的发展源于其生长的环境及文化。人作为哺乳动物，生来就有对成人的依恋需要，跟人的关系将终其一生。现实生活中，每个人都不是单独的存在，个体受关系群体的影响，并在与重要他人的交互中不断成长。所以，个体不会脱离其生态系统而独立存在，这也就对其生态环境提出了更高的要求。个体的抗逆力是在社会关系中交互作用的产物，并在困境中通过与重要他人的互动得以表现出来。不适合的生态环境会影响个体乐观感、效能感及归属感的获得，从而影响抗逆力的培养。微观的家庭系统构成了留守儿童的近端环境场域，而家庭系统作为一个物化的基本组织单元，仍旧需要与其所处社会环境进行交互，并在这种交互作用中安放自身的位置，为家庭中的成员构筑或亲和或疏离的远端场域。"我"好还是不好？"他人"好还是不好？"我"跟"他们"关系怎样？个体经由努力达成自我高而合理的期望，就会产生强烈的自我效能感和关系中的归属感，再经由与个体生命经验的分享，逐步构建个体的乐观感。而这种关系除了近体的家庭关系之外，最为紧密的就是社区环境和同伴邻里的关系处境。

一　同伴网络：外群体中的自我认同需要满足

留守儿童因其特殊家庭结构导致核心家庭中的父母或其中一方是不在场的，因此他们之间的亲子依恋和家庭监管功能也因为时空区隔而被削弱或失能，他们的家庭功能平衡状态便开始失衡，他们无法从家长那里得到"镜像我"，进而产生自我认同的发展。作为系统中的个体，留守儿童会在遭遇这种失衡状态中找寻新的平衡。受年龄特征的限制，青春期或其前期的留守儿童会从生活学习环境中找寻这种功能补偿的对象，因而，同伴便作为这种平衡重建的功能补偿因素进入留守儿童的抗逆力系统之中。

访谈员："你觉得你是什么样的人？"

ZDL："我也不知道。"表现得非常腼腆。

访谈员："那你的小伙伴们觉得你是怎样的？"

ZDL："我也不知道，嗯，（迟疑一会儿）应该还可以吧……她们比较喜欢我学习好，说我比较乖，不会吵……其他的，没什么了吧。"

访谈员："那你如果不开心的时候会找谁说？"

ZDL："有时候跟她们（同伴）说说，有时候就不说了。反正她们也只会安慰我。"

访谈员："那你觉得跟爸爸妈妈打个电话跟他们说怎样？"

ZDL："应该可以……一般都不跟他们说，开始时候想打电话，过一阵子就又不想说了。"

在留守儿童服务站的访谈中，几乎每个孩子都称遇到不开心的事情会跟同伴诉说。他们所指的同伴主要是与他们一样住在留守儿童服务站的其他孩子，有些年龄相当，有些年龄略大或略小些。他们平常吃住都在一起，也就是说，每个学期除了偶尔回家几天（平均不超过10天）其余时间都是在一起的，或者在学校，或者在留守儿童服务站。他们眼中的同伴关系也几乎都是"挺好的"，如果说对他们的学校、家庭或者其他环境尚有一些抱怨的话，他们眼中的同伴关系却都是最好的。

其他的访谈对象也呈现出非常一致的结果。ZF 的朋友是"讲义气"的，他们是一起打球，在他与人打架的时候会出手相助，在他们一起玩的时候会出钱请客；PH 的朋友会经常照顾她，会在她伤心的时候安慰她，为在她没能按时交作业的时候帮她打掩护，会在她请假的时候帮她收作业，会周末一起玩、一起买东西吃；JM 的朋友关系很好，她们之间的喜好和做事风格都像，甚至能知道对方交谈时接下来会说什么，她们之间可以放心地倾诉，也常常为对方提供经济帮助或建议，是很关心甚至体贴入微的伙伴；GDQ 的好朋友不多，基本都是同一个宿舍的，她们一起经常晚上聊天、讲鬼故事、讲笑话，也讲自己与家人在一起的事情，会早上喊她起床上课，会在她与同学吵架的之后安慰她"你别理他，跟他生气没得意（没意思）"；HLL 则从不与朋友吵架，相互之间什么话都聊，时常一起憧憬相约将来会在哪座城市上哪所大学；ZK 的好朋友大都性格开朗，真性情，认真诚恳，可以相互谈心聊人生，可以相互鼓励，还时常为对方的未来人生出谋划策；LXF 的同伴都是班上的同学，他们就像她心里的影子，有烦心事都可以倾诉。

虽说儿童社会化的首要场所是家庭，但对留守儿童来讲，家庭的社会化功能可望而不可即，同伴之间的相互支持是他们抗逆力生成的重要基础。同伴关系产生于同龄人之间，因为他们心理发展水平大致相同，在他们的相互交往过程中发展形成的人际关系即被称为同伴关系。同伴关系不同于儿童与其他年长个体或父母老师之间的垂直关系，他们之间的人际互动是平行、平等的。同伴关系为留守儿童提供了自我认同的需要满足，当他们在同伴关系中互动时，同伴互动的模式则反映出个体的镜像我，留守儿童在这种交互中逐步形成稳定的自我概念，并发展出自我认同。同伴关系是儿童社会化发展的背景，也是儿童社会化的内容，在儿童整个社会适应过程中起着非常重要的作用，因此也备受学者们的关注。

留守儿童在同伴关系中获得自我认同的同时，也受同伴行为影响而形成积极或消极的自我意识。"近朱者赤，近墨者黑"是为留守儿童带来自我认同满足的同时，也催生了他们良好同伴或问题行为的产生。

ZF："我们学校不行，我们学校还是比较乱，打架也比较普遍……学校其实有明确的规定不能抽烟、喝酒、打架，老师也跟我们说过，但只是说说而已，有时候你会没办法不做（这些行为），比如有好哥们说晚上要出去一下，你不去怎么行？那人家以后就不喊你了。"

HXL："她们（同伴）几个学习好，我比她们差一点点，我比较爱玩，老管不住自己，她们回来就开始写作业，我想玩但不好意思喊她们，就只能也跟着先写作业。"

与访谈结果类似，在 CEPS 的调查中也有类似的现象，适应良好的留守儿童往往其同伴中问题行为更少，而社会赞许行为更多，但适应不良的留守儿童结果恰恰相反（如图 6.1、图 6.2）。

上面提到的几个好朋友有没有以下情况：学习努力刻苦

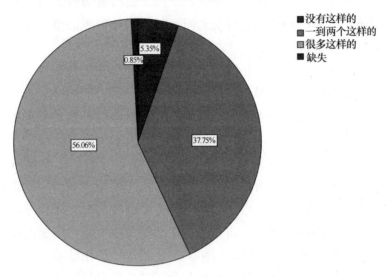

上面提到的几个好朋友有没有以下情况：违反校纪被批评处分

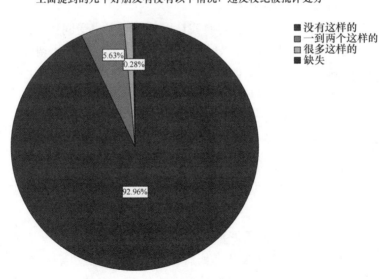

图 6.1　高抗逆力留守儿童同伴行为特点

上面提到的几个好朋友有没有以下情况：学习努力刻苦

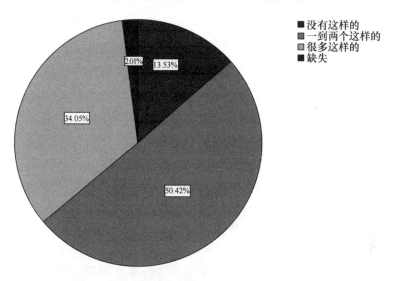

上面提到的几个好朋友有没有以下情况：违反校纪被批评处分

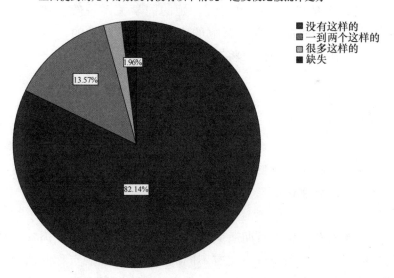

图6.2　抗逆力不够高留守儿童同伴行为特点

　　问题儿童关系网络往往促成留守儿童问题行为。留守儿童的校内校外同伴群体组成了他们的关系网络，在农村，常常有一些因各种原因而失学、辍学闲散在家的儿童，他们无事可做、无学可上、无人能管，成了"三无"人群，其中有些人就会出现小偷小摸、寻衅滋事等不良倾向，甚至个别发展出抢劫、强奸、诈骗、流氓斗殴等行为。这些已成为"问题少年"的儿童又反过来或多或少地对在校同龄人产生影响，使得这些学生或成绩和品行出现下滑，或在学习竞争中被淘汰，或加入"三无少年"的行列。进入青春期的初中生，他们已经具备较强行动能力，又期望与社会接触，校外同龄青年往往成为他们的模仿对象，如此循环往复，往往形成恶性发展。

另外，同伴关系与留守儿童问题行为显著相关。研究发现，儿童同伴拒绝与其后期的社会适应行为中的攻击、破坏行为，甚至青少年犯罪等密切相关，与内在心理问题如孤独、压抑、学校适应不良（成绩不佳、辍学）等有关[①]。同伴关系中的接纳程度预测了儿童行为模式，受欢迎的儿童或者被同伴的接纳程度高的儿童更可能出现亲社会行为，同伴接纳低的儿童则攻击性的、破坏性或者不适宜的行为表现更多[②]。从 ZY 的访谈中能感觉到，她的同学关系一般，她的认知世界也更多消极负面的内容，而她的应对方式是回避的，她不与人交流，在家、在学校都一样，将自己封闭在自我的世界中。

> ZY 在家在学校基本一样的孤独，"现在的同学都很功利，他们喜欢家里有钱的，或者学习好的，老师喜欢谁谁就受大家欢迎。……班里同学都不好好学习，蛮多（很多）人打架、喝酒、抽烟，老师知道，但他不管……有一次有个同学打架以后就自己跳河了，老师说他不得死（死不了），不用去找"。

是同伴关系影响了后期适应性行为，抑或还有其他原因？同伴关系的伴随观点和因果观点对此有不同的解释。伴随观点称儿童后期适应结果并非同伴之间互动决定，而是先前已有问题行为的延续，正是

---

① 胡书芝、吴新慧、李洪君：《社会结构异质性与流动儿童社会网络的建构——以同伴关系为核心》，《青年研究》2009 年第 3 期。

② 邹泓：《同伴关系的发展功能及影响因素》，《心理发展与教育》1998 年第 2 期。

因为儿童存在这些问题行为所以才遭到其他同伴的拒绝。因果观点有不同看法，认为同伴互动对儿童适应发展极其重要，儿童的一个同伴关系会影响之后的适应状况，也即同伴拒绝是一个独立的、影响后期消极适应结果的因素。两种模型的提出似乎各有道理，但是大家对因果模型给予了更多的兴趣，研究发现，除了早期攻击行为之外，同伴拒绝是青少年问题性适应结果的重要预测源①。这个发现支持因果模型的假设，但同伴关系究竟如何影响儿童行为适应结果，为何同伴拒绝对后期发展有独特的预测效力但却独立于问题行为、社会认知功能和情感缺陷？同伴接纳和友谊如何贡献与后期适应等问题仍需继续探索。

　　有研究提出，同伴关系对后期适应结果间的影响是以同伴关系知觉为中介。如被拒绝的儿童，在同伴关系中已经获得消极交互经验，是消极经验导致他们产生了不被人接纳的自我认知，而这种消极自我认知又进一步导致其他问题如学校适应或问题行为的产生。而友谊对后期适应结果的影响在学者的论述中被认为是一种保护性因素，因此拥有友谊并不意味着不会出现适应问题，但没有友谊却导致儿童适应问题更多。

　　自我觉知的社会能力和友谊质量对同伴接纳和儿童同伴社交行为中介作用显著②，同伴接受性也通过儿童的社会能力觉知影响儿童适应行为的选择。贝姆（Daryl Bem，1972）在其自我觉知理论中提出，人通过自我行为观察及所处情境推断自身行为动机及态度，进而决策下一步行为选择。如果没有明显外部动机，个体往往将自己行为归因于个性特征。所以如果自我认知是乐于助人的，他会自然地继续社会赞许行为。如果将自我亲社会行为归因于更强的社会能力，他会认同自己的能力，从而继续亲社会行为表现。反之，若儿童受同伴欢迎，

①　Ialongo, Nicholas, S., Vaden-Kieman, N. N. and Kellam, S., "Early Peer Rejection and Aggression: Longitudinal Relations with Adolescent Behavior", *Journal of Developmental and Physical Disabilities*, Vol. 10, No. 2, 1998.

②　蔡春凤、周宗奎：《童年中期同伴关系、同伴关系知觉与心理行为适应的关系》，《心理科学》2006年第5期。

但并不归因于自身社交能力，则可能进行其他外部归因，如得到同伴的物品等，那么其他情境中这种亲社会行为出现的可能性就会更低。儿童同伴接纳与孤独感密切相关，且自我觉知的社会能力对其中介效应占到总效应的 25.3%[①]。如果儿童受同伴欢迎是因为觉得自己的社会能力强，那么就会有很少的孤独体验。

总的来说，同伴关系对于留守儿童有其特殊的意义，个体独特的同伴群体形成了自身独有的社会文化环境，影响着留守儿童对自我认同的发展。同伴群体通过平等的关系支持赋予了留守儿童自我价值的肯定，这种价值肯定是指自我能力被他人证实，并影响自我的发展。在留守儿童同伴群体中，同伴赞许的适应性行为与老师或父母的奖励机制相同时，儿童获得更好的激励，形成积极的行为和态度，并投入更多精力于适应性活动中。但同伴认同行为不为社会赞许时，儿童就会减少对社会赞许行为的投入，其适应性成就也随之降低。因此同伴认同对个体具有重要的意义。

二　邻里社区：外群体中的安全感知需要满足

儿童对自身生活环境之邻里社区的质量影响是通过社会喜好而得以表现的。社会喜好与孤独感呈负相关，社会喜好是儿童对社会环境接纳程度的一项重要指标，得分越高表明儿童的社会接纳水平越高，儿童也就越能体验到较强的归属感，从而缓解内心的孤独，同时归属与爱的需要能够得到适当满足，因此是儿童抗逆力生成的重要指标。

安全感的研究来自对不安全感的关注。美国心理学家赫兹伯格在工作环境中的绩效研究中提出著名的双因素理论，认为影响工作绩效的因素可以分为两类：激励因素与保健因素。激励因素使员工由没有满意走向满意，而保健因素则将不满意改变为没有不满意，二者对于应对压力起到殊途同归的作用。在儿童应对危机情境中同样存在着两类因素的影响，有些因素能够提升儿童应对压力的效能，如自尊、自

---

① 孙晓军、周宗奎：《儿童同伴关系对孤独感的影响》，《心理发展与教育》2007 年第 1 期。

信对儿童抗逆起到激励因素作用。还有一些因素则能够改变儿童应对压力或逆境的环境，如邻里社区的社会关系网络，有助于儿童安全感的获得，是儿童抗逆过程中的重要保健因素。

对于留守儿童来说，他们生活的近端环境因为父母的外出务工而产生不同的结构模式，这种变化本身从理论上讲是不利于儿童发展的危险因素，但对于留守儿童来讲，其远端环境中如果能够产生良好的保护作用，那么对于父母外出产生的威胁便能够起到有效缓冲功能。

> 在 PH 的眼里，自己所住的村庄是平静的、和睦的，"村里人都很好啊，周围年龄差不多的（儿童）经常喊着一起耍（玩），大人也都很亲切，有时候回家家里没人，隔壁婶儿让我去她家，还问我吃饭了没。"
>
> WY 是住在大姨家的，周围人都不熟悉，村里人虽然"看上去和和气气，挺热闹的，但是背后老说人家（别人）坏话，我都听说过"。
>
> ZF 关注的又有不同，他认为"村里人都很热情，大家经常串门，关系都很好。平常大家喜欢在小卖部那里围一堆（聚在一起），说闲话，都是东家长西家短的事。……我也喜欢小卖部，因为那里热闹，可以去买东西，很方便"。
>
> ZYJ 也是住在姑姑家里的，他眼中的村庄永远都那样，没什么特别；JM 对村子的印象最为深刻的是"每个夏天都要摘花椒，太阳火辣辣的，把人都晒黑了"；HLL、ZK 觉得村里人都很好，身边都是熟悉的人，没什么特别的；16 岁的 LXF 告诉了我们村庄的处世道理，"你为人好，人家就愿意跟你交往"。
>
> GMR 眼中的社区环境就没那么好。"都是一片等着拆迁的平房，房子中间有条马路，路上到处都是垃圾，不远 200 米就有个公共厕所，天气稍热就很臭。……社区里垃圾污染很严重，管理也很乱，平时大家都忙自己的，很少交流，相互见面次数也不多，见面了也不会主动打招呼。……那里没我能认识

的朋友。"

PH 和 WY 对村庄的安全感知完全不同，ZYJ、JM 对村庄感受没有那么深刻，HLL、ZK、LXF 对村庄的热爱与 PH 类似，而 GMR 和 WY 一样，对村庄有很多负性感知，当然他们也无法从村庄社区中获得安全感的满足。

不安全感可分为认知性不安全和情感性不安全。根据情境认知理论，儿童对外部威胁的认知评估决定了外部风险的影响程度。评估受到情境因素及风险特点的共同影响，如环境氛围、风险强度、解决进展等，评估过程分为初级加工和次级加工两个阶段，初级加工过程是对风险威胁及其与自我的关联性进行评估，次级加工则对风险原因及自我应对能力进行评估。留守儿童在自身所处环境中，需要对周围环境风险威胁性进行评估，同时分析这种威胁与自身是否存在关联，如 GMR 的社区环境是糟糕的，但与自己几乎无关，只是些"不认识的陌生人"而已，而 LXF 的社区环境是低威胁的，也与自己的应对行为有关，"你为人好，人家才愿意跟你交往"。同时需要评估风险发生的原因以及自身的应对效能。自我效能较高的留守儿童往往在风险评估过程中更能得出有利于自身发展的评估结果，也更少产生回避性行为反应。

留守儿童生活环境中的威胁能够预测将来出现适应不良或心理问题（如图6.3）。如情绪安全感理论认为，外在风险会导致儿童对环境认知产生威胁性情绪，从而加剧他们适应不良的风险，情绪不安全感在外部威胁与儿童适应之间起中介作用。研究表明，儿童对外部环境缺乏情绪安全感能够预测未来出现的心理问题[1][2]。

情绪安全理论和认知情境理论对行为结果产生中介的解释不同，

---

① Davies, P. T., "Children's Insecure Representations of the Interparental Relationship and Their School Adjustment: The Mediating Role of Attention Difficulties", *Child Development*, Vol. 79, No. 5, 2008.

② Fosco, G. M. and Grych, J. H., "Emotional, cognitive, and family systems mediators of children's adjustment to interparental conflict", *Journal of Family Psychology*, Vol. 22, No. 6, 2008.

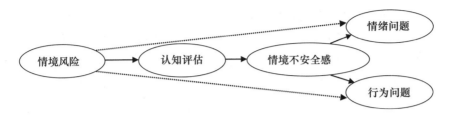

图6.3　外部环境对留守儿童的适应结果影响模式

认知情境理论认为导致适应行为的中介因素是个体的认知因素，而情绪安全理论则认为是情绪因素在外部风险与儿童适应之间产生中介作用。在认知情境理论中，情绪是认知评价导致的行为结果，情绪产生的关键是认知评价个体对事物的认知信念决定了行为和情绪反应，所以风险情境中的青少年如何对风险进行评估会影响他们的情绪安全水平。也就是说，认知评估风险威胁性越强，个体应对效能就更低，消极情绪更强，从而失调行为也更多，风险中的表现也更消极。

社区安全能够影响留守儿童情绪行为问题的出现，然而令人担忧的是，农村社区对留守儿童保护功能有限。究其原因，首先，农村基层组织功能缺失。很多农村基层组织权力和功能都不同程度产生了弱化，农户家庭相对独立，农村基层组织干部数量有限，有些经济贫困地区农村基层只有一名村干部在家值班，其他都外出打工，工作机构萎缩，功能弱化，对留守儿童问题无力顾及，认为管教孩子是农民自己的事情。其次，农村社区不良风气影响。按照农村传统习惯，留守儿童在校外监护主要由家庭成员、亲戚邻里共同承担，但随着社会不良风气对农村人思想意识的侵蚀，这种由乡情、亲情构建的监护体系正在弱化，受"读书无用论"等思想影响，无法为留守儿童提供防止社会不良影响的屏障。

为了更好地服务于留守儿童需要满足，2016年2月国务院下发了《国务院关于加强农村留守儿童关爱保护工作的意见》（以下简称《意见》），《意见》中指出，留守儿童跟其他儿童一样是祖国的希望和未来，因此需要全社会共同关心留守儿童群体，做好对留守儿童的关爱工作，保护他们的健康成长，这项工作的实施将关系到这些儿童自身的发展，也关系到他们的家庭幸福，甚至整个社会的和谐发展和全面建设小康社会的大局面。加强留守儿童的关爱及保护工作，维护农村留守儿童的合法权益，需要各级政府部门的重视，当然也是全社会尤其是家庭的重要责任。《意见》预期到2020年，有关未成年的法律保护和制度体系会更加健全，全社会的儿童保护意识将普遍增强，他们成长环境将更安全、更有保障，留守儿童数量也将会明显减少。《意见》中明确指出对留守儿童的关爱服务体系的完善问题，指出家庭在留守儿童保护中承担主体监护责任，各级政府包括村委会要将留守儿童关爱工作作为一项重要任务，加大学校教育部门对留守儿童的保护力度，同时发挥各级团组织的服务优势，推动全社会各种力量积极参与到留守儿童关爱工作中来。《意见》倡导建立健全留守儿童的保护救助机制，如强制报告制度，进一步完善应急处置机制，健全评估帮扶机制，强化监护干预机制。从源头上减少留守现象，如农民工家庭帮扶支持等，扶持农民工回乡就业。

总之，良好的社区环境能够提升留守儿童归属感，能促进留守儿童心理安全需要的满足，能够预测留守儿童情绪问题与行为问题更低的发生率。但目前农村社区对留守儿童保护功能有限，有农村基层组织功能缺失或弱化的原因，也受农村乡情弱化的影响。为了提升农村留守儿童的社区监管服务质量，国务院已下发文件，明确各级政府及社区的职责和服务机制，但留守儿童服务工作仍任重道远。

三 假设验证：外系统与抗逆力生成之作用逻辑

假设验证是为了对定性分析所得到的结论从定量研究中进行证明，以得到这些因素在留守儿童抗逆力生成中是如何产生作用的。在前面的定性分析中已经得出，留守儿童的学校教育环境是影响他们抗逆力发展的重要因素，其中留守儿童的师生关系和教师对他们的期望具有重要的影响效应，能促成他们对学校归属感的获得，并能提升他们学业效能的激发。而留守儿童的同伴网络往往为他们提供了自我认同需要的满足，同伴中的问题行为也增加了留守儿童社会失范行为的发生概率；邻里社区是留守儿童生活中的远端环境，良好的社区支持往往能够提供给留守儿童安全感的满足，有助于留守儿童的成功抗逆。

（一）研究假设

本研究中将留守儿童的外系统操作化为学校教育和同伴邻里两个外群体。为了验证上述定性分析得到的结论，本书提出对留守儿童外系统对抗逆力生成的研究假设3：学校环境及同伴邻里关系更好的留守儿童其抗逆力发展水平更高。抗逆力的生态论观点认为，外部环境中具有更多资源优势的儿童，其抗逆力发展更好，抗逆结果更积极。本书在CEPS调查数据中获得了关于留守儿童学校相关变量，如年级、优秀同伴、问题同伴、积极学校认知、学校问题行为及学习态度六个变量（年级变量与年龄具有非常高的内生性特点，所以在本部分只将年级作为对年龄影响效应的验证变量引入，重点分析其余5个变量的影响效应），并进一步对研究假设3提出如下5个分假设：

研究假设3a：留守儿童优秀同伴越多其抗逆结果更好；

研究假设3b：留守儿童问题同伴越多其抗逆结果更差；

研究假设3c：留守儿童对学校认知越积极，其抗逆适应结果更好；

研究假设3d：留守儿童在学校的问题行为越多，其抗逆适应结果更差；

研究假设3e：留守儿童学习态度越积极其抗逆适应结果越好。

（二）数据分析

根据上述研究假设，首先对问卷调查中的相关问题进行因子分析，并将变量说明如下表6.1。

表6.1　　　　　　　　留守儿童外系统变量条目说明

变量	条目	选项
年级	你的年级：	七年级或九年级
优秀同伴 （取值：3—9）	上面提到的几个好朋友有没有以下情况： 学习成绩优良 学习努力刻苦 想上大学	1. 没有这样的 2. 一到两个这样的 3. 都是这样的

续表

变量	条目	选项
问题同伴 （取值：7—21）	上面提到的几个好朋友有没有以下情况： 旷课、逃课、逃学 违反校纪被批评处分 打架 喝酒抽烟 经常上网吧、游戏厅 谈恋爱 退学了	1. 没有这样的 2. 一到两个这样的 3. 都是这样的
积极学校认知 （取值：6—24）	关于学校生活，你是否同意下列说法： 班主任老师经常表扬我 班里大多数同学对我很友好 我认为自己很容易与人相处 我所在的班级班风良好 我经常参加学校和班级组织的活动 我对这个学校的人感到很亲近	1. 完全不同意 2. 比较不同意 3. 比较同意 4. 完全同意
学校问题行为 （取值：3—12）	关于学校生活，你是否同意下列说法： 我经常迟到 我经常逃课 我的父母经常收到老师对我的批评	1. 完全不同意 2. 比较不同意 3. 比较同意 4. 完全同意
学习态度 （取值：3—12）	就算我不喜欢的功课，我也会尽力去做 就算功课需要花很多时间才能做完，我也会尽力去做 就算我有点身体不舒服，或者有其他理由可以留在家里，我仍然会尽量去上学	1. 完全不同意 2. 比较不同意 3. 比较同意 4. 完全同意

年级变量的获得是调查数据中直接提供的，CEPS 的基线调查数据包括两个年级学生信息：七年级和九年级，其余 5 个变量均是在因子分析基础上产生的。优秀同伴包含 3 个条目，得分求和之后形成取值范围 3—9 分的连续变量，得分越高表明优秀同伴越多，同伴中的社会赞许行为表现也越多。问题同伴源自同类调查条目，只是对留守

儿童同伴中的问题行为出现频率进行调查，共 7 个条目，也是三点计分，求和之后得到取值 7—21 分的连续变量，得分越高表明同伴中的问题行为越多。积极学校认知及学校问题行为源自一组对学校生活的调查条目，积极学校认知包括 6 个条目，在降维处理后对条目得分相加，得到取值 6—24 分的连续变量，得分越高表明学校行为表现越好，在学校的生活体验更为积极。学校问题行为则包括 3 个条目，答案为从完全不同意到完全同意 4 点计分，因此求和之后形成取值 3—12 的连续变量，因子得分越高表明学校问题行为越严重。最后有关学习态度的调查包括 3 个条目，答案为完全不同意到完全同意 4 点计分，结果求和之后形成取值 3—12 的连续变量。

留守儿童的这些学校因素与抗逆力究竟关系如何，本书首先对留守儿童适应结果与学校因素进行相关分析，结果如表 6.2。

表 6.2　　　　　　　　学校环境与抗逆力相关分析（r）

R	认知适应	学业适应	心理适应
年级	− 0.05 *	0.04	0.05 *
优秀同伴	0.14 **	0.21 **	− 0.12 **
问题同伴	− 0.09 **	− 0.17 **	0.12 **
积极学校认知	0.12 **	0.15 **	− 0.30 **
学校问题行为	− 0.10 **	− 0.19 **	0.12 **
学习态度	0.10 **	0.17 **	− 0.14 **

从表 6.2 中的数据可以得知，除了留守儿童的年级变量与学业适应相关不显著外，其余因子之间相关均为显著或非常显著。可见在本书的定性分析中获得的留守儿童学校因素对其抗逆力生成有影响的结论是比较可靠的。

以留守儿童适应结果良好为标志的抗逆力水平在学校不同影响因素变量上的差异如何，这是接下来想要了解的。因此根据留守儿童在学业、认知和心理三方面的回应结果是否良好，将留守儿童分为高抗逆力组和低抗逆力组，以抗逆力为割点进行独立样本 t 检验，结果如表 6.3。

表6.3 不同抗逆力下学校环境差异性检验

		优秀同伴	问题同伴	积极认知	问题行为	学习态度
抗逆力	高	7.65 ± 1.39	7.50 ± 1.28	18.29 ± 3.32	3.46 ± 1.17	10.46 ± 1.75
	低	6.86 ± 1.62	8.12 ± 2.09	16.47 ± 3.81	3.87 ± 1.54	9.88 ± 1.89
T		− 9.59	7.58	− 9.23	5.78	− 5.65
p		0.00	0.00	0.00	0.00	0.00

在不同抗逆力下，留守儿童学校环境因素的差异性分析中，留守儿童的学校优秀同伴、问题同伴、积极认知、问题行为、学习态度均存在显著差异，高抗逆力预测了同伴中的社会赞许行为更多、问题行为更少，在学校适应中更少问题行为，更多积极感受，学习态度也更为积极主动，尽管有困难需要克服也能够坚持应对，而低抗逆力组则反之。

这样的结果与前期文献中和本书定性分析的结果相同，因此有效验证了这些因素对留守儿童抗逆力生成的影响，与前面的研究假设3a—3e完全一致。那么进一步则需要好奇，这些因素在多大程度上影响了抗逆力的生成发展？为此将抗逆适应的三类结果作为因变量，将年级、同伴、学校认知、问题行为及学习态度作为自变量进行线性回归，并将对象分别定义为农村留守儿童和非留守儿童，以观察两组在回归中的差异。结果如表6.4。

表6.4 学校环境对抗逆力的影响回归 t（B 标）

	认知适应		学业适应		心理适应	
	留守	非留守	留守	非留守	留守	非留守
留守模式	− 1.25 （− 0.03）		1.13 （0.02）		1.53 （0.03）	
年龄	− 5.09 *** （− 0.16）	− 7.06 *** （− 0.15）	− 4.19 *** （− 0.13）	− 5.12 *** （− 0.10）	0.63 （0.02）	0.94 （0.02）
性别	3.94 *** （0.09）	3.41 ** （0.05）	− 9.50 *** （− 0.20）	− 14.72 *** （− 0.20）	− 4.58 *** （− 0.10）	− 7.75 *** （− 0.11）

续表

	认知适应		学业适应		心理适应	
	留守	非留守	留守	非留守	留守	非留守
家庭经济	2.89 ** (0.06)	5.50 *** (0.08)	−1.38 (−0.03)	−2.88 ** (−0.04)	−1.89 (−0.04)	−3.72 *** (−0.05)
母亲教育	3.28 ** (0.08)	2.91 ** (0.05)	−0.78 (−0.02)	−1.71 (−0.03)	−1.56 (−0.04)	−1.59 (−0.02)
父亲教育	0.41 (0.01)	4.89 *** (0.07)	0.51 (0.01)	2.64 ** (0.04)	−0.60 (−0.01)	−0.89 (−0.01)
年级	1.98 * (0.06)	4.93 *** (0.10)	3.90 *** (0.12)	4.44 *** (0.09)	0.98 (0.03)	2.74 ** (0.06)
优秀同伴	4.94 *** (0.11)	6.97 *** (0.10)	5.83 *** (0.13)	9.84 *** (0.14)	−0.80 (−0.02)	−2.63 ** (−0.04)
问题同伴	−1.34 (−0.03)	−4.00 *** (0.06)	−1.37 (−0.03)	−0.70 (−0.01)	5.41 *** (0.12)	6.27 *** (0.09)
积极学校认知	2.21 * (0.05)	4.81 *** (0.07)	3.18 *** (0.07)	5.81 *** (0.08)	−11.45 *** (−0.25)	−13.31 *** (−0.19)
学校问题行为	−2.37 * (−0.05)	−6.77 *** (−0.09)	−5.88 *** (−0.13)	−10.48 *** (−0.14)	2.67 ** (0.06)	7.63 *** (0.10)
学习态度	2.16 * (0.05)	3.93 *** (0.06)	2.22 * (0.05)	4.87 *** (0.07)	−1.53 (−0.04)	−3.21 ** (−0.05)
F	14.62 ***	51.11 ***	27.20 ***	83.16 ***	24.00 ***	59.19 ***
调整 R^2	0.07	0.10	0.13	0.15	0.12	0.11

同样，在外系统的考察中将留守儿童留守模式、年龄、性别、家庭经济状况、父母的受教育程度作为控制变量纳入回归分析。结果发现，留守模式的调节效应不显著；年龄对认知适应和学业适应的调节效应显著，对心理适应影响则均不显著；性别的调节效应显著，表现为男生更好地认知适应和心理适应结果，而女生学业适应得分更高；家庭经济状况对认知适应调节效应显著，但对学业适应和心理适应的调节效应只表现在非留守儿童群体中，留守儿童群体没有类似的效应产生；母亲教育对儿童认识适应影响显著，父亲教育的影响则仅表现

为非留守儿童的认知适应和学业适应中，其余影响不显著。

在外系统的影响效应分析中，年龄和年级往往存在内生性的特点，表现为年级增高和年龄升高的正相关关系。但将年龄变量纳入分析之后发现，年龄与年级效应相反，表现为控制年龄变量之后，年级越高认知适应和学业适应结果更好，也就是说，同一年龄水平下，升学更快的学生在认知和学业方面表现更好，但对心理适应结果影响不显著。因此表明将年级也作为控制变量进行分析是妥当的。

在留守儿童的认知适应结果模型中，优秀同伴、积极学校认知、学校问题行为、学习态度均进入回归方程，而问题同伴对方程影响效应不显著，问题同伴和学校问题行为具有显著负效应，方程可决系数为 0.07；留守儿童学业适应方程模型中，优秀同伴、学校积极认知、学校问题行为及学习态度均进入回归方程，方程可决系数为 0.13；留守儿童心理适应模型中，问题同伴、积极学校认知、学校问题行为进入回归方程，方程可决系数为 0.12。从方程贡献率的差异可以看出，同样的学校环境因素对留守儿童的认知发展影响力相对较低，而对于心理适应来说，心理适应得分越高表明适应结果越差，在留守儿童的回归模型中，问题同伴和问题行为都有显著的正向贡献，也就是说它们对留守儿童的消极影响效应是显著的，并且这些因素的方程贡献率相对更高。所以对于留守儿童的心理适应结果来说，学校环境中的消极因素是他们适应中的重要障碍，是抗逆力发展的重要风险。

接下来本书从影响因素角度来分析。具有更多社会赞许行为的同伴支持往往能够影响儿童更好的学业发展、认知发展和更少的心理问题行为，而具有更多问题行为的同伴交往往往导致儿童更多发展中的消极影响。这样的结论与我们在非留守儿童的分析结果完全类似。但是在留守儿童中这种影响却变得多元。留守儿童的优秀同伴对心理适应影响效应不显著，问题同伴与学业适应影响效应不显著，说明留守儿童同伴中的社会赞许行为并不能给予留守儿童更多的心理支持；而问题同伴行为对于他们逻辑思维能力的发展和学业成就的获得来说也是无益的。所以研究假设 3a 在留守儿童心理适应效应中是不存在的，而 3b 假设在留守儿童认知和学业影响效应中不存在。也说明留守儿童的优秀同伴和问题同伴对学业适应来讲，具有情境共通性的特点。

学校积极认知和学校问题行为的影响效应与本书定性分析的讨论完全一致，在学校的积极认知有助于留守儿童认知、学业、心理方面的适应结果，其影响效应在 6 个因素中也是最高的，并且这种贡献在留守儿童与非留守儿童之间差异较小。学校问题行为与留守儿童三方面的适应影响均有消极贡献，但是其影响效应在留守与非留守儿童之间差异较大，对留守儿童的影响效应相对较小。并且学校积极认知和学校问题行为在三类抗逆适应结果中均具有情境共通性的特点，完全验证了研究假设 3c 和 3d。学习态度与留守儿童的心理适应无关，但显著影响认知适应与学业适应结果，然而对非留守儿童的影响却都存在，这样的结果与留守儿童生存现状中自我复杂性低的特点有关，在他们的发展任务中，对学业发展更为关注，也几乎是唯一一个关注的话题。因此研究假设 3e 在学业与认知适应方面存在，但在心理适应方面这种假设 3e 不成立。

总之，学校环境因素诸如年级、同伴和学校认知、问题行为等对留守儿童抗逆力存在显著影响，并和非留守儿童影响方式基本一致，但是其影响效应要小于非留守儿童。学校环境因素对留守儿童抗逆适应的方程可决系数在 0.07—0.13。留守儿童的学校环境对抗逆力的影响相对非留守儿童来说是弱化的，因此是留守儿童外系统中的有限保护资源。

本章小结

如果说留守儿童的家庭和扩大家庭对留守儿童的成功应对风险逆境具有重要缓冲和代偿作用，那么，学校和村庄社区对留守儿童来讲，则具有重要的远端资源保护功能。留守儿童有更多的时间是在学校度过的，学校环境适应状况有助于留守儿童营造良好的心理环境，其中最为重要的就是师生关系和教师对留守儿童的期望。师生关系的质量影响着留守儿童的适应结果，师生关系的复杂性则影响着留守儿童对学校归属感的获得，在教育活动中，适度民主的教师风格能提高留守儿童对师生关系的认同；学校归属感是学生成功抗逆的内在动力，能够有效控制学生消极抗逆，不同阶段的留守儿童学校归属感的需求不同。教师期望是教师对学生行为结果的预测性认知，是一种暗示性结果，能够影响留守儿童的学业归因方式，其影响因素包括教师和留守儿童两个方面，教师期望有其积极与消极结果，良好的教师期望能够有效激发留守儿童的学业效能感。

家庭是儿童社会化的主要场所，当留守儿童的家庭失能时，留守儿童的同伴交往和互动便成为影响留守儿童社会化的一个重要因素。留守儿童的主要同伴是学校同学或校外同龄人，他们良好的同伴关系有助于留守儿童自我认同需要的满足。邻里社区则能够为留守儿童提供良好的环境保护功能，使其获得安全感的满足。虽说在现代农村对留守儿童保护功能有限，但国家留守儿童保护政策的出台无疑对留守儿童的社区保护具有重要的促进作用。

在最后的假设验证部分，本书通过 CEPS 中留守儿童相关学校环境因素与留守儿童抗逆力进行相关与回归分析，结果发现学校环境因素对留守儿童抗逆力的生成与发展具有显著影响效应，与我们定性分析的结果基本一致，但其影响力相对非留守儿童来说要更弱。

第七章　留守儿童抗逆力培育机制

虽然现代社会工作的基本理念已经逐渐脱离病理观点的服务取向，但是对个体与家庭问题的需求评估中，仍然习惯于将问题归因于个体或者对基于个体的风险因子的探寻。此外，当前社会工作强调人与环境之间的关系，重视对服务对象的充权，但充权并非即刻就能完成，而是需要时间和精力的持续性投入。社会工作的专业服务最终还是要关注和协助服务对象的即刻性需求，以有效满足其生活适应问题，进而增进人类生活幸福感，因此提供个人与家庭的直接的专业服务对于社会工作者来说则尤为重要。

本章结合留守儿童生态系统中影响抗逆力生成因素的进行抗逆力干预实务方案的设计，并从理论上探讨其切实可行性，为留守儿童的抗逆力实务干预工作提供具体可行的操作方案，以方便社会工作者对留守儿童的社会服务。本章以留守儿童自身自我效能的提高为工作核心进行抗逆力实务干预方案设计，同时从留守儿童的生态环境方面进行保护性因素的提升干预策略探讨，为社会工作者在不同层次的留守儿童抗逆力干预中提供切实可行的干预方案。

第一节　提升自我效能的抗逆力培育

个体抗逆力受环境互动影响而生成，故不仅是个体与环境双向交流的结果，也是一个动态变化的过程。个体抗逆力的培育不仅可以从个人入手，亦可从个人所处的家庭、学校、社区等生活动态系统中进行促成和发展。本章从留守儿童个体与生活环境系统两方面说明在实务社会工作中，社会工作者应如何培养留守儿童的抗逆力。总的来说，抗逆力的服务设计应遵循以下四项原则：其一，在指导思想上，不应该以病态观点评估服务对象有什么问题，或仅是以消极的消除"症状"为目的，而是要积极协助个体发展保护性机制，以提升抗逆力。其二，在内容设计上，社会服务中应提供鼓励、希望，建构亲密的依恋关系，丰富留守儿童自我认知，以强化留守儿童信心，提升其自我复杂性，促进积极认知，发展自我管理能力，培养留守儿童对抗逆境或挫折的心理素质。其三，在活动设计中，重点强调对留守儿童提供尊严与支持，接纳留守儿童本身成为正式体系的一员。其四，在制度建设中，社会工作应该是充权服务对象，因此要在制度设计上强化留守儿童的自身资源与保护因素。

一　自我效能与留守儿童抗逆力

自我效能是个体对自身完成任务行为能力的自信程度。在抗逆力的三因素理论中，自我效能被认为是抗逆力的核心要素。抗逆力的反应过程分为预测结果和反应行为两阶段，当个体预测到某特定行为即将导致特定结果时，行为就可能被选择或被激活。它标志着个体能否确信自己成功进行带来良好结果的行为反应，这种确定感就是自我效能感。当个体获得相应知识或技能后，自我效能感就是行为后果的决定因素。因此说，自我效能感的产生和抗逆力过程是相互交织的。

自我效能使抗逆力的产生成为可能。因为自我效能主要有以下几方面的影响。（1）影响个体对不同难度任务的选择，及对这些行为的坚持。高自我效能的个体乐于选择挑战性任务，即使遇到困难仍能坚持，而低自我效能者则相反。（2）影响人们面对逆境的态度。自我效能高的个体勇于面对逆境，在逆境中能够相信通过自我的坚持不懈的努力可以克服困难，而自我效能低的个体则在困难面前畏首畏尾，选择回避。所以自我效能高的个体抗逆力也更高。（3）影响新行为的习得和已经习得的行为表现。自我效能感高的个体更倾向于学习新的行为以应对挑战，而自我效能感低的个体则不能。（4）影响活动中唤起的情绪状态。自我效能感高的个体往往因为信心十足，情绪表现也更多为积极正向，而自我效能感低的个体则在压力困难面前表现为更多的恐惧和焦虑。（5）影响偏误行为的发生。班杜拉指出，青少年时期可能常常会经验到儿时并不常见的风险活动，如无照驾驶、酗酒、抽烟、过早的性行为，甚至违法犯罪行为等。对于自我控制力较低的个体，容易产生焦虑、自我否认的状态，同时增加抽烟等风险行为的发生频率。自我效能因子能够有效预测个体的低行为控制能力，如青少年中容易出现饮酒行为者。高自我效能感的个体则较能拒绝同伴的喝酒等行为邀请，拥有自我判断的能力并能监控自己的行为。高自我效能感的个体对于感到不舒服的身体接触，能够主动明确制止，并且能控制自己的性冲动，以及观察考量环境状况而做出合宜的行为。（6）如果想要改变个体的自我效能，除了刺激个体进行自我观察和自省之外，提供持续而具有深度的影响信息源也很重要。这种外部信息能够为个体提供自我监督和自我控制的外部支持，有助于个体自我效能感的提高。

在抗逆力干预中，以增进自我效能为核心的干预模式是其重要途径之一。抗逆力保护因素众多，在个体层面的保护因素包括了希望感、信心、问题解决能力等，这些都与个体的自我效能感紧密相关。自我效能感高的个体，其控制力、计划能力、自我调节能力与管理能力都会有较好的表现。保护因素之间也存在内在联系，如个体有能力应对生活中的问题时，其体验到的压力就会更少，希望感也便更高。因此在抗逆力的干预实务中，提升自我效能感是提升个体层面的保护因素进而达到抗逆力培育的重要基础。此外，有关积极自我认知、乐观归因偏向、自我复杂性、信任他人、自我情绪的表达与管理能力、主动寻求帮助的能力，以及中等以上的社交技能等，都是留守儿童生活中的保护因子，是个体在与安全依恋对象的互动过程中逐渐习得的。自我效能与抗逆力可以说是相互重叠又相互增进的，如能够增进个体的自我效能和抗逆力，则可以帮助个体克服逆境并最终达成目标。

自我效能产生于抗逆过程之中。社会学习理论提出自我效能的来源受制于如下五个方面：（1）个体的成败经验，一般来说，以往的成功经验能提高自我效能，而失败经验则会降低自我效能的期望。二者之间受归因方式调节，若个体将获得成功归因于不可控的外部因素就无助于自我效能感的提高，反之若将失败进行内部归因可能导致自我效能感降低。（2）替代性经验。也称作模仿，人们的许多效能期望源于对所观察对象的替代经验，即观察对象的某种行为获得了良好的结果，则能够激发对他的行为模仿。但是如果观察对象与个体存在较大差异这种模仿则不会发生，所以说模仿行为还依赖于观察对象与个体的相似程度。（3）情绪唤起。个体生理唤起的反应往往能够影响个体对自身压力及焦虑状况的认知，而高水平的压力或焦虑状况往往导致行为效率的降低，甚至阻碍个体有效行为的产生，因此消除自身的恐惧或焦虑对于提高自我效能至关重要。在风险场合或紧张状况下，容易产生情绪唤起，从而降低对成功的预期水平。（4）言语说服。价值在于能否切合实际，一旦缺乏事实基础，言语说服的影响效果甚微，现实中基于直接或间接经验的言语说服效果更好。言语说服方法包括暗示、告诫、劝告、建议及自我规劝，目的是使个体相信自己能够成功应对以往曾经手足无措的压力事件，进而增进个体对自我的积极认知水平。（5）情境条件。情境能够为人提供不同的信息，某些情境可能难以适应控制，如陌生并容易引发焦虑的情境，此时自我效能强度会降低。

总之，自我效能与抗逆力之间相互影响。在以抗逆力为导向的社会工作干预方案中，也将自我效能的提升作为其中的重要内容。如在对初次进入司法系统的非裔美国青少年的为期两年的抗逆力干预培训方案中，将抗逆力培育的重点放在领导力、教育、成就与发展四个方面，并且通过准实验设计，对保护因子、自我控制、自尊与抗逆力的改变情况进行比较，结果发现，实验组青少年在两年之内各方面的成长分数均高于控制组，特别是在抗逆力这一项中呈现出显著的差异[1]。巴勒斯坦的以抗逆力为导向的认知—社交技巧干预方案中，将方案目标设定为增进儿童抗逆力取向的认知和社交行为，帮助他们面对生活

----

① Shelton, D., "Translating theory into practice: results of a 2-year trial for the LEAD programme", *Journal of Psychiatric and Mental Health Nursing*, Vol. 15, No. 4, 2008.

中的恶劣情境，因为这些地区的儿童处理问题能力不错，但缺乏希望和目标。方案内容包括教儿童如何在同辈群体中进行有效沟通，以及如何增加人际之间的信任力；教育儿童在遭遇生活中发生的破坏性事件时，不是自怨自艾，而是有效去处理对于这些事件的感受；要让儿童不断去做一些帮助他人的亲社会行为，并且对他人有更多的社会关怀并承担社会责任；增加儿童自己达成目标的能力和希望的信念①。

二　留守儿童自我效能提升策略

（一）自我效能提升途径

观察学习是人们行为习得的一个重要途径，人的大多数行为都是通过观察学习而获得的，观察学习有利于迅速获得大量行为方式，但获得的行为及其表现如何则有赖于学习榜样自身的影响力。如父母在孩子面前抱怨照顾自己父母的辛苦和不满，是给子女的不孝行为埋下伏笔。榜样自身的魅力、是否有奖赏、被模仿行为特征、行为结果及观察者与榜样的关系等，都将影响观察学习的结果。班杜拉指出创造性的行为模仿受榜样对象复杂性的影响，个体接触的榜样数量越多，越有利于创造性模仿，榜样行为越是多样化，观察学习越可能出现创造性行为反应。因此要进行创造性的观察学习，需要提供多样化行为示范或榜样。观察学习中，榜样的作用举足轻重，榜样示范不仅影响个体行为反应结果，在不同的示范影响下，观察学习也可提供充足的模仿内容。如判断标准、概念结构、言语、行为标准、认知策略、信息处理策略、道德判断、新的行为方式等。在行为养成中，示范与观摩可以为学习者提供榜样模范。个体在观察学习过程中，榜样本身的特质与行为必须呈现出一致性，否则会影响学习者的模仿学习。学习者通过注意信息，并将这些信息重新编码整理并进行练习，进而产生行动。学习者会根据行动的有效性，给予信息反馈并对行为进行修正。能否成为范例中的一部分，又视行为后果的增强或动机诱因而影

① Khamis, V. and Macy, R. , "The Impact of the Classroom/Community/Camp-Based Intervention（CBI©）Program on Palestinian Children", 2004.

响，因此是一个循环往复的行为模式。此外，人的行为受外界行为结果的影响，也受自我引导行为的影响，即自我调节过程。自我调节通过自我评价、设立目标，引发动机进而调节行为。

（二）培育自我效能的内容设计

提高自我意识。班杜拉①将个体的期待分为"结果期待"和"效能期待"两种，结果期待是指人对自己的某一行为所致结果的可能性预测（强化作用）。若个体预期到某一行为必定导致某一结果，那么此行为就可能被选择或激活，如留守儿童若觉得自己认真听讲就能获得好成绩，认真听课的行为就会被激活和选择。效能期待指个体对自己某一行为实施能力的预测和判断，也就是个体能够确信自己能够成功实施某一行为以带来预期结果，当个体确信自己拥有这种行为能力，就会产生高自我效能感，并去实施这一行为。如留守儿童知道认真听讲能带来期望的成绩，且自己有能力做到听懂所讲内容，才会选择认真听讲。能够影响自我效能的部分是个体对自己能力的推测和判断，而与结果无关。因此在自我效能的提升中需要明确留守儿童的自我意识，让他们对于自己的能力推断有相对积极乐观的判断，这样在面对困境时，才可能采取积极应对行为。自我意识提升部分内容就需要结合留守儿童自我意识的推测进行积极暗示与培育，以帮助留守儿童达成自我效能的提升。

培养自信。所谓自信指个体对自己能够应付各种状况能力的自信程度，自信能够影响人的行为表现，有自信的人更愿意面临困境，更能应付困难并在困境中能够更为持久。如果个体具有更高的能力预期，困境中往往会坚持不懈、勇往直前，能够付出努力应对困难。反之若个体对自己能力缺少自信，则可能在遇到困难时产生焦虑、逃避或不安。因此若需培养个体困境中的应对能力而非逃避行为，就需从建立自信开始。自信与自我意识是紧密相关的，对自我意识具有明确认识的留守儿童如果拥有更高的自信水平，往往促使他们在困境中的积极应对行为选择。

---

① Bandura, A., *Self-efficacy mechanism in personal agency*, In R. Schwarzer (Eds.), self-efficacy: thought control of action, (p. 18), Washington, D. C.: Hemisphere, 1992.

提升自控力。关于自控力的概念国内外学者给出了一些相应的界定，如柯伯（Kopp）认为自我控制是个体对自身行为的自主调节以符合个人价值与社会期望的能力，包括制订和完成计划、抑制冲动、延迟满足、抵制诱惑、采取与社会情境适应的行为方式等①。也有人将自我控制界定为人们控制和改变自身思想、情绪与行为的过程。而国内学者朱智贤认为自控力是人类特有的，以自我意识的发展为基础，以自己为对象的高级活动，是运用符号、词汇、语言等工具，通过自我意识达到对自身行为与意识的主动掌控②。虽说学者们的概念并不统一，但其核心都关注到个体能动性的体现，是通过自我内化的意识自主控制行为、情绪的过程。家庭监护的目的是在儿童尚未形成成熟稳定的自我控制能力之前，由家庭中的成人帮助儿童发展出相应的自我管理能力的过程。留守儿童家庭监护的缺失就使得他们需要更早地形成相应的自控力，这样能够在家庭监护缺失或失能的情形下，满足自我顺利发展的需要。留守儿童因为家庭监护的缺失，往往容易出现拖延、注意力难以集中、不会控制自身情绪等问题，这表明他们在这些方面缺乏相应的自我控制力，进而影响他们责任的完成效率，影响自我效能的发展。因此，通过改变留守儿童的拖延等行为，教会留守儿童自我情绪的控制与管理，帮助他们改变自身偏差行为和不良生活习惯，从而形成良好的生活方式，发展自控力，提升自我效能。

（三）培育自我效能的服务阶段

第一阶段，与服务对象共同讨论期望并提供成功经验的获得机会。成功经验能够提升留守儿童自我效能感，使留守儿童相信自己拥有获得成功的能力，树立成功的信心，并能正确看待自身具有的能力。在抗逆力培育过程中，社工需要注重培育留守儿童健康的心理品质，激发留守儿童兴趣，培养特长爱好，给儿童创造获得成功的机会，让儿童能够真切体验成功带来的喜悦和自信的提升，让儿童能够相信自己具有获得成功的能力。在此阶段，可以和留守儿童讨论各自

---

① Kopp, C. B., "Antecedents of self-regulation: A developmental perspective", *Developmental Psychology*, Vol. 18, No. 2, 1982.

② 朱智贤：《心理学大辞典》，北京师范大学出版社 1989 年版。

成功经验和对自己的影响，与留守儿童讨论生活中的榜样，并要求观察榜样的行为表现，提示留守儿童对榜样行为结果进行预测，也就是说怎样的行为能够带来预期结果，然后激发儿童进行行为模仿。让留守儿童确信积极、正确的观察模仿会给他们带来好处，这样才能增强儿童观察学习的动机，激活模仿行为选择。另外，在模仿学习中合理选择奖惩方式。个体自我奖惩行为是在成长过程中逐步建立的，儿童可通过对周围榜样人物的行为示范决定哪些行为获得奖励或惩罚，使儿童将这些信息内化为个体的判断标准，在自我观察学习中实施。或通过模范作用，学习如何参考道德要求，形成个体的评估依据。现代大众传播媒体提供了广泛的社会学习信息，带给留守儿童在学习上的极大方便，可以借助大众传媒的社会学习途径进行间接学习。在留守儿童自我效能的培育中，众多途径的间接学习往往因为缺乏引导而收效有限，因此在留守儿童社会工作服务中，注重对社会工作者本身的榜样学习力量的使用。留守儿童看到社会工作者榜样，他们会以不同的方式组合社会工作者的特质，从社会工作者那里学习不同的行为。父母、社会工作者和大众媒体传播内容要具备道德与行为的榜样或模范，在儿童确立自我奖惩标准的过程中成为他们发展方向的指引。

观察学习对于留守儿童习惯养成、个性形成、道德塑造和行为模仿均具有高度影响力。留守儿童的社会生活中会面对榜样影响的多元化，会使他们很少根据其中某个榜样模式塑造自己行为风格，而是根据自我对多元榜样特征的综合分析，有创造性地塑造自己的行为模式，因此这种组合的对象是与任何一个榜样对象都不同的新的混合体。这种榜样和示范行为将激发留守儿童的行为创造。

第二阶段，对留守儿童的积极鼓励和肯定评价。对于留守儿童表现良好的地方，要及时给予肯定的评价，以促进留守儿童更多的观察学习行为产生，及时激励以使其成为其他留守儿童观察学习的榜样。观察学习中要慎重使用惩罚措施，对于行为表现较差的儿童来讲，如果直接实施惩罚可能引起儿童回避性应对模式的激活，反而若能从其表现中注意到进步之处并给予鼓励，而不是责备，更有助于增强儿童自我效能。

第三阶段，留守儿童能力的全面发展阶段。获得能力是自信建立的基础，儿童在各方面能力得到发展的基础上，才能获得对自身逆境应对的积极预测，进而提高他们自我效能感。因此在留守儿童抗逆力培育服务中，社会工作者需要根据每个儿童自身特点，精心设计能力培育方案，让儿童在团体活动中能够真正体验到自身能力的提升，品尝到成功的乐趣，从而提高儿童自信，增强留守儿童自我效能，这也是为弱势群体增权的一种做法。

第四阶段，自律行为的养成。自律是根据自己的价值标准来判断自己的行为，从而约束自己去做自己认为应该做的事情，或避免自己做不应该做的事情。自律行为养成的心理历程包括自我观察、自我评价和自我强化三个部分。自我观察是个体对自己所作所为的观察，自我观察可以在某种行为表现的当下，也可以在行为表现之后，前者称为自觉，后者称作自省。有自我观察才有自省的可能，也才能自我监控。自我评估是个体对自身行为表现按照自我标准进行判断的过程，自我强化则是在自我评估之后，在心理上对自己所做的奖励或惩罚。

三　提升自我效能的留守儿童抗逆力培养方案设计

提升自我效能的留守儿童抗逆力培养方案是以任务中心取向的社会工作，针对农村中小学校的留守儿童或社区服务机构的留守儿童，协助提升他们的自我效能和成就期望。通过设计具体可行的各项相关任务活动，以说明任务、目标和活动之间的关系。社会工作者可以根据自己的培养目标自行评估每项方案中活动的目标达成情况，并选择适合服务对象的活动方式。当然，留守儿童的团体工作中，成员的进出和流动本身也会影响团体动力，团体本身及团体领导者可以通过计划性的安排，成为留守儿童的环境保护因子，因此善于使用团体动力对于促成留守儿童的改变也至为关键。

方案目标：提升留守儿童自我效能

服务对象：13—16 岁中学生留守儿童

分解目标：澄清自我意识，学会应对冲突、提升自控力

（一）自我意识部分

团体介绍：自我意识包括个体对自己的认知和态度、对自己与外

部环境之间关系的认知与态度，是一个综合统一的整体内在结构。自我意识的发展在个性形成中有极其重要的地位，人的兴趣、能力、情感、性格、道德和意志行为无不受到自我意识的制约和影响。中学生正处于青春期初期，是个体从幼稚走向成熟的过渡时期，也是自我意识迅速发展以走向成熟的时期。中学生的自我意识存在双重性特点：独立性与幼稚性共生，自尊与自卑同在，封闭与开放共存。培养中学生的自我意识是实现学生自我管理、自我调节并进而达到自我效能提高的必由之路。

活动一：自画像

目的：通过自画像，使留守儿童进一步认识自己，展示自己内在自我，并引导留守儿童从多角度对自我进行定义，促进自我复杂性的提高。

活动时间：30分钟

活动过程：

（1）团体领导者发给每位留守儿童A4纸一张，彩笔一盒放在教室中央，由儿童自由选择笔的颜色。

（2）在8—10分钟内，要求每位儿童在纸上画自画像，提示儿童画的目的是了解自己，不是进行艺术欣赏，打消儿童对自己画画技术差的顾忌。

（3）小组交流自己的自画像，以开放的态度倾听他人画画中的心理过程。

（4）团体领导者对典型案例进行全班分享。

注意：团体领导者可以暗示大家自画像可以是人物形象，也可以是抽象的比喻，可以画成任何自己想画的样子；提醒大家自画像活动不是艺术比赛，只关注大家画的内容、形式以形象反映对自我的认识；团体领导者在典型案例的解读中，需要从自画像的大小、位置、色彩、内容等方面进行，同时与儿童进行及时沟通，了解儿童在绘画时的真正想法，及与儿童交流过程中儿童的神情表现；如果儿童对于自己的自画像不想在团体面前展示，不可勉强，重新选择另外的案例，让儿童在进入团体之后有逐步融入的过程。

活动二：珍珠项链

目的：了解自己的人格特征，从多角度对自己定义，提升自我复杂性。

活动时间：40 分钟

活动过程：

（1）发给每位儿童四张人格特质形容词检核表，一张"一串珍珠"图。

（2）请每位儿童根据形容词检核表，在"一串珍珠"图上的每一颗珍珠上写下自己的五项好的人格特质形容词和五项尚需改进的人格特质形容词。

（3）请儿童自由邀请三位伙伴，分别写下他们眼中的自己的好的人格特质和尚需改进的特质，同样写在"一串珍珠"图上。

（4）请儿童比较自己写的和别人为自己写的内容有什么不同，并思考为什么会有这些不同。

（5）团体领导者说明每项人格特质能够给自己带来的好处和不足，使成员知道每个特质都有利有弊，从而接纳自己的特点，而不是拒绝缺点。

（6）成员重新认识自己的人格特质，并分析自己应如何使用这些人格特质。

（7）团体领导者总结。

表 7.1　　　　　　　　　　形容词检核表

我是……

□有恒心的	□顺从的	□冲动的
□有谋略的	□爱争辩的	□冷漠的
□害羞的	□有主见的	□理性的
□缺乏想象的	□文静的	□富有想象的
□有条理的	□被动的	□善解人意的
□直觉的	□追根究底的	□活跃的
□有责任感的	□乐观的	□顺从的

续表

我是……		
□好交际的	□友善的	□擅长言辞的
□好奇的	□助人的	□慌乱的
□固执的	□独立的	□刚毅的
□理想主义的	□富有创意的	□合作的
□爱冒险的	□实际的	□保守的
□情绪化的	□防御的	□有自信的
□爱动脑的	□天真的	□聪颖的
□慷慨的	□浮躁的	□坦率的
□有说服力的	□柔婉的	□有同情心的
□周到的	□含蓄的	□不重实际的
□机智的	□喜欢表现的	□有效率的
□精确的	□拘谨的	□沉着的
□节俭的	□有野心的	□悲观的
□依赖的	□真诚的	□细心的

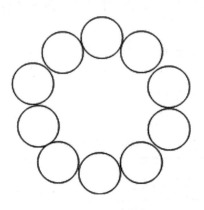

图 7.1　一串珍珠

注意：在此活动中最容易出现的是儿童对自己的某些方面的人格特质不能接纳，认为是不好的，如固执的。人格特质是表现一个人固有特征而使得个体体现自身独特性的部分，因此没有什么好坏之分，每个特质都能给自己带来一些好处或不足，所以需要正确看待人格特质，而不是拒绝某些特质。因此团体领导者需要将这些特质能够给个体带来的好处和不足进行分析，以促进儿童对自身的更明确的认识。

活动三："我是一个……人"和"假如我是一个……人"

目标：进一步自我反省、自我分析，探索自己的态度、价值观和行为方式；通过行为替代来影响个体自我评价，尝试新的行为并获得新体验；通过成员互助，进一步强化儿童心理支持系统，增强小组凝聚力。

时间：40 分钟

活动过程：

（1）让学生在纸上写"我是一个……人"，写好的纸条传给下一个人。

（2）在传来的纸条上写"假如我是一个……人"，体验对方所思所想，并提供新的思维方式。

（3）每人的条传递一圈之后，传回自己手中结束，阅读纸上别人写的内容，并写上自己的体会。

例如，第一位成员写道"我是一个缺乏自信的人，由于家庭不幸，使我对自己的学习、生活毫无信心，每次回家只有我和母亲两个人，想到别人一家三口的热闹就感觉心酸，总觉得别人什么都比我强，在别人面前也不知道该怎么说话"。第二位成员写道"假如我是一个缺乏自信的人，我会从现在开始培养自信，不必非得拿自身不足与别人优点相比，同时看到自己的闪光点，学会让自己成功，并以此为动力，提高自信"。

这种角色互换活动可以使每位成员增进对他人的理解，又能充分得到他人的理解，在相互理解基础上，互相提供支持，探索正确的态度、价值观和行为方式，提供解决问题的方法，帮助儿童重塑积极的生活信念。

活动四：优势大转盘

目的：帮助成员充分认识和了解自己的优势，让每位儿童能够接纳自己，培养自尊与自信，学习用自己的优势与美德积极生活。

材料：优势大转盘，优势卡片，A4 纸和一支笔活动过程：

（1）团体领导者讲故事：《一无所有》

一位老人在湖边垂钓，旁边坐着一个愁眉不展的男青年。

老人问："为何总是这样垂头丧气？"

"唉，我是一个穷光蛋，一无所有，哪里开心得起来？"青年人非常郁闷地回答。

"那这样吧，我出 20 万买走你的自信心。"老人想了想说道。

"没有那点自信心我就什么也做不了了，不卖。"青年人头摇得像拨浪鼓。

"那我再出 20 万买你的智慧，你可愿意？"老人继续出价。

"一个空空的头脑什么也做不了。"男青年想都没想就一口拒绝。

"我再出 30 万买走你的外貌。"老人望着青年人的面容说。

"没有容貌活着还有什么意思，不卖！"青年人答道。

"这样吧，我最后再出 30 万买你的勇气，如何？"老人笑嘻嘻地询问道。

"我可不想成为一个一蹶不振的人。"青年人愤愤地欲转身离去。

老人忙挽留，缓缓说道："你看，我用 20 万买你的自信，20 万买你的智慧，30 万买你的外貌，30 万买你的勇气，这些总共 100 万，你都没有同意卖，你拥有着 100 万，还觉得自己是穷光蛋吗？"

年轻人恍然大悟，他明白了，自己并不是一无所有，只是没有看到自己的优势，成天就知道埋怨命运，以至于懈于奋斗，错失了很多成功的好机会。

总结：其实每个平淡无奇的生命中，都蕴藏着一座丰富的金矿，只要你肯挖掘，你就会挖出令自己都惊讶不已的宝藏来。那么，你的宝藏是什么呢？

（2）优势大转盘，介绍优势大转盘的内容，并请同学根据自己的实际情况，填写"我的优势卡片"。

（3）小组交流，写出自己的优势简单吗？为什么？并向别人介绍自己的优势。

（4）优势大轰炸，小组轮流指出成员身上的优势，"我们认为你还有……"要求表达准确，具体，禁用套话。

（二）应对冲突部分

团体介绍：通过创造安全的环境，让学生了解他们对冲突情境的反应和这些反应来源，学会用新的或替代性的方法应对冲突，在控制环境中练习新技巧，并在日常生活中练习，以提高留守儿童自我效能。

活动一：形成团体，冲突记录

目的：成员相互熟悉，贯彻团体基本规则，介绍团体目标和愤怒暗示概念。

时间：20 分钟

活动过程：

（1）破冰，使用"大风吹、小风吹"等游戏破冰，营造合作互助氛围，帮助成员舒缓紧张情绪，积极投入活动。

（2）运气球，两人一组，将充好的气球从起点运到终点，要求期间不得挤爆或掉落，且手臂、手不能碰到气球。若出现违规行为，小组需要重新从起点开始。接下来 4 人一组继续运气球，要求相同。

（3）规则讨论。领导者引导成员从运气球活动中引出团体规则，并进行相应提示，如成员间只能使用积极鼓励和建议，不能贬低或指责等。

（4）团体领导者介绍团体目标。

（5）冲突记录。领导者让成员在冲突日志中记录日常冲突记录，如每次遇到的冲突情境中，是什么言辞或行为引发了冲突，同时伴随产生的身体的愤怒线索（如面红耳赤等），他们是怎样对冲突做出反应的，并描述冲突的结果。

（6）总结，结束活动。

活动二：个体的愤怒地图

目的：引导成员认清他们的冲突反应及反应来源。

时间：40 分钟

活动过程：

（1）回顾规则，邀请部分成员分享自己的冲突日志，其他成员给予积极反馈。

（2）发现你的风格心理测试，并进行讨论，包括每个人的愤怒类型及行为表现方式。

"发现你的风格"问卷

想想你处于下列环境之中，选出你最可能做出的反应。

你同宿舍舍友在与一些同学踢足球，一个男孩问你是否愿意一起玩，你舍友对他们说你玩得不好，你会：

a. 向舍友大喊，吓得舍友差点摔倒。

b. 回到宿舍，走路时看到路边有个展板，然后踢向那个展板。

c. 回到宿舍，找其他事情做。

d. 将舍友拉到旁边一会儿，告诉他他的话伤害了你。

在一场你参演的话剧演出当中，你忘记了几句台词，只得靠旁边同学的提醒。演出结束后，有些人就此取笑你，其中有一个是你的好朋友，你会：

a. 推倒你的朋友，并朝他大喊大叫。

b. 取笑另一个忘词比你多的演员。

c. 把他们撇在那里，并决定离开话剧社。

d. 等到与你的朋友独自相处的时候，告诉他你是多么的尴尬，他的话深深地伤害了你。

当你挑选衣服的时候，朋友就在身边，并且看到了你为找到了"完美的裙子"而欣喜若狂，但是在舞会上她穿了与你完全相同的裙子，你会：

a. 朝朋友大嚷大叫，并在她的裙子上泼果汁。

b. 瞪着你的约会对象，在他称赞你漂亮时踩他一脚。

c. 试着掩饰你的不安，努力忘掉你们打扮得像双胞胎。

d. 让你的约会对象取果汁，告诉你的朋友你很尴尬，并问她为什么买同样的裙子。

一家新的比萨店开张，你邀请朋友去品尝，他说他要写作业。你决定带其他同学一起去，但是当你到比萨店的时候，看到朋友与其他同学在那里，你会：

a. 走到朋友面前，叫他"骗子"，然后告诉他你们的友谊完了。

b. 用力将和你一起去的同学的盘子放在桌子上，打翻了他的饮料。

c. 决定不对你的朋友说什么，去点你的比萨，像没事一样。

d. 晚上给你的朋友打电话，问发生了什么。

数一下你选择每个字母的次数并写在下面：

a. 表现出你的愤怒

b. 将愤怒转移到其他上面

c. 把愤怒藏在心里

d. 试图解决冲突

（3）愤怒地图，每个成员绘制一张愤怒地图，在图中"自己的圈子"周围用圆圈画出对自己的生活有影响的人（包括父母或其他重要他人、兄弟姐妹、朋友等）。

（4）成员描述每个圈内人物愤怒时的行为反应或表现，小组分享。

（5）请成员描述自己观察到自己的愤怒行为与地图中其他人之间的相似之处。

（6）请成员反思自己的冲突类型及其来源和影响，并在日记中记录接下来几周中每次愤怒时自己所用到的冲突风格。

注意：本阶段的活动中，团体成员的安全感是尤为重要的，因此必须重温团体规则，团体领导者可以看到有时在这个阶段中有些学生还没有准备好对自己的信息进行披露，或者不想讲自己的个人经历，为了团体顺利进行，领导者需要参与到所有活动中，并在需要时推动团体的前进。

在绘制愤怒地图之前，领导者可以向团体成员解释，很多时候我们会从生活中其他人身上学到一些愤怒反应，一旦一个人开始注意到别人对他产生的影响，他就有责任选择在自己生活中继续哪些行为，从而对自己的行为负责任。这一点的强调非常重要，成员往往很享受自主权利激发的感觉，但是他们仍可能不愿意为自己的行为负责任，领导者不必指责或强求，但需要不断在讨论中强调自己才是行为选择的主体，这样成员对他人责怪的行为模式就可能慢慢得到改变。

活动三：冲突循环及压力情境的处理

目的：认识冲突循环，识别可能出现的冲突反应及其引发的后果，引导学生学习压力情境的处理。

时间：40 分钟

活动过程：

（1）体察成员的情绪水平，分享成员冲突日志及自己的观察发现。

（2）冲突风格分析，回顾上次活动中得到的冲突风格，回忆每种冲突风格的特点，鼓励成员使用自己的例子来说明。

（3）列出对每种冲突风格及其相关行为的赞同及反对意见。

（4）愤怒意识循环图，引导成员构建一个愤怒意识循环图，回想一个曾经遇到的愤怒情境，在这个愤怒意识循环图中，成员找到自己的特定情境对应的阶段，并列出各个阶段下的愤怒情境的具体特征。如早期预警信号中可能会有脸变红、面部僵硬、眉头紧蹙。接下来请成员分享自己当时的情境，并把自己的反应写在纸上，注意对成员反应不做任何评价。

（5）头脑风暴，让成员列出所有能够想到的愤怒反应并写下来，然后让成员考虑每种反应的积极或消极后果，写在每个反应的后面。

（6）呼吸放松，引导成员进入愤怒情境，并体察此时此刻的感觉，然后呼吸放松，缓解愤怒情境想象中带来的情绪反应。

（7）形成工具，请成员将呼吸技术记录在冲突日志中，并要求在日常生活的类似情境中使用这种放松技术。

活动四：尝试其他风格

目的：继续觉察自己的冲突风格，识别冲突引发后果，并进行新技术的学习掌握。

时间：40 分钟

活动过程：

（1）情绪体察，引导成员体察当下的情绪，分享成员冲突日志及自己的观察发现。

（2）觉察自己的解释风格，根据自己的冲突风格，引导成员口头或笔记回答问题：问题出在哪里？对情境可能的解释是什么（至少说出 3 个）？反应还有什么替代方案（尽可能多）？每种替代反应的结果如何？

（3）讨论分享，引导成员认识到，对于每种情境而言，都有很多种解释。

（4）积极倾听，向成员介绍积极倾听技术，并要求用该技术在某种情境中收集必要的事实。积极倾听技术包括：进行语言或非语言交流时要积极关注；阐释清楚问题以达到相对清晰的画面；表现出自己的兴趣；向说话者重新描述对方的陈述，并检验对方的感觉。

（5）倾听技术练习。两人一组，给出一个主题，成员开始讲述与反馈，反思积极倾听的哪些方面是自己喜欢的，哪些是最难的，并分享从对方身上的学习。

（6）角色扮演，成员自愿在规定的情境中饰演相应的角色，一名成员展现一触即发的冲突情境。团体鉴别处于冲突中的成员可能有什么样的感受，引发该冲突的原因可能是什么，同时请参演成员谈谈自己的感受。

（7）角色扮演练习，提供多种情境，分小组角色扮演，让成员都有机会参与扮演体验。

（8）将倾听技术与角色扮演加入自己的工具箱，并在日常生活中使用。

注意：这个阶段重要的是在安全的团体情境中，让成员练习新习得的行为技巧，并将这些技巧应用于日常生活。由于成员都有自己以前固有的技巧，所以适应新技巧中需要更多的时间练习，如果可能，可以将此部分分为两次活动进行，让成员有更多体验机会。

（三）自我控制力训练部分

团体介绍：自我控制训练是指通过团体辅导活动提高成员的自我控制能力，这种训练适用于个性不稳定、行为冲动、缺乏自我控制能力，经常表现出有外向性偏差行为的儿童。一般而言，儿童心理行为失控是因为学生尚未获得稳定、适当的行为或者获得了不当的行为。

团体目标：帮助成员自我了解与自我接纳；帮助成员学习在团体中自我表露与自我控制；学会拒绝和安排自己学习、生活的有效技巧。

活动一：你画我心

目标：增进团体凝聚力，培养合作态度；帮助成员心平气和地处理与自己不同的意见。

时间：40 分钟

活动过程：

（1）团体领导者介绍本次活动性质并说明规则。①这是一种画图接力分组比赛的活动。美丑不重要，重要的是一组要完成一张属于自己组的图画；②会给每个成员一个题目，每个人的题目组合起来便是自己小组的画。所以一定要把你抽到的题目画出来；③活动进行时，只能眉目传情，不能开口说话，也不能代画或把自己的题目告知他人。

（2）将成员分成三组或四组。

（3）将题目写在纸条上，折好分给成员，不同组的题目不同，同一组成员均相同（成员不知道）。

（4）各组开始作画。各组成员轮流画，谁先开始都可以。

（5）自圆其说：各组成员对该组所完成的图画进行解说。

（6）讨论：①在活动过程中当别人所画的东西妨碍到自己时，我的感受如何？②我如何处理别人对我的妨碍，是重叠、不管它、继续画自己想画的，还是借助他人的画表达我自己的意思？

（7）颁奖：每组各得一种奖项，如最佳画家奖、最佳抽象奖、最佳眉目传情奖、最佳乱七八糟奖。

（8）分享此次团体的心得与感想。

活动二：挡不住的吸引力

目标：练习拒绝别人不当的请求；体会拒绝别人与被人拒绝的感受。

活动过程：

（1）准备材料。

表7.3　　　　　　　　　　　小组分站活动积分表

组名	得分站名	2　4　6　8　10　12　14　16　18　20	总分
组员：			

两个信封，A 信封里面写着：亲爱的伙伴，好东西要和朋友分享！请你们用这句话作借口，想尽办法让对方答应你们的请求。记住，这是个比赛，胜利的一组可以得到一份奖品。祝你们成功！B 信封里写着：亲爱的伙伴，不管对方用什么方法邀请，你们的心里实在不想答应，所以请你们用各种理由、各种方式，拒绝他们！告诉他们：不可以，因为……记住，这是个比赛，胜利的一组可以得到一份奖品。祝你们成功！

（2）将成员分成两组。将 A 信封和 B 信封分别交给两组。

（3）领导者说明比赛规则：由一组成员先开始提出请求，另一组成员皆可拒绝；活动进行时，只能动口，不能动手；超过 5 秒钟未提出邀请（或拒绝），该组即扣一分。

（4）领导者视团体状况，适时裁决比赛终止，带领成员讨论下列问题：①拒绝别人时，心情如何（不好意思，高兴，或是有点冲突……）？②拒绝别人时，你所说的理由如何（合理，合情，合法吗？……）？③被人拒绝的心情如何（生气，无所谓，或……）？

活动三：我的生活我做主

目的：有效安排自己的学习、生活

时间：40 分钟

活动过程：

（1）将现在自己想做的和该做的一一列在标签上，按照自己所想，每张标签一件事情，要求越具体越好。

（2）对标签进行分类，将必须做的事和想做的事按照内容分类，分类中注意不同内容之间的相关，每组标签不超过 6 个。

（3）给各组标签命名，贴在该组的上方。

（4）按照必要性、可能性打分，求出平均分。每张标签上的项目都要根据必要性和可能性打分，将两个分数的均分作为该标签项目的得分。

（5）按照每个项目得分从高到低排序。

（6）选择两个最重要的目标，制定生活行为日程表。

（7）每天对照日程表检查自己的进展状况，并及时对日程安排进行调整。对完成好的内容给予奖励，没有完成的部分进行日程调整。

活动四：结束团体

目的：巩固团体收获，处理分离情绪。

时间：20分钟

活动过程：

（1）猜猜我是谁。给每人一张名片贴纸，要求成员把自己的名字写在上面。

（2）领导者收集所有名片贴纸，然后把贴纸贴在成员背后（不能将名字贴在本人背后），不能让他们知道背后是谁的名字。

（3）每个人去问别人是或者不是的封闭性问题，猜出自己背后名片上的名字。要求回答问题者只能回答是或者不是。

（4）纸笔活动，成员在纸上写下自己的资源，包括自身独具的资源和性格特点等各类社会资源，并用"我是……"来描述，强化自信，交流团体活动中自己的收获。

（5）结束团体。

第二节　提升保护功能的抗逆力培育

个体的发展嵌套于一系列环境系统之中，系统与个体的相互作用影响着个体的发展方向与速度，个体作为生态系统的核心在与系统中近端或远端因素的交互中成长。个体的独特性及其与生态系统的交互作用决定了抗逆力的发展进程，而生态环境的质量则影响了这种交互作用的功能。对于困境中的个体来说，良好的生态环境质量能够促进系统中个体的发展，因而起到保护或缓冲功能，而不良的生态环境则相反，可能加剧个体的困境体验，成为个体需要应对的又一重风险。

一　留守儿童环境中的保护因子

从生态系统的观点来看，个体身处特定的生态环境之中，当个体面临挑战时，其保护因子能否发挥作用，会受保护因子状态的影响。如留守儿童在学业效能低下时，往往想要以回避方式应对学业上的失败。功能良好的家庭会帮助儿童重建学业效能，而功能不良的家庭则仅能提供有限的说服教育。保护因素因为其自身多元特征而表现出不同的组合方式，如多层面家庭生态观点认为家庭有其独特的变数组合，如社会阶级、宗教信仰、家庭结构、性别角色等，因而组成与交叠出多样的文化脉络，不同文化脉络中的家庭在应对压力中反应模式亦不同。因此，在弱势群体的生态环境建构过程中，社会工作者应避免使用单一标准评估家庭情况，而导致落入病理性思维模式之中。其保护因素主要有以下几种。

第一，留守儿童家庭子系统具有适度保护功能。亨利（Henley）就强调，若儿童的生活环境中至少能够有一位重要成人，不论是父母、主要照顾者、教师或是祖辈……其面对逆境的表现都会较好①。沃尔纳指出，支持性人际关系有助于提升儿童自尊和自我效能②。研究表明，高抗逆力的儿童在其生命中至少存在一名成人的无条件接纳，也即不论他们表现是否良好，是否符合社会文化中的赞许标准，或者他们是否能够吸引人，这种无条件接纳的关系依然存在。通过这种关系，儿童可以获得滋养，同时激发儿童发展自身的潜能，他们因为关系的存在而能够放心地去努力探索以实现自我价值。这种来自关系的激励与协助，能够增强儿童能力、自信与控制感的获得。这跟我们研究中的发现基本一致，如果留守儿童能够与母亲单独留守或者在

---

① Henley, R., "Resilience enhancing psychosocial programs for youth in different cultural contexts: Evaluation and research", *Progress in Development Studies*, Vol. 10, No. 4, 2010.

② Werner, E. E. and Smith, R. S., "Overcoming the odds: high risk children from birth to adulthood", *American Journal of Sociology*, 1993.

其成长过程中，父母虽然缺位，但是家庭中的其他人如祖辈能够担负起儿童的养育责任，儿童一样能够发展良好。但这样的发展良好需要有一个重要前提，就是儿童与成人照顾者之间具有良好的互动功能，如 JM 虽然身边有爷爷的照顾，她与爷爷之间互动功能不良，所以无法发挥家庭子系统的功能补偿作用。ZK 的家庭也有类似的特点，ZK 的爷爷奶奶能够基本满足 ZK 的情感依恋需求，但是无法完成教育引导职能，所以在他学习生活无法体验到价值实现需求时，开始了辍学生活，对自己的未来也没有较为明晰的发展规划。当然这些状况相对少见，本书访谈的 30 位留守儿童中有三分之一家庭子系统功能良好，能够对家庭缺失的功能进行有效弥补。当家庭中的父母或者其中一方离开家庭外出打工之后，家庭中的夫妻子系统、父子子系统或母子子系统成为家庭中的重要互动模式，但另外的子系统功能便被削弱。对于留守儿童来说，如果亲子子系统的养育功能较强，便能弥补因为其他子系统功能弱化带来的消极影响，因此能够为留守儿童抗逆过程提供保护性资源。但是并非所有的子系统都能够承担起其他子系统功能缺失带来的冲击。调查中也得到了与很多国内学者一致的结论，当儿童与父亲单独留守的情况下，有些方面的适应结果反而不如儿童单独留守，表现为更差的适应状态。当然，这种留守模式下儿童遭遇的往往不仅仅是留守，还掺杂了其他的家庭困境，如贫穷或婚姻危机。

第二，留守儿童良好家庭关系具有适度保护功能。有学者提出，留守儿童在遭遇亲子分离之后，如果家庭关系依旧发展良好，则有利于留守儿童的抗逆力发展。虽说亲子分离不可避免，但家庭功能若能克服时空隔离的阻碍，儿童仍能及时得到父母良好监护与照顾引导，这种实际功能的"非留守"能有效缓冲现实中"留守"带来的风险。研究提示，家庭关系的保护功能需要通过家庭规则的建立、家庭沟通的顺畅、亲子关系及夫妻关系的和谐来共同完成。明确清晰的家庭规则有助于留守儿童社会能力的习得，能够使留守儿童明确哪些应该做哪些不能做，这种规则的建立有助于留守儿童道德自我的发展和基本价值观的形成，能够促进他们获得与人交往的底线原则，使他们明确家庭交互活动中的边界，从而获得良好安全的家庭归属感；亲子之间甚至夫妻之间良好的家庭关系则能够形成积极民主的家庭氛围，有利于留守儿童获得与他人交互的基本常识，并能将自己获得的交互技能在家庭中得到练习。同时，这种能力获得的过程有助于留守儿童形成乐观的认知风格，促进他们在外群体中的积极交互；家庭成员之间虽然受时空影响的阻隔，但是亲子之间良好的沟通则有助于留守儿童效能感的获得。留守儿童需要为自己的感受、行为负责，良好的家庭沟通在成员之间传递信息的同时，有助于为成员构建支持性的关系，鼓励儿童为自己的行为负责，促进与儿童的正面互动，合作地解决问题。同时，在沟通中对儿童不同意见进行包容，促使儿童习得有效的应对策略，以提升自我效能。因此留守儿童家庭模式虽说与其他不同，但是良好的家庭关系一样能够保护留守儿童的健康成长和成功适应。

第三，留守儿童扩大家庭代偿具有适度保护功能。当家庭功能被迫弱化甚至缺失时，家庭原本的功能就需要由系统中的其他因素进行代偿。在我国文化背景下，当核心家庭功能弱化时，扩大家庭成员之间的代偿便成为主流。代偿功能的实施往往由具有血缘关系的直系亲属完成，也就是亲缘性自己人，如留守儿童的祖辈，当这些人无法完成养育代偿时，其他成员就可能成为有效替补，如父母同辈中的某些人。当这些亲缘性自己人中不能够完成养育代偿时，家庭会求助于另外一类支持：交往性自己人。不论代偿对象如何，他们需要提供的代偿功能主要包括依恋对象的代偿、家庭监护的代偿和行为示范的代偿。留守儿童的亲子分离对亲子关系最具挑战的是安全依恋关系建立，扩大家庭或其他系统成员若能及时提供安全的依恋支持，则有助于留守儿童安全依恋关系的建立，从而在社会交往中形成安全、适当的交往模式，避免退缩回避的交往行为；留守儿童在父母离开之后仍需获得教育成长，但是他们的年龄特征导致他们的自我管理能力尚差，扩大家庭仍需为他们提供适当的家庭监护，在为他们提供适度管理的同时提供安全的栖身场所，以使儿童获得足够的教育引导及安全感的获得；对于青春早期的留守儿童来讲，他们需要特定榜样示范作用以发展出独立的自我，扩大家庭中某些重要他人的成功经历都会成为他们模仿学习的对象，如 CCH 的表姐等，多表现为同代或上辈中具有一定成就的对象。

第四，留守儿童学校教育环境具有适度保护效能。青少年的日常主要活动影响他们的抱负与志向选择。抱负是个体可展望并专注于未来的能力，志向是可为未来投注必要的时间、经历和心血的能力。影响这两种能力的因素主要是家庭和学校塑造出的情境是否能够使青少年体会各种日常活动的意义、乐趣。在留守儿童生态系统中，除了家庭之外最为重要的就是学校环境，尤其对青春早期的留守儿童来说，他们更多已经进入住校读书的阶段，他们在学校度过的时间是所有生活中最为重要也最为漫长的。学校环境对留守儿童兴趣的激发及行为意义的建构能够帮助儿童设定适当的抱负与志向。在学校环境中，如若能够获得良好的师生关系，会产生"亲其师信其道"的教育效果，有利于教师引导功能的发挥；积极乐观的学校生活体验，则有利于留守儿童学校归属感的培养；适度的教师期望影响了儿童对自身学业能力的认知发展，对儿童学业兴趣的培养和效能的激发具有重要作用。师生关系的质量影响着留守儿童的适应结果，师生关系的复杂性影响留守儿童学校认同与归属感的获得，而适度民主的教师风格让儿童有"管得住学生"的信任，更能得到教师认同感的获得。

第五，留守儿童良好同伴邻里关系具有适度保护效能。处于青春早期的留守儿童发展出的重要关系除了家人之外就是同伴支持，因为他们需要从同伴交往中获得社会经验，获得学习榜样，并不断对其生活经验进行重新组合，才能凝聚与维持生活动力，求得自我与社会的和谐，这指的不仅是感受，也包括价值观、角色意识等方面。邻里社区的环境质量决定了留守儿童应对策略的选择，关系融洽和谐的邻里社区能够为留守儿童提供更多参与机会，给儿童以安全感，使儿童能够大胆尝试，主动参与，使儿童能够在实践中获得经验积累。反之，关系不良的邻里社区环境不能为儿童提供足够的安全感知，儿童更容易表现出回避退缩的应对模式，不利于抗逆力的生成与发展。总之，良好同伴与邻里环境为儿童提供的多元机会与生活经验可以有效促成留守儿童的社会参与与融合，二者也是维持留守儿童在社会正轨上的重要纽带。

二　透过生态系统的抗逆力培育策略

（一）家庭系统

早期在抗逆力研究中，只有少数研究注意到家庭的重要影响，且大多是聚焦于家庭组织、情绪气氛、关爱支持以及合理的结构和约束等方面的影响。此外，家庭信念、信仰、事件意义诠释也具有重要保护作用。沃尔什（Walsh）认为，家庭是否具有抗逆力，可以从三个方面进行检视：家庭信念、家庭组织模式及家庭的沟通过程。信念系统是家庭抗逆力的核心，信念体系涵盖了个体的价值观、态度、偏见及假设等，这一切合并形成一套基本前提，以启动情绪反应，促成决定，并引导行动。信念作为家庭环境中的保护因子有为逆境创造意义的功能，有正面展望的功能，有超越性与灵性的功能。家庭组织模式包括了组织弹性、联结以及社会与经济资源保护功能，家庭沟通过程则应是清晰开放的情绪表达，以及能够合作解决问题的过程。

对家庭的支持能够培养出高抗逆力的个体。社会工作者在培养个体抗逆力的工作中应该协助弱势家庭提升功能并为家庭充权。留守儿童家庭教养往往表现出支持资源的不足，因此需要为家庭提供教养能力支持。干预家庭的方式以协助家庭充权为主，如落实家庭经济补助，加强家庭沟通服务方案，等等。社会工作者在对留守儿童的家庭服务中需要超越对"正常"家庭的迷思，避免将家庭病理化，从而忽略了家庭面对逆境的潜能，常见的对家庭功能的错误信念包括认为健康家庭是完全没有问题的，认为任何问题都是因为家庭失调所引起，或是以单一标准量化传统家庭，如双亲都在家的核心家庭。家庭环境应该能够提供关怀且支持的家庭气氛，让儿童至少能与家庭中某一成人有亲密联结，家庭应能表达对留守儿童较高的行为期待与成就期待，能清晰解释对儿童资源投入与抱负期望的关系。不仅让留守儿童有自信，也要让他们有信心面对困难，家庭应能肯定儿童自我价值，让儿童有明确的期待与规则可循，让儿童有能力找到生命意义与目标。家庭应鼓励儿童参与家庭事务，并对家庭功能有所贡献。

社会工作者可以针对留守儿童家庭功能的弱化或缺失开展相应的家庭服务活动，如在亲子分离的前提下促进家庭子系统的功能。吕佳蓉①就针对台湾的大陆籍妇女的子女教育问题，以抗逆力理论为核心，重点发展成员良好的同伴依恋关系，他们进行了为期7次的团体辅导工作，并通过团体工作过程协助成员发展同伴依恋，探讨青少年成长过程中亲子教育困境和对应方法，并在团体外进行了聚餐、亲子游戏等活动，发展同伴依恋关系。结果发现，团体成员在个体抗逆力上都有增强，包含坚持力、自我效能、问题解决能力与希望感，同时成员间的保护因素增加，产生正向依恋关系，团体内外形成了良好的支持网络。最后发觉成员通过参与团体达到了自我觉察与认知的改变，进而产生了教养方式的改变，并且有了再学习的意愿。在亲子能力部分，成员参与团体后较能掌控自己的情绪，亲子互动关系更好，更能耐心倾听孩子的心声，以鼓励的方式教导孩子，并且和孩子相处更亲密，显示团体工作强化了亲子依恋关系的保护性作用。

留守儿童家庭抗逆力的培育具体操作中可以有很多种方法，如举办提升亲子正向依恋关系的活动，除了协助父母改变亲子关系的各种个案或团体工作之外，可以举办亲子游戏或亲子共同冒险探索等活动，体验教育活动（如野炊、共同制作风筝等），通过家庭成员间的彼此激励，表现各自的专长，共同面对困境或问题解决的过程，并增加亲子间合作与互相依赖的活动，以强化亲子间良好的依恋关系。同时，社区参与活动可以让留守儿童家庭表现出对社会有贡献的机会，激发家庭成员的自尊自信，充实家庭社会支持网络。

（二）学校系统

创设友善、支持的、高成就期望的校园环境对留守儿童具有重要的保护作用。友善支持的校园环境有利于展现对留守儿童的关怀与支持，有助于强化学生的成就动机；教育活动中对留守儿童表达较高的

---

① 吕佳蓉：《提升大陆籍新移民妇女亲职能力团体工作》，台中：东海大学硕士论文，2012年。

成就期待，例如重视学业表现，对学生有明确的期待与规范要求，促进留守儿童教育活动的积极参与，都有助于儿童对各种教育资源的获得。研究显示，对学业表现不佳的学生来说，学校整体气氛是社工服务的一个重要疗效因子，如对学生的较高的学业期待是降低学业失败的主要原因，也是许多留守儿童没有中途辍学的主要原因。另外，学校教育活动中强调留守儿童参与的重要性，学校应该给儿童足够的参与机会，让他们在活动参与中真正体验到尽责是非常有意义的。

学校关怀氛围有助于留守儿童失范行为的减少或复发。研究表明学校系统中的高关怀状态不仅可以为儿童提供必要的社会支持，而且能够弥补家庭功能。犯罪青少年行为矫治研究中，双亲中的暴力行为是青少年失范行为复发的预测因子，而是否有良好的自我控制能力及积极的学校学习经验是偏差行为青少年抗逆力的预测因子[①]。一名优秀的老师，不但能够给予儿童以重视，同时能使儿童感觉自己值得努力，对自我的信心、优势和潜能有积极的认识，能协助儿童即使在困境中也有战胜的信心。一个能给予学生敬爱、使学生如沐春风的教师，往往能够使偏差行为的儿童获得转变。留守儿童身处社会底层，教育成功往往是他们能否"翻身"的影响因素，当然不仅是因为知识或文凭，更是维持个体与社会的联结纽带，是他们获得各种教育资源的平台系统。在缺少家庭支持系统的情况下，留守儿童自我控制能力尚不成熟，良好的学校氛围和教师的高期待能够帮助留守儿童增加学习动力，激发留守儿童学业自我效能，这样他们才能够在家庭养育缺失的情况下顺利度过青春期的自我同一性危机，发展出良好的社会适应技能。

基于学校系统的留守儿童抗逆力培育可将服务对象锁定为留守儿童及其与教师的互动，目的在于提升自我效能及学生身心健康。方案可分为多个子计划，如对留守儿童失范行为的预防性方案、干预性服务，针对留守儿童社会支持的处境性服务、学校政策建设，针对师生互动的沟通培育方案、技能发展方案，等等。在留守儿童师生关系的

---

① 蔡德辉、杨世隆：《少年犯罪理论与实务》（第四版），台北：五南图书，2003年。

抗逆力培育中，可通过积极创造导师关系来进行，所谓导师是泛指成人对儿童的指引、示范、辅佐、矫正等形式的行为主体，在留守儿童父母缺失的情形下，学校教师与儿童之间的导师关系能够反映儿童的多种社会关系，在这种关系的塑造建立同时，帮助儿童习得积极主动的交往模式，提供儿童示范学习的榜样，同时为儿童提供教育引导的主体。在这样的服务活动中，留守儿童获得对成人的实质感受功能，促使他们安心乐意去寻求忠告来定位生活方向，也为儿童提供关怀和激励。这种导师关系是留守儿童在家庭关系之外，经过安排自然形成的一种可信任的关系，通过儿童与导师每星期的见面活动，建立友谊关系，并探讨在学校发生的事情，同时关心儿童的学校行为，并提供外部社区资源来帮助儿童的个体与社会性发展。

已有研究表明青少年发展的导师关系有助于抗逆力的培育。如会寻求"导师"的青少年通常是比较有竞争力且有成就的，也比较会参与学校及社区的各种活动。在这种关系中，青少年还可发挥某些主动或主导的角色，影响关系发展与应用的方向。青少年会从不同的成人关系中，去寻求其所需的使能者、模范者、信奉者或教导者功能的导师，且这些关系对青少年的效益非同伴关系所能弥补，其实成人朋友较少的青少年往往不会去更多寻求同伴朋友。这类导师关系通常在青少年参与的各类组织活动中发生发展，当然在非正式的社会关系中也有建立的可能。事实上，这两种途径对留守儿童的关系发展各有其重要性。不过生活在弱势社区中的留守儿童，其参与有组织的活动机会相对贫乏，如何使他们有效把握和开创成人关系，形成各种非正式的良性互动，建立生活中的导师关系，仍是有待继续研究的课题。

（三）社区系统

创建友善的、正向期待的社区支持网络、社会参与机会与社区生活空间有助于留守儿童的抗逆力生成。国内外研究均显示，如果儿童或青少年不幸处于弱势社区，而社区本身又无视于被边缘化的社会地位，或无法另外开创出一种积极的生活价值时，儿童或青少年终究还是难以突破社区生活背景与形态的限制，甚至可能落入成人有意无意的支配，或者陷入利益竞争的窘境。建构让留守儿童感到"有希望"

"有未来""有机会"的家庭与社会环境，使社区管理中呈现出对留守儿童的关怀与支持，有助于儿童困境中的适应性发展。行为是被期待的结果，因此社区需要对留守儿童持有较高的且正向的期待，在社区文化的建构中若能将留守儿童看作资源，而不是问题，儿童就会更少出现问题行为。社区管理中应该创造机会让留守儿童积极参与社区生活，提供休闲活动与参与空间，如社区图书馆或儿童休闲活动空间等。儿童在社区活动中能够获得社会网络维系，促进社区凝聚力，并获得儿童成长所需的各种资源。另外，积极建立各种社区青少年特色团体，如社区小乐队、社区家教团等。不仅可以强化留守儿童的参与机会，保护儿童在社区中的权益，同时在儿童活动参与中提升自尊、获得价值、提高自我效能，丰富自我概念的复杂性。使儿童在融入社区生活的同时，获得自我效能与归属感。研究表明家庭与邻里的社会网络互动，对于儿童社区生活中的价值感和安全感的获得具有重要作用，能够促进儿童社会资本的获得。另一研究也发现，青少年的日常生活情境脉络，包括他们接触的人、事、物及从中所形成对生活和自我的信念，才是影响其生涯发展的主要变项，比纯粹使用社会阶层、经济、职业等结构因素来衡量还要具体。

基于社区的留守儿童抗逆力培育需要从优势视角培育留守儿童社区活动能力。如在社区参与中鼓励留守儿童参与社区规划与活动，共同改变社区风貌，让留守儿童以主人翁身份参与社区行动甚至活动的执行，包括社区行动策略、社区规划、倡导、社区教育、社区服务等。留守儿童的抗逆力培育工作需要社会工作者以优势观点看待留守儿童，与留守儿童一起合作，将他们当成真正的伙伴，一起培养其能力。所以，以社区为基础的留守儿童培养方案着重青少年的社会能力建构、合作伙伴关系及文化能力的培养。

社区留守儿童抗逆力发展方案应以增能为核心。强调的核心观点不只是留守儿童需要社区的照顾，社区也需要留守儿童的活力。在实务工作中则表现为，结合社区发展与留守儿童发展二者之间相互依赖、息息相关的特性，将留守儿童视作与社区成年人关系对等的地位，这样社区对于留守儿童的意义不仅是提供支持，更应该是留守儿童发挥自身积极角色的生活领域，促进留守儿童与社区之间的联结。因此在发展性社区工作中，对留守儿童的界定不再关注他们中的高风险指标，如学业失败、问题行为、心理障碍、缺乏榜样等，而强调留守儿童的发展取向，如能力培育等。

基于社区的留守儿童抗逆力培育，重在改善留守儿童的发展状况，如提高能力、学会联结、学习自我管理，要使留守儿童最终成为有健全社会关系，能融入社区的成人。留守儿童的社区服务需要能够提供开创多元角色的社区空间，青少年如果在社区内能够有机会探索亲社会行为，配合其个体和家庭条件，将有助于道德认同的发展。道德发展是价值观的建立基础，青少年通过参与社会公益活动建构道德认同，有此基础后，才可能从生活中创造价值、累积社会资本。学者发现，即便成长在弱势社区环境的儿童，他们仍能充满活力并有主见，能够展现出较高的抗逆力和幽默感，以应对环境中的困境。他们若陷入困境，主要还是因为从家庭和学校均得不到重视、指引和支持，有的甚至要扮演成某些替代的成人角色，甚至扮演成人的伙伴。对于这样的留守儿童，社区就必须提供一些替代空间，以缓冲他们的压力，而这也正是一些社区留守儿童服务方案所能发挥的功能。

社区社会工作应该是未来中国社会工作最具有生命力和最根本的场域，需要专业社工（及组织载体）与社区居委会（包括其工作人员）两种角色的融合。虽说专业社工与社区工作人员分别属于两个不同性质的主体，但专业社工需要社区工作人员的良好支持以助于服务工作的扎实开展，而社区居委会需要专业社工的专业技能，以提升社区服务的工作效能。所以，对留守儿童社区工作的发展，应纳入基层治理或社区体制改革这样的宏观结构之中。

本章小结

对留守儿童的抗逆力培育是本书研究的另一重要问题，也是留守儿童抗逆力生成研究的落脚点。在前面的质性讨论和定量验证中，我们已经发现留守儿童自身特质是其抗逆力生成之核心，制约着留守儿童以何种方式应对生活中的风险；而留守儿童的家庭环境、扩大家庭、学校教育、邻里社区及同伴关系都是影响其抗逆力发展的重要因素，它们作为留守儿童生态系统的组成部分，与留守儿童自身特质协调作用，共同应对留守儿童生态中的各类风险。

基于留守儿童自身及其外部的两类影响过程，我们从留守儿童自身和其生态环境的建构两方面致力于留守儿童抗逆力社会服务工作，以增能为核心，讨论了基于留守儿童自我效能提升的社工服务策略和基于生态系统建构的社工服务策略，为留守儿童抗逆力提升实务工作提供理论指导及实践建议。

提升留守儿童自我效能的抗逆力培育机制需要从自我意识的澄清、学会应对冲突及自控力的培养三个方面来进行，旨在提高留守儿童自尊水平、丰富留守儿童自我复杂性，促进留守儿童自我认同，达到自我效能的提升。对留守儿童环境中的保护效能培育通过家庭系统、学校系统和社区系统三个方面开展，在家庭系统培育中重在提高家庭子系统功能。学校系统的社会工作重在通过导师引导方式为留守儿童建立社会网络连接，提供引导、教育与支持功能。而社区系统的抗逆力培育则重在将留守儿童作为社区资源，参与社区活动，在社会参与中培育儿童能力，提升儿童自我效能。

第八章　结论与展望

　　本书采用定性研究为主，定量验证为辅的方法，以生态系统理论为分析框架，从留守儿童所处微系统、中系统、外系统三个不同层面对其抗逆力生成的影响因素及生成机制进行探讨，并引用中国教育追踪调查基线数据对定性讨论中的研究假设进行验证，初步形成抗逆力的生成机制。对抗逆力生成机制的探索其目的在于更好地发展与培育。基于本书生成机制的探索结果，在第七章从个体和环境两个角度提出抗逆力的培育机制，为基于抗逆力的社会工作服务提供了新的视角。本章对本书研究产生结论进行回顾，详细探讨研究发现，并提出今后需要进一步深入研究的问题，为后续深入研究进行展望。

第一节　研究结论

　　本研究以定性与定量结合的分析方法对留守儿童生态系统的三个层次影响机制进行探讨，并对其影响效应进行假设验证，得出以下研究结论。

一　留守儿童抗逆力生成机制

　　正如本书开篇所述，抗逆力是在个体发展进程中，无数内部与外部因素博弈的结果，是个体在与环境交互作用中"平衡—失衡—重构—再次平衡"的动态发展结果。儿童生活于其自身生态系统之中，当他们经历留守这一风险及其因为留守带来的继发风险时，原有的平衡状态被打破，此时留守儿童的生态系统中若拥有足够的资源以应对风险带来的冲击，留守儿童的抗逆过程会重新恢复平衡状态，产生适应性结果，抗逆力因此而得到生成与发展（如图8.1）。但当外部资源不足以应对留守风险带来的冲击，则会导致抗逆失败的结果。

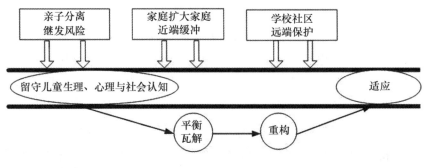

图8.1　抗逆力生成机制

（一）亲子分离引发留守风险与继发风险

科技社会的发展使得儿童抚养日益成为核心家庭的重要职责，然而国家号召农村剩余劳动力进城就业，并号召妇女也加入劳动大军之中。农村留守儿童就在此背景中产生。因为家庭中的父母或其中一方的离开，也赋予了他们"留守儿童"这一身份。留守儿童是指与父母或者其中一方不能长期稳定共同生活的一个群体，所以亲子分离便成为他们的共同特点。

当父母或其中一方不能留在家中与儿童共同成长时，这种分离本身造就了他们的家庭养育功能是缺失或者弱化的，作为首要养育职责的父母或其中一方若无法履行为人父母的职责，无法为留守儿童的健康成长提供必要的安全依恋关系，无法形成明确清晰的家庭规则，无法进行良好的家庭沟通与互动，无法为留守儿童的成长树立学习的榜样和为人处世方法的指导，等等，这些都构成了留守儿童因亲子分离而需承担的风险压力。

当然，农村留守儿童之所以出现与家庭本来环境有关，父母的外出务工多因为家庭生态环境较差，家庭经济状况不良，因此，贫穷也是留守儿童需要面对的又一风险。"贫贱夫妻百事哀"，为了摆脱家庭贫困的现状，留守儿童的父母背井离乡，开始打工生活，他们的工作时间和劳动强度往往较大，并且夫妻双方往往不能在一起工作，沉重的工作压力和共同生活的减少又对他们的家庭关系带来威胁，他们与子女的亲子关系往往成为夫妻关系的投影，因此这些压力都成为留守儿童因为留守而需遭遇的外部继发风险。

（二）微系统是留守儿童抗逆力生成的核心

个体处于其生态系统的最里层，个体自身的生理、心理及社会关系是影响其抗逆力生成发展的核心，这些内在特征及其与周围环境的交互机能构成了个体抗逆力生成的微系统。

留守儿童生理性特征是其抗逆力生成的物质基础。首先，留守儿童受先天遗传与后天环境的交互影响，他们的遗传特质从理论上并不具有特殊优势，而后天交互的不利成长环境则为他们生物性的发展带来消极影响。如开始留守年龄对他们适应结果的影响。开始留守年龄是家庭功能与个体生物性特征交互作用的结果，开始留守年龄越早，对留守儿童抗逆力生成更为不利，但这种影响是与留守儿童发展关键期交互的结果，虽说当开始留守年龄差异全距足够小时，这种影响效应几乎不存在，但将之放置于个体生命周期中进行探讨时，这种开始留守年龄带来的适应结果差异则更为显著。其次，留守儿童适应结果受性别因素影响，但影响力具有领域特殊性。女生的心理适应略差于男生，学习适应略好于男生，而在认知适应方面的差异则不显著。

心理环境是留守儿童抗逆力生成的心理基础。如留守儿童依恋模式、自我概念及解释风格都影响抗逆力的生成。安全型的依恋模式是留守儿童抗逆力生成的首要资源，它决定了留守儿童童年期的社会关系质量，并进而影响留守儿童个性的发展。这种依恋关系的建立对象可以是留守儿童的父母，也可以是家庭中的主要抚养者。留守儿童的亲子分离对其安全依恋具有破坏性影响，具体表现为儿童行为中的接近性寻找、安全基地效应及反对分离。有安全依恋关系的留守儿童在更多的环境中能够体验到安全稳定，因此，获得更为广泛的安全保护性环境，也更容易形成自信的性格和探索性行为。自我概念是留守儿童对自身作为一个客观存在的认识。留守儿童的自我概念受其困境适应中的自尊水平、自我复杂性和自我差距的影响。留守儿童自尊水平是面对压力时的重要调节因素，高自尊的留守儿童在留守困境中能够更好地适应环境，而低自尊的留守儿童则往往表现出难以应对的回避性行为。低自尊的留守儿童自我提升策略具有如下特点：回避与忽视的保护策略、强化成功的保护策略及向后比较的保护策略。留守儿童自我复杂性存在不同，高自我复杂性的留守儿童其自我认知内容之间相对独立，自我认知的一个方面往往不会影响其他方面的自我意识。高自我复杂性能够缓冲留守儿童应激事件之后的消极后果。自我差距指留守儿童理想自我与现实自我之间的距离，自我差距不仅是激发留守儿童前进的动力，也可能促使留守儿童趋于避免和预防消极后果。因此对与抗逆力的生成具有双极效应。留守儿童的解释风格是其抗逆力生成的有效挑战机制。解释风格决定了留守儿童对生活事件的阐释方式，适应良好的留守儿童倾向于对留守采用积极解释模式，有助于留守儿童面对困境时以积极行为迎接挑战。认知风格在留守儿童抗逆过程中主要表现为更多积极情绪体验，缓冲或抵消压力影响以保护心理健康，也体现为以积极信念系统为生活经验建构意义，避免使得留守儿童陷入习得性无助和被动回避的行为应对模式。

社会认知是留守儿童抗逆力生成的关系基础。留守儿童的社会支持感知、归因偏向是留守儿童生理特性与外部环境交互作用下形成的社会性自我，也是留守儿童微系统与外部环境的交互作用结果。留守儿童归因偏向是其应对困境的反应机制，最常见的归因偏向就是利己主义偏向，会倾向于将积极行为结果归因于个人因素，而将消极行为结果归因于环境因素。利己主义的归因偏向对留守儿童的自我价值具有保护功能，是留守儿童抗逆力生成的重要保护机制。社会支持感知是在社会比较过程中产生的，对留守儿童抗逆力生成具有保护作用。留守儿童社会支持主要表现为工具性支持，情感性支持和资讯性支持都相对弱化，良好的社会支持对于留守儿童缓解压力、增进健康、提高自信具有重要作用，能够在留守儿童风险抗逆中起到良好保护功能。

从假设验证部分可以得知，留守儿童对未来积极信念和自我认知是抗逆力生成发展的预测性因素，其方程可决系数在 0.06—0.10。与非留守儿童相比，留守儿童在认知适应方面与非留守儿童差异不明显，但在学业适应方面，留守儿童的年龄发展优势不存在；心理适应方面，留守儿童的年龄、性别影响均不存在。因此得知，对留守儿童的困境中适应能力影响因素相对更为单一，因而也造成当留守儿童未来信心或自我认知方面受挫时，其挫折影响也更为激烈，面对风险也更多。

在与非留守儿童的对比中，进一步将影响个体抗逆力生成的因素分为两类：情境共通性及情境特异性因素。个体的安全依恋、高自尊水平、更高的自我复杂性、积极信念及自利归因模式对于抗逆力的生成均具有积极作用，并且具有跨情境的特点，属于抗逆力生成要素中情境共通性因子。而对于留守儿童来讲，相对较晚的开始留守时间、性别上的差异对于留守逆境的抗逆力生成具有积极作用，但是仅限于留守逆境的应对过程，因此属于情境特异性抗逆因素。针对不同的适应结果，这些因素的贡献也存在差异，如女生在学业适应中具有更好的发展而在心理适应中则差于男生。

（三）中系统是留守儿童抗逆力生成的近端缓冲机制

家庭和扩大家庭是留守儿童生活的近端场域，家庭对留守儿童抗逆力生成具有重要缓冲功能，而扩大家庭对留守儿童抗逆力培养则具有重要代偿功能。

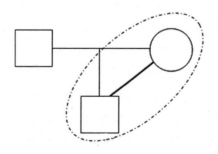

图 8.2　子系统的功能补偿

留守儿童因为父母的缺席所以家庭结构发生变化，他们的养育功能主要由部分家庭子系统来承担，如母子子系统、父子子系统或子女子系统。高功能的家庭子系统能有效弥补或缓冲这种因家庭结构变化而带来的风险，同时为部分家庭成员更多能力的激活形成契机，但这种功能弥补的缓冲过程需要长时期的协商、妥协、重新安排或竞争之后才能形成稳定的补偿机制。

每个家庭都有其特定的家庭规则，这些规则决定成员的行为，为家庭构筑了区别于其他环境的封闭系统，是引导家庭生活的行动纲领，也是维持家庭关系的准则。家庭规则通过为留守儿童提供明确的行动边界而使得儿童获得家庭给予的安全感和归属感，明确的家庭规则能够有效缓冲家庭结构变化带来的风险，有助于儿童抗逆力的生成与发展。

家庭成员之间的互动模式形成了家庭特有的关系。良好的家庭关系能够促进留守儿童的积极认知，有利于提升留守儿童独立性的发展，使留守儿童既不会陷于僵化的疏离状态也不会形成纠缠型的关系模式，成员之间能够保有清晰的边界，同时在成员有需要时能够无条件给予支持。拥有良好家庭关系的留守儿童在抗逆过程中的应对性行为更多而回避性行为更少，有助于留守儿童自尊、自信水平的提高，有助于儿童成功抗逆。

家庭沟通是提升留守儿童自我效能的有效缓冲机制。亲子分离导致留守儿童家庭沟通模式更多呈现出简单化和碎片化的现象，良好的家庭沟通能够帮助留守儿童习得适应的应对策略，促进留守儿童困境适应中的正面互动，帮助留守儿童以合作方式解决问题，以提升留守儿童自我效能，进而得到抗逆力的提升。

家庭缓冲功能在与留守儿童交互作用过程中影响抗逆力的生成，家庭缓冲与留守儿童生物因素（如留守年龄）进行交互，影响了留守儿童面对风险时的发展任务；家庭缓冲与留守儿童心理因素交互作用，能够有效促进留守儿童安全依恋关系的发展、自我概念的形成及解释风格的形成；同时与留守儿童社会支持感知及认知归因风格二者交互作用于留守风险的应对过程，促进抗逆力的生成与发展。

　　留守儿童扩大家庭的代偿机制常依亲缘性差序格局而扩展。当留守儿童养育功能需要由核心家庭之外代偿时，首要承担的亲缘关系来自儿童的祖辈：爷爷奶奶或姥姥姥爷。当留守儿童祖辈因为各种原因无法实施代偿功能时，就可能扩展为其他亲属：姑母姨母或叔舅，再次则是其他交往性社会关系或者社会服务机构。

　　留守儿童扩大家庭的代偿功能主要表现在对核心家庭功能的替代（如图8.3中粗线条连接的三角关系），如安全稳定的依恋关系，明确的家庭规则，准确清晰的家庭沟通，温暖良好的家庭关系，以及及时有效的家庭监护等。同时扩大家庭中的部分成员往往能够给留守儿童提供社会学习的模仿对象，有助于留守儿童对理想自我的建构，激发留守儿童学习动机及自我效能感。因此，扩大家庭的代偿功能也是与留守儿童心理依恋、自我概念、解释风格及归因模式的交互作用中，与留守风险相互博弈，最终促进抗逆力的生成与发展。

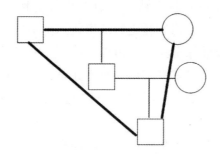

图8.3　扩大家庭功能代偿

　　扩大家庭的代偿功能主要体现在留守儿童抗逆力生成中提供的依恋代偿、监护代偿或示范代偿。若留守儿童的扩大家庭中能够有一位以上家庭成员为留守儿童提供安全依恋关系，有助于留守儿童安全型依恋关系的建立及社会交往能力的习得，具有为留守儿童提供舒适、安全的庇护功能，有助于留守儿童威胁情境下产生积极应对方式，有助于留守儿童安全基地的拓展和探索性行为的发生。

　　留守儿童的监护模式包括隔代监护、上代监护、单亲监护、自我监护及机构监护五种，扩大家庭的监护功能对留守儿童抗逆力生成具有代偿作用。扩大家庭监护功能的实施需要满足三个条件：留守儿童父母无法承担监护职责；扩大家庭中具有能够提供监护的主要成员；代理监护人是稳定的。如果留守儿童扩大家庭监护功能仅以儿童抚养为主要目的而缺少教育引导功能，这种监护模式往往不能满足留守儿童发展需求，给留守儿童带来更多风险。

留守儿童需要通过社会学习以获得能力的发展，如果扩大家庭中存在能够为留守儿童社会学习提供示范的榜样，有助于留守儿童社会学习行为的产生，能够促成留守儿童社会能力的拓展。示范学习榜样需要具备以下特征方能为留守儿童提供示范：目标特异性以引起留守儿童注意；目标接近性以使观察学习成为可能；目标相似性以为留守儿童树立信心；目标达成的可能以使留守儿童能够产生积极乐观的判断与预期。

从假设验证结果可以得出，抗逆力高的留守儿童其家庭中的亲子互动、父母监护质量及父母关系得分均高于抗逆力相对较低的留守儿童。从抗逆结果来看，留守儿童学业适应和心理适应结果更多受家庭环境的影响，包括母亲教育水平、父母对子女的信心、家庭经济状况、父子互动质量及父母关系，方程可决系数为 0.12 和 0.11，相对于非留守儿童来说，家庭中的上述功能具有更为重要的影响。然而在认知适应方面，留守儿童家庭功能的影响相对较小。

（四）外系统是留守儿童抗逆力生成的远端保护机制

个体的发展是人与外部环境交互作用的结果。处于儿童期或青春期的留守儿童，他们的年龄特征决定除了家庭之外的学校教育和同伴邻里构成了他们的远端生活场域。留守儿童的学校教育与同伴网络能够为留守儿童提供更多社会支持，同时与留守儿童自我概念进行交互，共同作用于留守风险的应对过程，促进留守儿童抗逆力的生成与发展。

师生关系质量是影响留守儿童适应结果的重要原因，师生关系的复杂性影响留守儿童对学校归属感的获得，而教育活动中，教师适度民主的教师风格则能够提高留守儿童对师生关系的认同。学校归属感能够提供留守儿童成功抗逆的内在动力，能够有效控制留守儿童消极抗逆的行为选择，同时不同发展阶段的留守儿童，对学校归属感的需求不同。处于青春期的留守儿童其学校归属需求相对幼年时期更为强烈。

教师对留守儿童正向积极的发展期望能够有效激发留守儿童效能感，其影响机制是通过对留守儿童自我概念的修正而产生，是一种暗示性的期待效应，能够促进留守儿童对自我良好发展的预测。同时教师期望也通过影响留守儿童归因模式的方式进而影响抗逆力的发展，而这种影响受制于留守儿童和教师双方的互动。师生关系和教师期望是留守儿童学校环境中的重要保护性资源。

当留守儿童家庭失能时，同伴之间的相互支持是抗逆力生成的重要支持因素。作为系统中的个体，留守儿童在家庭失能时会在系统中重新找寻发展中的平衡性资源，青春前期的留守儿童会从生活学习环境中找寻这种功能补偿的对象，同伴便作为这种平衡重建的功能补偿因素进入留守儿童的抗逆力生成系统之中。同伴关系不良预测了留守儿童的行为问题，并且这种预测是以同伴关系觉知和评价作为中介。同伴质量是同伴接纳与儿童社交行为的中介因素，留守儿童同伴关系有助于自我认同需要的满足，同伴中的问题行为则可能导致留守儿童消极抗逆。

社区环境对留守儿童的影响是通过社会喜好而得以表现的，社区环境质量贡献于留守儿童的心理安全感知，其影响机制以留守儿童的认知评估为中介，以不良情绪或问题行为表现出来。农村社区对留守儿童的保护功能有限，但目前国家已出台专门政策，明确留守儿童保护中各级政府及社区的责任，并推动全社会力量积极参与，建立留守儿童救助保护机制，帮助留守儿童成功适应。

总之，家庭养育方式是留守儿童微系统与中系统的交互作用中产生的，留守儿童的家庭养育因为时空的阻隔，养育方式多为宽松放任型或者忽视型，这种缺乏引导和鼓励的养育模式对于留守儿童的自信、自尊发展是非常不利的。虽说研究表明留守儿童独立性相对非留守儿童更为乐观，但是放任与忽视带来的自我效能的低下可能造成习得性无助，不利于留守儿童抗逆力的生成与发展。社会支持感知是留守儿童微系统、中系统与外系统三者的交互作用中产生的，留守儿童有其特定的社会支持资源，这种支持除了扩大家庭之外，更多来自学校同伴的支持。但这种支持更多表现在日常生活学习中的相互帮助和表层的心理支持，当留守儿童遭遇重大挫折时，这种外部支持效能会明显下降。

二　留守儿童抗逆力培育机制

本书还探讨了基于自我效能提升的抗逆力培育策略。自我效能是个体对自己是否有能力完成某一行为所进行的推测与判断。在抗逆力干预研究中，以促进自我效能为核心的干预模式是其重要途径之一。自我效能来源于个体的成败经验、替代性经验、情绪唤起、言语说服和情境条件。自我效能使抗逆力的产生成为可能。在基于自我效能提高的抗逆力培育中，需要建构相应的学习环境，引导留守儿童观察学习和榜样学习的发生，内容设计中致力于提升留守儿童自我意识、培养自信、促进积极认知，并发展自我复杂性，提升自控力。基于留守儿童的自我效能提升的抗逆力培育可通过四个阶段进行：第一阶段以期望讨论与成功经验获得途径为主；第二阶段对留守儿童行为表现及时给予肯定评价与积极鼓励；第三阶段重在发展留守儿童能力以建立自信；第四阶段则关注自律行为的养成，以提高自控力。

透过生态系统的抗逆力培育基于社会建构的观点，以提升留守儿童生态系统中的支持性资源为核心，提高留守儿童环境中的保护性因子，如家庭保护功能、扩大家庭代偿功能、学校教育保护功能及同伴邻里的保护效能。基于生态系统的抗逆力培育策略需要支持家庭系统功能的发挥，促进家庭子系统功能、促进家庭关系的良性发展、促进家庭沟通质量、帮助家庭建立明确的保护性家庭规则。同时，可通过创设友善、支持、高成就期望的学校氛围及良好的师生关系，促进师生关系的多元化发展，创建友善、正向期待的社区支持环境，提升留守儿童的社区生活参与机会和社区活动空间，以提升留守儿童外部环境中的保护功能，促进留守儿童抗逆力的生成和发展。

第二节　相关讨论

自改革开放以来，伴随着工业化与城市化的步伐，"民工潮"开始在城市现代化的宏大叙事中描绘着人口迁移的壮阔景象。他们与工业化和城市化的劲旅一起，打破了原有的社会平衡，震撼和改变着社会的整个结构。乡土社会的最底层单位——家庭——在这种社会变迁的洗礼中，首当其冲受到变革的重大冲击。同时也衍生出两大新的弱势群体：留守儿童和流动儿童。"民工潮"与现代化在冲击着费孝通先生所描绘的传统家庭"双系抚育"结构的同时，也塑造着新生代农民工的劳动力再生产过程。当然留守儿童正是在这种现代性的冲击中并非被动接受着命运的安排，而是在儿童制度发展与家庭功能重构中对这种变迁进行着主动的回应。

一　留守儿童福利提供的制度反思

社会福利是完成社会保障的重要组成部分，是促进社会公平、推动社会发展的重要举措，目的在于维护社会公平正义。留守儿童是社会发展历史浪潮中的牺牲品，自然应该成为社会福利关注的对象。福利制度是国家或政府在立法基础上形成的用于提高普遍群体生活质量的社会保障制度。我国针对留守儿童的福利政策较少，但针对儿童的关爱保护政策相对较多，其政策目标也多以改善儿童困境和提供相应养育支持为主，其服务形式表现为经济补偿和基础性照顾服务两方面。

为困境儿童提供的现金津贴是儿童福利政策的重要组成部分。在中国早期没有专门针对儿童的救助政策，主要通过五保、低保等制度实施对困境儿童的救助，且救助水平相对偏低，也难以照顾到留守儿童的基本需求。2009 年民政部出台《关于制定社会散居孤儿最低养育标准的通知》及《关于制定福利机构儿童最低养育标准的实施意见》，确定了孤儿每月 600 元的最低养育标准，建议福利机构的最低养育标准为每月 1000 元，这是标志着儿童制度救助的实质性进步，但仍旧无法顾全留守儿童的需求。2013 年 6 月，民政部下发《民政部关于开展适度普惠型儿童福利制度建设试点工作的通知》，根据儿童困境水平分为孤儿、困境儿童、困境家庭儿童和普通儿童四个层次，对留守儿童的救助则被包括在贫困家庭儿童中。这类救助以现金转移支付的方式进行，对于儿童养育成本的弥补具有积极的作用，但是由于服务对象为儿童监护人家庭，因此将家庭作为儿童福利共同体的同时也难以避免地存在着针对性不足的缺点，也就是说无法将补助资源真正应用于儿童发展本身，可能存在不同程度上对儿童投资的剥夺，无法真正满足儿童的多元需求，使儿童真正受益。

儿童福利政策中另外一类则是非现金的救助方式，也是近年政府日益重视的服务策略，目的在于促进儿童发展并完善儿童基础性的服务体系。2011 年国务院颁布《中国儿童发展纲要（2011—2020）》，从儿童教育、健康、保护和环境四个领域提出了针对儿童发展的具体目标和措施。同年国务院印发《关于实施农村义务教育学生营养改善计划的意见》为农村义务教育阶段的儿童提供营养膳食补助，并颁布相应配套文件以保障补助政策的实施。目前受益儿童 3000 多万名，其中包括大量农村留守儿童。针对特殊困难地区的贫困儿童教育与健康问题，国务院还颁发了《国家贫困地区儿童发展规划（2014—2020）》，为儿童教育、医疗、健康等提供特殊关爱。这些措施的实施着力于解决贫困儿童的教育和发展问题，能够有效弥补因为地区贫困和家庭照顾的缺乏带来的儿童生存或发展障碍，但这些非现金救助项目相对比较分散，缺乏政府部门之间的协调和系统性，各自自成一体而缺乏整合，可能导致资源浪费和儿童需求的锚定性不足。

根据本书的研究发现，留守儿童的社会性和发展性需求更为显著，而生活照顾性需求已经因为经济发展而退居次要地位，因此对留守儿童的关爱救助需要突出社会性养育的紧迫性，这是目前救助政策中尚未提及的。近年我国政府对于儿童养育照顾的重要性已有了更为清晰的认识，尤其对留守儿童等困境儿童的照顾服务已经以政府购买服务等形式应用于困境儿童的发展服务中。2016 年 2 月国务院印发的《关于加强农村留守儿童关爱保护工作的意见》，更是明确将家庭、学校、政府及社会力量进行整合，形成留守儿童关爱保护网络体系，强化家庭的监护主体责任，落实各级政府部门的照顾职责。制度的出台说明政府对于留守儿童照顾服务体制的变迁已有推动，但当前福利制度仍存在整合性与系统性的不足问题。如儿童服务项目分别散居于教育、卫生、民政、妇联等部门，这必将影响儿童服务提供的连续性和实效性。另外，政府对留守儿童的服务救助不仅需要刚性的制度保障，还需要柔性的社会关怀，关怀与照顾是一个有机的统一体，照顾者和服务提供者是双向情感交流的主体，因此需要专业化的儿童服务项目，将儿童关照与情感关怀融为一体，以留守儿童为最大利益导向目标，加强对留守儿童及其家庭、社区的福利工作者能力提升，以切实保障对留守儿童服务实效性。

另外，在我国家文化背景下，儿童问题某种程度上也就是家庭问题，留守儿童的困境遭遇反映的是社会变迁背景下家庭功能的失调，因此从家庭政策支持的角度帮助留守儿童家庭的平衡恢复对于留守儿童服务体制的重构十分必要。欧洲国家大约在 30 年前开始实施去家庭化或再家庭化的发展策略，强调政府对儿童照顾的普遍责任，通过亲职假期、税收补贴、家庭津贴等活动对家庭照顾给予支持。中国当前没有类似的家庭照顾支持政策，市场体制的改革将儿童养育责任几乎全部回归于家庭中的女性，使得女性在家庭照顾与就业之间冲突显著。家庭养育对于留守儿童来说至关重要，儿童在家庭中获得的亲密信任关系、家庭内部父母对儿童养育责任共同分担对于家庭的平衡发展也十分必要。因此在制度领域中明确家庭养育的劳动价值，国家应提供相应家庭经济支持、服务支持和时间支持，这对于留守儿童养育功能的弥补具有积极的意义。因此倡导建立家庭友好或儿童友好的服务政策和社区环境建构，同时儿童养育体制的重构和完善等都应当通过建立积极的家庭政策来实现。

灵活而整合的家庭或儿童服务项目对于留守儿童的养育发展具有积极作用。按照生态系统论的观点，家庭压力的解决可通过三种途径：家庭阶段转换、环境压力去除和家庭关系的互动与沟通。家庭危机可通过环境压力所致，如家庭贫困，另外，冷漠或敌意的环境可加剧家庭需要承受的压力。因此在家庭环境中适当的社会支持建立是生态系统取向家庭社会工作的核心。此外针对家庭互动关系和家庭沟通模式，家庭社会工作者通过了解家庭系统或子系统的运作互动模式，进而形成稳定清晰的家庭规则，是协助家庭成员解决家庭问题的前提。

二 社会转型与留守儿童的家庭适应

留守儿童问题是作为中国"三农"问题副产品而被提出的，因此其根源也在于农民工问题。从根本来看，留守儿童的产生与我国长期以来的城乡二元体制和户籍制度的区隔难以分开，这是中国特定的历史发展阶段造成的，是社会转型的成本，是社会发展需要付出的代价。这个成本和代价本身应该由政府和全社会共同承担，但就目前情况来看，这种代价主要落在了留守儿童及其家庭自身身上。

打破城乡二元体制是解决"三农"问题的关键，在保持农业经济的稳定发展同时，增加农民经济收入，使城乡差距逐渐缩小。当二元经济真正变为一元时，"三农"问题将不复存在，当然农村留守儿童这一群体也终将消失。然而在我国现阶段，要彻底打破城乡二元体制仍只是学者们的呼吁，让农村剩余劳动力能够突破就业、医疗、住房、教育等制度壁垒，在城乡之间自由流动，而儿童能够不再受到教育不平等的影响，仍然只是一种美好期待。在这样的现实状态下，家庭作为儿童养育的首要责任方，如何适应因为留守而带来的养育压力，则显得尤为重要。

现有的制度背景中，家庭如何适应这种变迁的冲击？根据家庭适应与调整模型，当家庭遭遇外部压力之后，原本的平衡状态被打破，此时家庭或其中的部分成员将因此受到家庭结构改变带来的冲击，甚至压力引发的次生危机，家庭需要重新找寻家庭内、外部资源以使家庭重新恢复平衡状态，家庭适应也再次产生。

家庭不是被动地接受社会变迁带来的冲击，而是以自身本有的特点对社会变化做出反应，这种反应的结果就是家庭成员之间形成的合力。个体的生命嵌入其生活的历史事件和经历的重大事件中，同时也受这些历史力量和时间事件所型塑。在时间上留守儿童生命历程与社会转型的历史力量相联系，传统二元体制受到冲击，这种社会结构的变化使得留守儿童家庭结构发生变化，传统家庭对儿童的双系抚育也发生了巨变。留守儿童农村身份与城乡二元户籍制度、地方教育保护等相关联，城乡分治的地域不平等为留守儿童生命历程留下深刻时代烙印。他们的父母为了改变家庭生活和子女命运选择了背井离乡外出务工，然而城乡户籍区隔限制使得他们无法继续完成子女的双系抚育，造成留守儿童养育状态的长期受损。

留守儿童学龄期生命历程需要完成社会性的发展任务，是他们早期社会化的关键时期，如果他们社会化所需内容缺失，往往在以后生命历程中难以弥补。正如埃尔德所说"个体生命事件发生的时间性时机决定了该生命事件对个体发展的影响程度。即个体生命事件发生的时间比事件本身更有意义"。留守儿童学龄期的社会性时间对家庭养育的决策过程具有重要的年龄意义。学龄前留守儿童家庭养育策略多表现为重生活养育、轻社会养育的现状，而学龄期儿童家庭养育则多表现为双系生活养育、单系社会养育的模式。

根据埃里克森人格发展八阶段理论，儿童自出生之后就开始了社会化的过程，如早期安全感的获得、信任感的提升等都是在与养育者之间的互动中形成的。受教育体制的影响，留守儿童的父母能够意识到儿童学龄期的关怀需求，却忽视了儿童学龄前期社会化需求的满足，因而导致了在学龄前期重生活养育而轻社会养育的模式，使儿童早期社会化需求不同程度受损。随着年龄增长，儿童进入学龄期尤其是青春期之后，儿童家外社会化资源重要性逐步提高，为儿童社会化需求满足提供了更广阔的社会条件，此时父母的单方参与也为这种家外社会化提供了相应的支持，对于早期社会化的缺失具有重要弥补作用，而这种家庭支持发生的时间和家外社会化环境质量则决定了留守对儿童社会化的影响程度。

个体的生活镶嵌于亲人、朋友等构成的社会关系之中，每代人注定了需要承受生命历程中发生生活事件的影响。"民工潮"的社会背景注定了留守儿童在生命早期就要经历亲子分离的风险，虽说家庭往往在儿童留守之后采取相应补偿措施（如母亲放弃工作回家完成子女养育职能）以主动应对留守带来的发展性危机，或者由扩大家庭、亲属监护等弥补家庭社会性抚育的不足，这是对社会变迁冲击下的主动回应模式，家庭通过改变父母的抚育分工模式，以单亲留守协助儿童学龄期的社会化需求，但亲子分离的深刻影响使得弥补性的单亲抚育效能不足，而这种抚育效能直接受家庭关系网络的互动质量影响，而关系网络在社会变迁中的功能弱化则是社会历史进程的发展结果。

个体在社会历史与生活情境的制约下，总能利用自身资源，通过自我选择与行为反应，建构着自身的生命故事。在历史力量型塑下的留守儿童，根据自身所处情境，或被动接受受损的家庭养育，或主动适应家庭养育策略改变下，不同生命历程中的社会性角色，主动建构自身生命轨迹。在留守儿童早期因亲子分离造成亲情缺失和亲子互动关系不足的情况下，一些儿童因无法得到父母的情感关怀，遇到困境难以得到情感支持，产生焦虑紧张、安全感低下，甚至性格内向、悲观，情感冷漠，与人交往能力差等现象。这些家庭社会化的不足，可能导致儿童生命发展轨迹对社会期望的偏离。所幸的是，当家庭养育社会化不足时，来自扩大家庭和学校社区的社会化资源能够有效弥补留守儿童社会化需求，使其生命发展轨迹重新步入正轨。

总之，留守儿童是在社会变迁和城乡二元体制大背景下产生的，生命早期的亲子分离使这些儿童成为社会发展和城市化变迁的牺牲品，然而留守儿童及其家庭并非被动接受变迁的消极影响，而是在传统家族文化互动中主动应对着这种早年社会化的不足。他们中的一些可能发展出焦虑、安全感缺乏，甚至社会失范行为，但若后期生命中能够进行社会化的有效补偿，他们仍能重新恢复社会期望的生命轨迹。

第三节 未来研究议题

在对农村留守儿童抗逆力的生成机制及其培育的研究中，本书从定性与定量两方面对留守儿童抗逆力何以生成及其影响因素进行了分析。但是限于研究者在时间、精力、人力、物力等方面的局限性，仅将调查与访谈范围限定在陕西省这样的留守儿童相对较多的省份，而且将研究焦点集中在相对贫穷落后的山村，因此未能就留守儿童留守状态的各个方面进行全方位的资料收集，也因为调查本身的限制未能顾及留守儿童整个生命发展历程的特点，这些问题也期待能在今后的研究中能得以弥补，并在如下的两个方面继续得以细化和深入。

一　弱势群体的抗逆力研究

对留守儿童研究的进一步细化。农村留守儿童问题研究中，最为常见的是将留守模式与留守时间作为其研究中的重要变量进行分析。留守模式反映了留守儿童的生活状态，决定了留守儿童身边保护性资源的多寡和质量，留守时间则反映了留守儿童成长中的生活状态，并且与儿童成长发展的关键任务相关。但是在现实生活中，这两个看似独立的变量却是相互交织的。一段时间之内留守儿童可能只是与爷爷奶奶留守在家，其养育功能主要由家庭中的祖辈来完成，但是在学龄儿童中，父母双方或者其中一方的养育功能却是不稳定、不连续的，可能母亲会专门回来照顾子女上学，一段时间之后又离开家乡外出打工。这种不连续、不稳定的留守模式与儿童发展关键期进行交互作用，可能会产生多类不同的结果，因为儿童发展不同关键期对父母养育的需求也会存在差异。另外，留守时间往往是留守儿童研究中的一个关键变量，用以区分儿童是否留守。但是留守时间的长短本身对儿童发展的影响也会存在差异，如我们调查的农村中存在儿童婴幼儿阶段留守在家，学龄期父母或者其中一方回家照顾儿童学习生活。或者每次留守时间的长短不同，如有些家庭父母每月回家一次，而有些家庭父母则只有年末才能回家，甚至一年也不能回家一次。这种留守时间的差异也导致家庭养育功能或其他方面的功能弥补存在差异。因此，这是以后进一步的细化研究中需要进一步分析探索的。

对抗逆生成影响因素的定量验证。本书采用 CEPS 对留守儿童三个系统中的部分因素影响效应进行了验证分析，但是仍有很多因素因为定量数据的限制没能做到，因此是后续研究中需孜孜以求的方向。

留守儿童社会政策研究中对保护性因素提供。留守儿童是我国众多弱势群体中的一个，他们的形成过程本身与社会发展和城乡二元体制有关，因此也具有独特的时代性特点。在社会政策研究中，怎样能够更多关注到留守儿童的内在与外在需求，为他们营造具有更多保护功能的社会生态环境，仍是社会政策研究中的努力方向。

二　抗逆力理论发展议题

将抗逆力研究与个体发展关键期进行结合研究。儿童抗逆力研究中需要注意儿童每个年龄阶段发展任务不同，其生态环境中的风险与保护性因素也存在差异，因此需要将个体放置于自身生命发展周期中，结合个体不同关键期的发展任务进行抗逆力生成的不懈探索。

抗逆力的情境共通性与情境特异性研究。本书提出抗逆力具有情境共通性和情境特异性两部分，情境共通性是指这些因素在任何情境中都能够促进抗逆力的生成发展，而情境特异性则因风险情境不同而异。本书虽然已经得出，开始留守年龄等因素是促成个体抗逆力发展的留守情境下的特异性抗逆特征，那么在其他不同弱势群体中存在的抗逆力发展的情境特异性因素究竟如何也需要后续研究能继续探索。

抗逆力发展的先天遗传影响研究。有两件事情影响着个体的发展方向：基因特征和所处的社会环境质量。个体抗逆力的生成是在其生物遗传与后天环境的交互作用下产生的。弱势群体往往自身所处社会地位导致其先天遗传特征并不占优势，而后天需要经历的外部风险又导致其生存艰难。本身的先天资源短缺与后天资源不足的交互往往是造成部分群体抗逆失败的原因。而先天因素作为个体生物系统的重要部分如何影响了后天逆境的应对，仍有待在后续研究中能继续探索。

参考文献

Michael Ungar：《抗逆力的跨文化研究》，《首都师范大学学报》（社会科学版）2015 年第 2 期。

艾靓、曾德进、徐洋：《"江蚁"抗逆力的实证研究》，《社会工作》2012 年第 8 期。

白倩如：《少女离退性交易历程：巢穴中的爱与生存》，国立暨南国际大学博士论文，2012 年。

蔡春凤、周宗奎：《童年中期同伴关系、同伴关系知觉与心理行为适应的关系》，《心理科学》2006 年第 5 期。

蔡颖：《心理弹性与压力困扰、适应的关系》，天津师范大学博士论文，2010 年。

曹春华：《农村"留守子女"学习状况分析研究》，《当代教育论坛》2007 年第 5 期。

曾玲娟：《弹性理论在心理健康教育中的价值思考》，《学术论坛》2009 年第 5 期。

陈蓓丽、徐永祥：《外来女工的精神健康与抗逆力——基于上海 226 名外来女工的实证研究》，《华东理工大学学报》（社会科学版）2013 年第 1 期。

陈光辉：《儿童欺负/受欺负与同伴网络的关系模型分析》，《心理发展与教育》2014 年第 5 期。

陈惠惠、刘巧兰、胡冰霜：《农村留守初中生社会支持、同伴关系与心理弹性的关系研究》，《现代预防医学》2011 年第 9 期。

陈京军、范兴华、程晓荣、王水珍：《农村留守儿童家庭功能与问题

行为：自我控制的中介作用》，《中国临床心理学杂志》2014 年第
　　2 期。

陈丽等：《流动儿童和留守儿童的生长发育与营养状况分析》，《中国
　　特殊教育》2010 年第 8 期。

陈香君、罗观翠：《西方青少年抗逆力研究述评及启示》，《海南大学
　　学报》（人文社会科学版）2012 年第 3 期。

程培霞、达朝锦、曹枫林：《农村留守与非留守儿童心理虐待与忽视
　　及情绪和行为问题对比研究》，《中国临床心理学杂志》2010 年第
　　2 期。

程亚华：《社会知觉中特质与情境交互作用的研究》，西北师范大学
　　硕士论文，2007 年。

池子华：《中国"民工潮"的历史考察》，《社会学研究》1998 年第
　　4 期。

刁鹏飞：《社会支持研究述评》，《哈尔滨工业大学学报》（社会科学
　　版）2012 年第 5 期。

丁蕙、屠国元：《教师期望效应理论研究及对教育的启示》，《教育评
　　论》2006 年第 6 期。

段成荣、吕利丹、郭静、王宗平：《我国农村留守儿童生存和发展基
　　本状况——基于第六次人口普查数据的分析》，《人口学刊》2013
　　年第 3 期。

《我国流动儿童生存与发展：问题与对策——基于 2010 年第六次全国
　　人口普查数据的分析》，《南方人口》2013 年第 4 期。

《我国农村留守儿童状况研究》，《人口研究》2008 年第 3 期。

范方：《留守儿童焦虑/抑郁情绪的社会心理因素及心理弹性发展方案
　　初步研究》，中南大学博士论文，2008 年。

《亲子教育缺失与"留守儿童"人格、学绩及行为问题》，《心理科
　　学》2005 年第 4 期。

范丽恒：《国外教师期望研究综述》，《心理科学》2006 年第 3 期。

范兴华：《不同监护类型留守儿童与一般儿童情绪适应的比较》，《中
　　国特殊教育》2011 年第 2 期。

《不同监护类型留守儿童和一般儿童问题行为比较》，《中国临床心理学杂志》2010 年第 2 期。

风笑天：《社会学研究方法》（第三版），中国人民大学出版社 2011 年版。

风笑天：《社会学者的方法意识和方法素养》，《社会学研究》1999 年第 2 期。

高文斌、王毅、王文忠、刘正奎：《农村留守学生的社会支持和校园人际关系》，《中国心理卫生杂志》2007 年第 1 期。

国家统计局、联合国人口基金、联合国儿基会：《中国儿童人口状况——事实与数据》，2013 年。

胡安宁：《倾向值匹配与因果推论：方法论述评》，《社会学研究》2012 年第 1 期。

胡枫、李善同：《父母外出务工对农村留守儿童教育的影响——基于 5 城市农民工调查的实证分析》，《管理世界》2009 年第 2 期。

胡寒春：《青少年核心心理弹性的结构及其特征研究》，中南大学博士论文，2009 年。

胡书芝、吴新慧、李洪君：《社会结构异质性与流动儿童社会网络的建构——以同伴关系为核心》，《青年研究》2009 年第 3 期。

胡心怡等：《生活压力事件、应对方式对留守儿童心理健康的影响》，《中国临床心理学杂志》2007 年第 5 期。

黄艳萍：《家庭教养方式对农村留守儿童心理健康的影响》，江西师范大学硕士论文，2006 年。

纪林芹、魏星、陈亮、张文新：《童年晚期同伴关系不利于儿童的攻击行为：自我概念与同伴信念的中介作用》，《心理学报》2012 年第 11 期。

江立华、王斌：《农村流动人口研究的再思考——以身体社会学为视角》，《社会学评论》2013 年第 1 期。

姜又春：《家庭社会资本与"留守儿童"养育的亲属网络——对湖南潭村的民族志调查》，《南方人口》2007 年第 3 期。

金庆英：《大学生学校归属感的理论与实证研究》，吉林大学博士论文，2012 年。

莱恩·多亚尔、伊恩·高夫：《人的需要理论》，商务印书馆 2008
年版。

李炳煌、江雅琴：《农村初中生人格特征、家庭功能与心理弹性的关
系》，《湖南科技大学学报》（社会科学版）2015 年第 1 期。

李朝旭：《社会判断的内隐和外显过程研究》，华东师范大学博士论
文，2005 年。

李陈续：《农村"留守儿童"教育问题亟待解决》，《光明日报》，
2002 - 04 - 09。

李海燕、胡卫平、申继亮：《学校环境对初中人格特征与创造性科学
问题提出能力关系的影响》，《心理科学》2010 年第 5 期。

李骊：《农村留守儿童安全感发展的学校动因研究》，湖南师范大学
硕士论文，2006 年。

李敏惠：《福利体制理论视角下的儿童福利政策——兼论中国城市低
收入家庭儿童抚养津贴》，南京大学硕士论文，2012 年。

李强：《农民工与中国社会分层》，社会科学文献出版社 2012 年版。

李淑湘、陈会昌、陈英和：《6—15 岁儿童对友谊特性的认知发展》，
《心理学报》1997 年第 1 期。

李云森：《自选择、父母外出与留守儿童学习表现——基于不发达地
区调查的实证研究》，《经济学》2013 年第 3 期。

梁宏：《生命历程视角下的"流动"与"留守"——第二代农民工特
征的对比分析》，《人口研究》2011 年第 4 期。

林宏：《福建省"留守孩"教育现状的调查》，《福建师范大学学报》
2003 年第 3 期。

凌辉、张建人、易艳等：《分离年龄和留守时间对留守儿童行为和情
绪问题的影响》，《中国临床心理学杂志》2012 年第 5 期。

凌辉等：《分离年龄和留守时间对留守儿童行为和情绪问题的影响》，
《中国临床心理学杂志》2012 年第 5 期。

刘春琼：《领域、背景与文化：社会认知领域理论研究》，南京师范
大学博士论文，2007 年。

刘乐意：《冲突论视角下的师生关系研究》，《学周刊》2016年第1期。

刘丽红、姚清如：《教师期望对学生学业成绩的影响》，《心理科学》1996年第6期。

刘林平、张春泥：《农民工工资：人力资本、社会资本、企业制度还是社会环境?》，《社会学研究》2007年第6期。

刘霞、范兴华、申继亮：《初中留守儿童社会支持与问题行为的关系》，《心理发展与教育》2007年第3期。

刘选玲：《新型师生关系构建探讨》，《学周刊》2016年第1期。

刘玉兰：《生命历程视角下童年期迁移经历与成年早期生活机会研究》，《人口研究》2013年第2期。

《儿童抗逆力：一项关于流动儿童社会工作实务的探讨》，《华东理工大学学报》（社会科学版）2012年第3期。

卢宝蕊：《儿童福利视域下留守儿童社会支持体系的构建》，《长春理工大学学报》（社会科学版）2013年第11期。

罗国芬：《留守儿童调查有关问题的反思》，《青年探索》2006年第5期。

《农村留守儿童的"问题化"机制研究——以学业成绩的"问题化"为例》，华东师范大学博士论文，2014年。

《从1000万到1.3亿：农村留守儿童到底有多少》，《青年探索》2005年第2期。

罗静、王薇、高文斌：《中国留守儿童研究述评》，《心理科学进展》2009年第5期。

吕佳蓉：《提升大陆籍新移民妇女亲职能力团体工作》，台中：东海大学硕士论文，2012年。

吕利丹：《从"留守儿童"到"新生代农民工"——高中学龄农村留守儿童学业终止及影响研究》，《人口研究》2014年第1期。

马凤芝：《类家庭流浪儿童抗逆力的获得和养成》，《青年研究》2015年第1期。

马维娜、桑标、洪灵敏：《心理弹性及其作用机制的研究述评》，《华东师范大学学报》（教育科学版）2008 年第 1 期。

马艳琳：《对初中"留守儿童"学习习惯现状的调查研究》，《当代文化与教育研究》2007 年第 3 期。

孟芳兵、吴哲敏、武海龙：《留守儿童群体分类关爱机制研究》，《中国教育学刊》2015 年第 4 期。

彭华民、刘玉兰：《抗逆力：一项低收入社区流动儿童的实证研究》，《广东青年职业学院学报》2012 年第 4 期。

全国妇联课题组：《我国农村留守儿童、城乡流动儿童状况研究报告》，http：//acwf. people. com. cn/n/2013/0510/c99013 – 21437965. html，2013 – 05 – 10。

桑标：《心理弹性儿童的心理理论》，《心理科学》2011 年第 3 期。

《家庭生态系统对儿童心理健康发展影响机制的研究》，《心理发展与教育》2005 年第 1 期。

申继亮、刘霞、赵景欣、师保国：《城镇化进程中农民工子女心理发展研究》，《心理发展与教育》2015 年第 1 期。

沈奕斐：《个体化与家庭结构关系的重构——以上海为例》，复旦大学博士论文，2010 年。

沈原：《社会转型与工人阶级的再形成》，《社会学研究》2006 年第 2 期。

时堪、周海明、马丙云：《贫困大学生负性生活事件与创伤后成长的关系：抗逆力的调节作用》，《中国健康心理学杂志》2015 年第 10 期。

孙卫：《学校环境、教学归因对小学教师教学效能感的影响研究》，山东师范大学博士论文，2003 年。

孙晓军、周宗奎：《儿童同伴关系对孤独感的影响》，《心理发展与教育》2007 年第 1 期。

《农村留守儿童的同伴关系和孤独感研究》，《心理科学》2010 年第 2 期。

谭深：《中国农村留守儿童研究述评》，《中国社会科学》2011 年第 1 期。

唐世平：《超越定性与定量之争》，《公共政策评论》2015 年第 4 期。

唐有才、符平：《亲子分离对留守儿童的影响——基于亲子分离具体化的实证研究》，《人口学刊》2011 年第 5 期。

《动态生命历程视角下的留守儿童及其社会化》，《中州学刊》2011 年第 4 期。

陶然：《父母外出务工与农村留守儿童学习成绩——基于安徽、江西两省调查实证分析的发现与政策含义》，《管理世界》2012 年第 8 期。

田国秀：《从"问题视角"转向"优势视角"——挖掘学生抗逆力的学校心理咨询工作模式浅析》，《中国教育学刊》2007 年第 1 期。

《离婚危害最小化：美国推行离婚教育的做法与借鉴》，《社会科学战线》2015 年第 1 期。

《力量与信任：抗逆力运作的两个支点及应用建议——基于 98 例困境青少年的访谈研究》，《中国青年研究》2015 年第 11 期。

《当代西方五种抗逆力模型比较研究》，《华东理工大学学报》（社会科学版）2011 年第 4 期。

《高危青少年问题行为分析及介入策略——基于隐性抗逆力视角的思考》，《首都师范大学学报》（社会科学版）2014 年第 2 期。

同雪莉：《抗逆力叙事：本土个案工作新模式》，《首都师范大学学报》（社会科学版）2015 年第 1 期。

万国威：《社会福利转型下的福利多元建构：兴文县留守儿童的实证研究》，南开大学博士论文，2013 年。

王德福：《乡土中国再认识》，北京大学出版社 2015 年版。

王进、陈晓思：《学校环境与学生成绩的性别差异：一个基于广州市七所初中的实证研究》，《社会》2013 年第 5 期。

王君健：《受艾滋病影响儿童抗逆力养成的社会工作介入》，《中国青年研究》2009 年第 5 期。

王瑞安、桑标：《具身视角下的社会认知》，《心理科学》2012 年第 5 期。

王秋香、欧阳晨：《论父母监护缺位与农村留守儿童权益保障问题》，

《学术论坛》2006 年第 10 期。

王志杰、张晶晶、潘毅、高隽：《社会支持对流动儿童抑郁的影响：韧性的中介作用》，《中国临床心理学杂志》2014 年第 2 期。

韦海燕：《社会文化视角下大学生韧性研究进展及动态》，《中国健康心理学杂志》2015 年第 5 期。

温颖、李人龙、师保国：《北京市流动儿童安全感和学校归属感研究》，《首都师范大学学报》（社会科学版）2009 年第 1 期。

文一、刘琴：《青少年心理弹性量表评估中国儿童心理弹性现状的 meta 分析》，《中国心理卫生杂志》2015 年第 11 期。

文正东：《儒学变迁中的师生关系演变研究》，华东师范大学博士论文，2011 年。

吴帆、杨伟伟：《留守儿童和流动儿童成长环境的缺失与重构》，《人口研究》2011 年第 6 期。

席居哲：《心理理论研究的毕生取向》，《心理科学进展》2003 年第 2 期。

《儿童心理健康发展的家庭生态系统特点研究》，《心理科学》2004 年第 1 期。

《不同学习压力承受能力高中生的家庭生态比较》，《中国心理卫生杂志》2006 年第 4 期。

《基于社会认知的儿童心理弹性研究》，华东师范大学博士论文，2006 年。

《不同学习压力觉知水平高中生家庭生态之比较》，《心理科学》2007 年第 3 期。

《心理弹性研究的回顾与展望》，《心理科学》2008 年第 4 期。

《心理韧性者甄别诸法》，《心理科学进展》2009 年第 6 期。

《心理弹性儿童的人际关系认知》，《心理发展与教育》2011 年第 6 期。

《心理弹性儿童的压力/逆境认知》，《心理科学》2011 年第 1 期。

《心理韧性儿童的社会能力自我觉知》，《心理学报》2011 年第 9 期。

《心理韧性研究诸进路》，《心理科学进展》2012 年第 9 期。

《心理弹性研究中发展威胁指标诸问题》，《华东师范大学学报》（教育科学版）2013 年第 4 期。

《不同心理韧性高中生的日常情绪状态与情绪自我调节方式》，《中国心理卫生杂志》2013 年第 9 期。

辛鹏：《当代中国高校师生关系冲突的文化透视》，东北师范大学博士论文，2011 年。

熊易寒：《底层、学校与阶级再生产》，《开放时代》2010 年第 1 期。

徐慧、张建新、张梅玲：《家庭教养方式对儿童社会化发展影响的研究综述》，《心理科学》2008 年第 4 期。

薛静华、欧阳文珍：《隔代养育利弊的心理学分析》，《当代教育论坛》2008 年第 2 期。

闫伯汉：《基于不同视角的留守儿童研究述评》，《学术论坛》2014 年第 9 期。

闫志刚：《社会建构论视角下的社会问题研究：农民工问题的社会建构过程》，中国社会科学出版社 2010 年版。

杨海：《军校新生心理弹性因素及心理训练对心理健康影响的实证研究》，第四军医大学博士论文，2010 年。

杨菊华、段成荣：《农村地区流动儿童、留守儿童和其他儿童教育机会比较研究》，《人口研究》2008 年第 1 期。

杨文娟、潘建平、杨武悦、王维清、马乐：《中国农村留守与非留守儿童忽视现状分析》，《中国学校卫生》2014 年第 2 期。

杨燕、刘帅：《父亲教养方式、幸福感及心理弹性的关系研究》，《天津师范大学学报》（基础教育版）2015 年第 3 期。

杨洋：《求同存异：在冲突中构建和谐师生关系——以天津市高中为例》，南开大学博士论文，2010 年。

叶敬忠、王伊欢、张克云、陆继霞：《父母外出务工对农村留守儿童学习的影响》，《农村经济》2006 年第 7 期。

殷融、张菲菲：《群体认同在集群行为中的作用机制》，《心理科学进展》2015 年第 9 期。

尹富权、唐峥华等：《留守流动儿童与城乡儿童的行为问题比较》，

《中国健康心理学杂志》2014 年第 5 期。

于肖楠、张建新：《韧性（resilience）——在压力下复原和成长的心理机制》，《心理科学进展》2005 年第 5 期。

元帅、杜爱玲、杨世昌、王新友、申丽娟：《国内留守儿童心理弹性 Meta 分析》，《中国健康心理学杂志》2015 年第 5 期。

臧亚鹏：《农村留守儿童教育问题研究——以黑龙江省牡丹江市林口县为例》，吉林大学硕士论文，2012 年。

张爱华：《意外创伤者的心理弹性及其发展模型的研究》，第二军医大学博士论文，2012 年。

张德乾：《农村留守儿童交往问题的实证研究》，《安徽农业科学》2007 年第 6 期。

张帆：《三峡库区农村留守儿童心理健康与心理弹性现状及影响因素研究》，重庆医科大学博士论文，2013 年。

张海峰：《大学生活事件、大五人格与心理韧性的关系研究》，南京师范大学硕士论文，2012 年。

张海鸥、姜兆萍：《自尊、应对方式与中职生心理韧性的关系》，《中国特殊教育》2012 年第 4 期。

张景焕：《多巴胺、5 - 羟色胺通路相关基因及家庭环境对创造力的影响及其作用机制》，《心理科学进展》2015 年第 9 期。

《父母教养方式对初中生创造性思维的影响：自我概念的中介作用》，《心理与行为杂志》2014 年第 2 期。

张俊良、马晓磊：《城市化背景下对农村留守儿童教育问题的探讨》，《农村经济》2010 年第 3 期。

张阔、张雯惠、杨珂、吴捷：《企业管理者的心理弹性、积极情绪与工作倦怠的关系》，《心理学探新》2015 年第 1 期。

张莉：《不同留守时间下儿童公正感的特点及其与主观幸福感的关系》，《心理发展与教育》2011 年第 5 期。

张乃兴：《基于学校和家庭环境的深圳市中小学师生健康素养研究》，华中科技大学博士论文，2012 年。

张顺、王良锋、孙业恒：《小学"留守儿童"社交焦虑现状流行病学调查》，《现代预防医学》2007 年第 3 期。

张野、张焕：《初中生英语自我效能感与知觉到的教师期望、英语成绩的关系》，《心理科学》2008 年第 1 期。

张羽、邢占军：《社会支持与主观幸福感关系研究综述》，《心理科学》2007 年第 6 期。

赵富才：《农村留守儿童问题研究》，中国海洋大学博士论文，2009 年。

赵景欣：《养育者行为监控与农村留守儿童的孤独、反社会行为》，《中国临床心理学杂志》2013 年第 3 期。

《同伴拒绝、同伴接纳与农村留守儿童的心理适应：亲子亲合与逆境信念的作用》，《心理学报》2013 年第 7 期。

赵苗苗：《贫困农村地区留守儿童与非留守儿童健康差异及影响因素研究》，山东大学博士论文，2012 年。

赵千秋：《学校环境、创造性自我效能与初中生科学创造力的关系》，陕西师范大学硕士论文，2012 年。

郑海燕：《教师期望的改变对初中生自我价值感及动机信念影响的实验研究》，《心理发展与教育》2005 年第 11 期。

郑林科、王建利、张海莉：《人性中的韧性：抵御应激和战胜危机的幸福资本》，《甘肃社会科学》2012 年第 4 期。

周福林、段成荣：《留守儿童研究综述》，《人口学刊》2006 年第 3 期。

周庚秀：《家庭环境、学校环境与中学生共情能力的关系研究》，湖南师范大学硕士论文，2013 年。

周潇：《劳动力更替的低成本组织模式与阶级再生产》，中国社会科学院博士论文，2011 年。

周志昊：《留守儿童学业自我效能感现状及其与学业延迟满足和父母养育方式的关系研究》，湖南师范大学硕士论文，2014 年。

周宗奎、孙晓军、刘亚、周东明：《农村留守儿童心理发展与教育问题》，《北京师范大学学报》（社会科学版）2005 年第 1 期。

《同伴关系的发展研究》，《心理发展与教育》2015 年第 1 期。

周晓虹：《文化反哺——当代中国亲子关系的新模式》，《家庭教育》2003 年第 1 期。

朱眉华：《困境与调适：乡城流动家庭的抗逆力研究》，上海大学博士论文，2013 年。

朱智贤：《心理学大辞典》，北京师范大学出版社 1989 年版。

庄美芳：《"留守儿童"学习品质现状调查报告》，《中小学图书情报世界》2006 年第 11 期。

邹泓：《同伴关系的发展功能及影响因素》，《心理发展与教育》1998 年第 2 期。

左志宏：《健康儿童与问题儿童父母教养方式结构的比较研究》，《心理科学》2004 年第 6 期。

《抗逆力（Resilience）研究需识别之诸效应》，《首都师范大学学报》（社会科学版）2014 年第 1 期。

《父母对幼儿行为问题反应偏向的原因及影响分析》，《幼儿教育》（教育科学版）2007 年第 4 期。

Ager, A., "Annual Research Review: Resilience and child well-being—public policy implications", *Journal of Child Psychology and Psychiatry*, Vol. 54, No. 4, 2013.

Ahern, N. R., "A review of instruments measuring resilience", *Issues Compr Pediatr Nurs*, Vol. 29, No. 2, 2006.

Alan, E. and Aiko, Y., "The influence of short-term adventure-based experiences on levels of resilience", *Journal of Adventure Education & Outdoor Learning*, Vol. 11, No. 1, 2011.

Bandura, A., "Perceived Self-Efficacy in Cognitive Development and Functioning", *Educational Psychologist*, Vol. 28, No. 2, 1993.

Allan, B. G., "Self-Concept, Disposition, and Resilience of Poststroke Filipino Elderly with Residual Paralysis", *Educational Gerontology*, Vol. 38, No. 6, 2012.

Almedom, A. M., "Resilience: Outcome, Process, Emergence, Narrative (OPEN) theory", *On The Horizon*, Vol. 21, No. 1, 2013.

Ong, A. D. , Mroczek, D. K. and Riffin, C. , "The Health Significance of Positive Emotions in Adulthood and Later Life", *Social & Personality Psychology Compass*, Vol. 5, No. 8, 2011.

Bakermanskranenburg, M. J. , "The importance of shared environment in infant-father attachment: a behavioral genetic study of the attachment q-sort", *Fam Psychol*, Vol. 18, No. 3, 2004.

Bakermanskranenburg, M. J. , Van IJzendoorn, M. H. and Juffer, F. , "Less is more: meta-analyses of sensitivity and attachment interventions in early childhood", *Psychological Bulletin*, Vol. 129, No. 2, 2003.

Bakermans-Kranenburg, M. J. , Van Ijzendoorn, M. H. and Juffer, F. , "Disorganized infant attachment and preventive interventions: A review and meta-analysis", *Infant Mental Health Journal*, Vol. 26, No. 3, 2005.

Baldwin, A. L. , "Contextual risk and resiliency during late adolescence", *Development and Psychopathology*, Vol. 5, No. 4, 1993.

Baldwin, A. L. , "Contextual risk and resiliency during late adolescence", *Development and Psychopathology*, Vol. 5, No. 4, 1993.

Baldwin, A. L. , "Contextual risk and resiliency during late adolescence", *Development and Psychopathology*, Vol. 5, No. 4, 1993.

Barrera, M. , "Distinctions between social support concepts, measures, and models", *American Journal of Community Psychology*, Vol. 14, No. 4, 1986.

Becker, B. E. and Luthar, S. S. , "Social-Emotional Factors Affecting Achievement Outcomes Among Disadvantaged Students: Closing the Achievement Gap", *Educational Psychologist*, Vol. 37, No. 4, 2002.

Beightol, J. , "Adventure Education and Resilience Enhancement", *Journal of Experiential Education*, Vol. 35, No. 2, 2012.

Beightol, J. , "The Effect of an Experiential, Adventure-Based", *Journal of Experiential Education*, Vol. 31, No. 3, 2009.

Black, K. and Lobo, M. , "A conceptual review of family resilience factors", *Journal of Family Nursing*, Vol. 14, No. 1, 2008.

Block, J. and Kremen, A. M., "IQ and ego-resiliency: conceptual and empirical connections and separateness", *Journal of Personality & Social Psychology*, Vol. 70, No. 2, 1996.

Block, J. H. and Block, J., "Role of ego-control and ego-resiliency in the organization of behavior", Vol. 13, No. 1, 1980.

Block, J., "Personality as an affect-processing system: Toward an integrative theory", *L Erlbaum*, Vol. 49, No. 5, 2002.

Bokhorst, C. L., "The Importance of Shared Environment in Mother-Infant Attachment Security: A Behavioral Genetic Study", *Child Development*, Vol. 74, No. 6, 2003.

Bonanno, G. A., "Loss, trauma, and human resilience: have we underestimated the human capacity to thrive after extremely aversive events?" *American Psychologist*, Vol. 59, No. 1, 2004.

Bonanno, G. A., "Meaning making, adversity, and regulatory flexibility", *Memory*, Vol. 21, No. 1, 2013.

Bonanno, G. A., "Uses and abuses of the resilience construct: loss, trauma, and health-related adversities", *Social Science & Medicine*, Vol. 74, No. 5, 2012.

Bonanno, G. A., "Psychological resilience after disaster: New York City in the aftermath of the September 11th terrorist attack", *Psychological Science*, Vol. 17, No. 3, 2006.

Bonanno, G. A., Westphal, M. and Mancini, A. D., "Resilience to loss and potential trauma", *Annual Review of Clinical Psychology*, Vol. 7, No. 1, 2011.

Bonanno, G. A. and Diminich, E. D., "Annual Research Review: Positive adjustment to adversity-trajectories of minimal-impact resilience and emergent resilience", *Journal of Child Psychology and Psychiatry*, Vol. 54, No. 4, 2013.

Bowlby, J., "Attachment and loss: retrospect and prospect", *American*

Journal of Orthopsychiatry, Vol. 52, No. 4, 1982.

Bowlby, J., "Developmental psychiatry comes of age", *American Journal of Psychiatry*, Vol. 145, No. 1, 1988.

Breton, J. J., "Protective Factors Against Depression and Suicidal Behaviour in Adolescence", *Canadian Journal of Psychiatry Revue Canadienne De Psychiatrie*, Vol. 60, No. 2, Supplement 1, 2015.

Le, B. R., Hendrikz, J. and Kenardy, J. A., "The Course of Posttraumatic Stress in Children: Examination of Recovery Trajectories Following Traumatic Injury", *Journal of Pediatric Psychology*, Vol. 35, No. 6, 2010.

Brokenleg, M., "The Resilience Revolution: Our Original Collaboration", *Reclaiming Children & Youth*, Vol. 18, 2010.

Bronfenbrenner, U., "The Ecology of Human Development", Harvard University Press, 1979.

Brooks, R. B., "Children at risk: Fostering resilience and hope", *American Journal of Orthopsychiatry*, Vol. 64, No. 4, 1994.

Brooks, R. B., "CHILDREN AT RISK: Fostering Resilience and Hope", *American Journal of Orthopsychiatry*, Vol. 64, No. 4, 1994.

Bruce, S. M., "Parenting Behavior and Adolescent Conduct Problems", *Journal of School Violence*, Vol. 7, No. 1, 2008.

Burns, R. A., Anstey, K. J. and Windsor, T. D., "Subjective well-being mediates the effects of resilience and mastery on depression and anxiety in a large community sample of young and middle-aged adults", *Australian and New Zealand Journal of Psychiatry*, Vol. 45, No. 3, 2011.

Butler, B. S., "An Attraction-Selection-Attrition Theory of Online Community Size and Resilience", *Mis Quarterly*, Vol. 38, No. 3, 2014.

Catherine, B., "Risky and resilient life with dementia: review of and reflections on the literature", *Health, Risk & Society*, Vol. 15, No. 5, 2013.

Falicov, C. J., "Training to Think Culturally: A Multidimensional Comparative Framework", *Family Process*, Vol. 34, No. 4, 1995.

Cicchetti, D. and Rogosch, F. A., "The role of self-organization in the promotion of resilience in maltreated children", *Development and Psychopathology*, Vol. 9, No. 4, 1997.

Scherb, C. A., Head, B. J., "Most Frequent Nursing Diagnoses, Nursing Interventions, and Nursing-Sensitive Patient Outcomes of Hospitalized Older Adults With Heart Failure: Part 1", *International Journal of Nursing Knowledge*, Vol. 22, No. 1, 2011.

Clauss-Ehlers, C. S., "Re-inventing Resilience. Community Planning to Foster Resilience in Children", *Springer US*, 2004.

Cna, D. S. P. R., "Translating theory into practice: results of a 2-year trial for the LEAD programme", *Journal of Psychiatric and Mental Health Nursing*, 2008.

Cohen, S. and Wills, T. A., "Stress, social support, and the buffering hypothesis", *Psychological Bulletin*, Vol. 98, No. 2, 1985.

Conrad, M. and Hammen, C., "Protective and resource factors in highand low-risk children: A comparison of children with unipolar, bipolar, medically ill, and normal mothers", *Development and Psychopathology*, Vol. 5, No. 4, 1993.

Cowen, E. L. and Work, W. C., "Resilient children, psychological wellness, and primary prevention", *American Journal of Community Psychology*, Vol. 16, No. 4, 1988.

Coyle, J. P., Nochajski, T., "An Exploratory Study of the Nature of Family Resilience in Families Affected by Parental Alcohol Abuse", *Journal of Family Issues*, Vol. 30, No. 12, 2009.

Csikszentmihalyi, M. and Schneider, B., "Becoming Adult: How Teenagers Prepare for the World of Work", *American Journal of Education*, Vol. 31, No. 3, 2001.

Davidson, J. R., "Trauma, resilience and saliostasis: effects of treatment in post-traumatic stress disorder", *International Clinical Psychopharma-*

cology, Vol. 20, No. 1, 2005.

Davies, P. T., "Children's Insecure Representations of the Interparental Relationship and Their School Adjustment: The Mediating Role of Attention Difficulties", *Child Development*, Vol. 79, No. 5, 2008.

de Boo, G. M. and Prins, P. J., "Social incompetence in children with ADHD: possible moderators and mediators in social-skills training", *Clinical Psychology Review*, Vol. 27, No. 1, 2007.

Doll, B. and Lyon, M. A., "Risk and resilience: Implications for the delivery of educational and mental health services in schools", *School Psychology Review*, Vol. 27, No. 3, 1998.

Eisold, B. K., "Notes on lifelong resilience-Perceptual and personality factors implicit in the creation of a particular adaptive style", *Psychoanalytic Psychology*, Vol. 22, No. 3, 2005.

Elias, M. J., Parker, S. and Rosenblatt, J. L., "Building Educational Opportunity", *Springer US*, 2005.

Fearon, R. M., "In search of shared and nonshared environmental factors in security of attachment: a behavior-genetic study of the association between sensitivity and attachment security", *Developmental Psychology*, Vol. 42, No. 6, 2006.

Fearon, R. P., "The significance of insecure attachment and disorganization in the development of children's externalizing behavior: a meta-analytic study", *Child Development*, Vol. 81, No. 2, 2010.

Fergus, S. and Zimmerman, M. A., "ADOLESCENT RESILIENCE: A Framework for Understanding Healthy Development in the Face of Risk", *Annual Review of Public Health*, Vol. 26, No. 26, 2017.

Flouri, E., Tzavidis, N. and Kallis, C., "Adverse life events, area socioeconomic disadvantage and psychopathology and resilience in young children: the importance of risk factors' accumulation and protective factors' specificity", *European Child & Adolescent Psychiatry*, Vol. 19, No. 6, 2010.

Fosco, G. M. and Grych, J. H., "Emotional, cognitive, and family systems mediators of children's adjustment to interparental conflict", *Journal of Family Psychology*, Vol. 22, No. 6, 2008.

Fowler, R. D., "Subjective Well-being: The Science of Happiness and a Proposal for a National Index", *American psychologist*, 2000.

Friborg, O., "A new rating scale for adult resilience: what are the central protective resources behind healthy adjustment?" *International Journal of Methods in Psychiatric Research*, Vol. 12, No. 2, 2003.

Ganong, L. H. and Coleman, M., "Introduction to the Special Section: Family Resilience in Multiple Contexts", *Journal of Marriage & Family*, Vol. 64, No. 2, 2010.

Garcia-Dia, M. J., "Concept analysis: resilience", *Arch Psychiatr Nurs*, Vol. 27, No. 6, 2013.

Garmezy, N., Masten, A. S. and Tellegen, A., "The study of stress and competence in children: a building block for developmental psychopathology", *Child Development*, Vol. 55, No. 1, 1984.

Garmezy, N., "The study of competence in children at risk for severe psychopathology", 1974.

Garmezy, N., "Process and reactive schizophrenia: Some conceptions and issues", *Schizophrenia Bulletin*, Vol. 18, No. 1, 1970.

Garmezy, N., "Resilience and vulnerability to adverse developmental outcomes associated with poverty", *American Behavioral Scientist*, Vol. 34, No. 4, 1991.

George and Clarke, "Why Doesn't Adversity Make Everyone Stronger? Mediators of the Relationship Between Trait Emotion and Resilience", 心理学研究: 英文版 5, 2013。

Geschwind, N., "Early improvement in positive rather than negative emotion predicts remission from depression after pharmacotherapy", *European Neuropsychopharmacology the Journal of the European College of Neuropsychopharmacology*, Vol. 21, No. 3, 2011.

Giddens, A., "Attachment and Loss, Volume I: Attachment, by John Bowlby", *British Journal of Sociology*, Vol. 21, No. 1, 1970.

Goldstein, S., Goldstein, S. and Psychologie, H., "Handbook of Resilience in Children", Springer September, 2013.

Gore, S. and Jr, H. A., "Protective processes in adolescence: Matching stressors with social resources", *American Journal of Community Psychology*, Vol. 23, No. 3, 1995.

Greenberg, M. T., "Enhancing school-based prevention and youth development through coordinated social, emotional, and academic learning", *American Psychologist*, Vol. 58, No. 6 – 7, 2003.

Greene, R. R., Galambos, C. and Lee, Y., "Resilience Theory", *Journal of Human Behavior in the Social Environment*, Vol. 8, No. 4, 2004.

Hardaway, C. R. and Cornelius, M. D., "Economic hardship and adolescent problem drinking: family processes as mediating influences", *Journal of Youth and Adolescence*, Vol. 43, No. 7, 2014.

Hawkins, S. K., "Economically disadvantaged students: A case study of resilient qualities that encourage academic success", Dissertations & Theses-Gradworks, 2011.

Henley, R., "Resilience enhancing psychosocial programs for youth in different cultural contexts: Evaluation and research", *Progress in Development Studies*, Vol. 10, No. 4, 2010.

Herrman, H., "What is resilience?" *Canadian Journal of Psychiatry Revue Canadienne De Psychiatrie*, Vol. 56, No. 5, 2011.

Hetherington, E. M., Bridges, M. and Insabella, G. M., "What Matters? What Does Not?" *American Psychologist*, Vol. 53, 1998.

Hogan, B. E., Linden, W. and Najarian, B., "Social support interventions: Do they work?" *Clinical Psychology Review*, Vol. 22, No. 3, 2002.

Holaday, M. and Mcphearson, R. W., "Resilience and Severe Burns", *Journal of Counseling & Development*, Vol. 75, No. 5, 1997.

Hoyt, D. R. , "Psychological distress and help seeking in rural America",
American Journal of Community Psychology, Vol. 25, No. 4, 1997.

Huemer, J. , "Personality and psychopathology in African unaccompanied
refugee minors: repression, resilience and vulnerability", *Child Psychia-
try & Human Development*, Vol. 44, No. 1, 2013.

Jacelon, C. S. , "The trait and process of resilience", *Journal of Advanced
Nursing*, Vol. 25, No. 1, 1997.

Jaffee, S. R. , "Individual, family, and neighborhood factors distinguish
resilient from non-resilient maltreated children: a cumulative stressors
model", *Child Abuse & Neglect*, Vol. 31, No. 3, 2007.

Jaffee, S. R. , "Sensitive, stimulating caregiving predicts cognitive and be-
havioral resilience in neurodevelopmentally at-risk infants", *Development
and Psychopathology*, Vol. 19, No. 3, 2007.

Johnson, A. H. , "Resilience Builder Program for Children and Adoles-
cents: Enhancing Social Competence and Self-Regulation, a Cognitive-
Behavioral Group Approach by Alvord, M. K. Sucker, B. and Grados,
J. J. ", *Social Work with Groups*, Vol. 35, No. 4, 2012.

Joseph, R. , "Environmental Influences on Neural Plasticity, the Limbic
System, Emotional Development and Attachment: A Review", *Child Psy-
chiatry & Human Development*, Vol. 29, No. 3, 1999.

Joseph, S. and Linley, P. A. , "Positive Adjustment to Threatening E-
vents: An Organismic Valuing Theory of Growth Through Adversity", *Re-
view of General Psychology*, Vol. 9, No. 3, 2005.

June, A. , "Religiousness, social support and reasons for living in African
American and European American older adults: an exploratory study",
Aging & Mental Health, Vol. 13, No. 5, 2009.

Kaplan, H. B. , "Toward an Understanding of Resilience", *Resilience and
Development*, Springer US, 1999.

Karaırmak, O. , "Establishing the psychometric qualities of the Connor-Da-
vidson Resilience Scale (CD-RISC) using exploratory and confirmatory

factor analysis in a trauma survivor sample", *Psychiatry Research*, Vol. 179, No. 3, 2010.

Kärkkäinen, R., Räty, H. and Kasanen, K., "Parents' perceptions of their child's resilience and competencies", *European Journal of Psychology of Education*, Vol. 24, No. 3, 2009.

Connor, K. M., Davidson, J. R. T., "Development of a new resilience scale: The Connor-Davidson Resilience Scale (CD-RISC)", *Depression and Anxiety*, Vol. 18, No. 2, 2003.

Kent, M., "From Neuron to Social Context: Restoring Resilience as a Capacity for Good Survival", *The Social Ecology of Resilience*, Springer New York, 2012.

Hosaini, M., Elias, H., Krauss, S. E., "A Review Study on Spiritual Intelligence, Adolescence and Spiritual Intelligence, Factors that May Contribute to Individual Differences in Spiritual Intelligence, and the Related Theories", *Journal of Social Sciences*, Vol. 2, No. 2, 2010.

Kimcohen, J., "Genetic and environmental processes in young children's resilience and vulnerability to socioeconomic deprivation", *Child Development*, Vol. 75, No. 3, 2004.

Kirmayer, L. J., "Rethinking resilience from indigenous perspectives", *Canadian Journal of Psychiatry Revue Canadienne De Psychiatrie*, Vol. 56, No. 2, 2011.

Kobasa, S. C., "Stressful life events, personality, and health: An inquiry into hardiness", *Journal of Personality & Social Psychology*, Vol. 37, No. 1, 1979.

Kopp, C. B., "Antecedents of self-regulation: A developmental perspective", *Developmental Psychology*, Vol. 18, No. 2, 1982.

Kumpfer, K. L., "Factors and Processes Contributing to Resilience", *Resilience and Development*, Springer US, 2002.

Ialongo, N. S., Vaden-Kieman, N. N. and Kellam, S., "Early Peer Rejection and Aggression: Longitudinal Relations with Adolescent Behavior", *Journal of Developmental and Physical Disabilities*, Vol. 10, No. 2, 1998.

Lavretsky, H. , "Resilience and Aging", *Aging Health*, Vol. 3, No. 3, 2014.

Lee, I. , "Concept development of family resilience: a study of Korean families with a chronically ill child", *Journal of Clinical Nursing*, Vol. 13, No. 5, 2004.

Lee, T. Y. , "Children's Resilience-Related Beliefs as a Predictor of Positive Child Development in the Face of Adversities: Implications for Interventions to Enhance Children's Quality of Life", *Social Indicators Research*, Vol. 95, No. 3, 2010.

Lewis, K. M. , "Direct and Mediated Effects of a Social-Emotional and Character Development Program on Adolescent Substance Use", *International Journal of Emotional Education*, Vol. 4, No. 1, 2012.

Linley, P. A. and Joseph, S. , "The human capacity for growth through adversity", *American Psychologist*, Vol. 60, No. 3, 2005.

Luthar, S. S. , "Vulnerability and resilience: a study of high-risk adolescents", *Child Development*, Vol. 62, No. 3, 1991.

Luthar, S. S. and Zigler, E. , "Intelligence and social competence among high-risk adolescents", *Development and Psychopathology*, Vol. 4, No. 2, 1992.

Luthar, S. S. and Zigler, E. , "Vulnerability and competence: a review of research on resilience in childhood", *American Journal of Orthopsychiatry*, Vol. 61, No. 1, 1991.

Luthar, S. S. and D'Avanzo, K. , "Contextual factors in substance use: a study of suburban and inner-city adolescents", *Development and Psychopathology*, Vol. 11, No. 4, 1999.

Luthar, S. S. and Zigler, E. , "Vulnerability and competence: A review of research on resilience in childhood", *American Journal of Orthopsychiatry*, Vol. 61, No. 1, 1991.

Luthar, S. S. and Zelazo, L. B. , "Research on resilience: An integrative review", Resilience & Vulnerability: Adaptation in the Context of Childhood Adversities, Edited by Ss Luthar 2003.

Luthar, S. S. , "Resilience and Vulnerability: Adaptation in the Context of Childhood Adversities", *Journal of the American Academy of Child & Adolescent Psychiatry*, Vol. 44, No. 4, 2005.

Luthar, S. S. and Becker, B. E. , "Privileged but Pressured? A Study of Affluent Youth", *Child Development*, Vol. 73, No. 5, 2002.

Luthar, S. S. , Cicchetti D. and Becker, B. , "The Construct of Resilience: A Critical Evaluation and Guidelines for Future Work", *Child Development*, Vol. 71, No. 3, 2000.

Maddi, S. R. , "On hardiness and other pathways to resilience", *American Psychologist*, Vol. 60, No. 3, 2005.

Maddi, S. R. , "The Story of Hardiness: Twenty Years of Theorizing, Research and Practice", *Consulting Psychology Journal Practice & Research*, Vol. 54, No. 54, 2002.

Malindi, M. J. and Theron, L. C. , "The hidden resilience of street youth", *South African journal of psychology = Suid-Afrikaanse tydskrif vir sielkunde*, Vol. 40, No. 3, 2010.

Mancini, A. D. , "Does attachment avoidance help people cope with loss? The moderating effects of relationship quality", *Journal of Clinical Psychology*, Vol. 65, No. 10, 2009.

Mancini, A. D. , Bonanno, G. A. and Clark, A. E. , "Stepping Off the Hedonic Treadmill: Individual Differences in Response to Major Life Events", *Journal of Individual Differences*, Vol. 32, No. 3, 2011.

Mancini, A. D. and Bonanno, G. A. , "Resilience in the face of potential trauma: Clinical practices and illustrations", *Current Directions in Psychological Science*, Vol. 62, No. 3, 2005.

Mandleco, B. L. and Peery, J. C. , "An organizational framework for conceptualizing resilience in children", *Journal of Child & Adolescent*

Psychiatric Nursing, Vol. 13, No. 3, 2000.

Mangham, C., Reid, G. and Stewart, M., "Resilience in families: challenges for health promotion", *Canadian journal of public health = Revue canadienne de santé publique*, Vol. 87, No. 6, 1996.

Manyena, S. B., "Disaster resilience: A question of 'multiple faces' and 'multiple spaces'?" *International Journal of Disaster Risk Reduction*, Vol. 8, 2014.

Marcellus, L., "Supporting resilience in foster families: A model for program design that supports recruitment, retention, and satisfaction of foster families who care for infants with prenatal substance exposure", *Child Welfare*, Vol. 89, No. 1, 2010.

Masten, A. S., "Ordinary magic. Resilience processes in development", *American Psychologist*, Vol. 56, No. 3, 2001.

Masten, A. S., "Resilience in developing systems: progress and promise as the fourth wave rises", *Development and Psychopathology*, Vol. 19, No. 3, 2007.

Masten, A. S. and Tellegen, A., "Resilience in developmental psychopathology: contributions of the Project Competence Longitudinal Study", *Development and Psychopathology*, Vol. 24, No. 2, 2012.

Masten, A. S. and Coatsworth, J. D., "The development of competence in favorable and unfavorable environments. Lessons from research on successful children", *American Psychologist*, Vol. 53, No. 2, 1998.

Masten, A. S., "Competence and stress in school children: the moderating effects of individual and family qualities", *Journal of Child Psychology and Psychiatry*, Vol. 29, No. 6, 1988.

Masten, A. S., "Competence in the context of adversity: pathways to resilience and maladaptation from childhood to late adolescence", *Development and Psychopathology*, Vol. 11, No. 1, 1999.

Masten, A. S. and Coatsworth, J. D., "The development of competence in favorable and unfavorable environments: Lessons from research on successful children", *American Psychologist*, Vol. 53, No. 2, 1998.

Masten, A. S. and Powell, J. L., "A resilience framework for research, policy, and practice", 2015.

Megan, O. and Cheng, K., "Improved Self-Control: The Benefits of a Regular Program of Academic Study", *Basic and Applied Social Psychology*, Vol. 28, No. 1, 2006.

Hartley, M. T., "Examining the Relationships Between Resilience, Mental Health and Academic Persistence in Undergraduate College Students", *Journal of American College Health*, Vol. 59, No. 7, 2010.

Michael, "The politics of production : factory regimes under capitalism and socialism", Verso, 1985.

Mortimer, J. T., "Becoming Adult: How Teenagers Prepare for the World of Work (review)", *Social Forces*, Vol. 82, No. 1, 2003.

Nelson, B. S., "Resilient Adults: Overcoming a Cruel Past", *Family Relations*, Vol. 44, No. 3, 2001.

Nezhad, M. A. S. and Besharat, M. A., "Relations of resilience and hardiness with sport achievement and mental health in a sample of athletes", *Procedia-Social and Behavioral Sciences*, Vol. 5, No. 4, 2010.

Ng, R., Ang, R. P. and Ho, M. H. R., "Coping with Anxiety, Depression, Anger and Aggression: The Mediational Role of Resilience in Adolescents", *Child & Youth Care Forum*, Vol. 41, No. 6, 2012.

Nicola, A., "Attachment and Resilience: Implications for Children in Care", *Child Care in Practice*, Vol. 12, No. 4, 2006.

Oesterheld, J. R. and Parmelee, D. X., "Childhood and Society", *Childhood and society*, Penguin books, 1965.

Ong, A. D., Zautra, A. J. and Reid, M. C., "Psychological resilience predicts decreases in pain catastrophizing through positive emotions", *Psychology & Aging*, Vol. 25, No. 3, 2010.

Pasupathi, M., Sjostrom, S. and Richardson, J., "Lifespan Perspectives on Stressful Events", Gerontologist, 1996.

Patterson, Joän. , "Integrating family resilience and family stress theory", *Journal of Marriage and Family*, Vol. 64, No. 2, 2002.

Peterson, S. J. and Bredow, T. S. , "Middle range theories : application to nursing research", Wolters Kluwer Lippincott Williams & Wilkins Health, 2016.

Pretty, J. N. , "Regenerating agriculture: policies and practice for sustainability and self-reliance", *Field Crops Research*, Vol. 48, No. 1, 1996.

Prince-Embury, S. and Saklofske, D. H. , "Resilience Interventions for Youth in Diverse Populations", Springer New York, 2014.

Prince-Embury, S. and Saklofske, D. H. , "Resilience in Children, Adolescents and Adults", Springer New York, 2013.

Prince-Embury, S. , "Three-Factor Model of Personal Resiliency and Related Interventions", *Resilience Interventions for Youth in Diverse Populations*, Springer New York, 2014.

Reich, J. W. , Zautra, A. J. and Hall, J. S. , "Handbook of adult resilience", Guilford Press, 2010.

Rende, R. and Plomin, R. , "Families at risk for psychopathology: Who becomes affected and why?" *Development and Psychopathology*, Vol. 5, No. 4, 1993.

Renuka, J. D. and Sean Cameron, R. J. , "Developing Resilience in Children Who are in Public Care: The educational psychology perspective", *Educational Psychology in Practice*, Vol. 19, No. 1, 2003.

Resnick, B. A. and Inguito, P. L. , "The Resilience Scale: Psychometric Properties and Clinical Applicability in Older Adults", *Archives of Psychiatric Nursing*, Vol. 25, No. 1, 2011.

Richardson, G. E. , "The metatheory of resilience and resiliency", *Journal of Clinical Psychology*, Vol. 58, No. 3, 2002.

Richter, C. H. , Xu, J. and Wilcox, B. A. , "Opportunities and Challenges of the Ecosystem Approach", *Futures*, Vol. 67, 2014.

Robinson, J. R. , Freeburg, B. W. and Workman, J. , "Family environment and creativity in fashion design students", *International Journal of Fashion Design Technology & Education*, Vol. 6, No. 3, 2013.

Rodrigues, N. and Patterson, J. M., "Impact of Severity of a Child's Chronic Condition on the Functioning of Two-Parent Families", *Journal of Pediatric Psychology*, Vol. 32, No. 4, 2007.

Rolf, J. E., "Risk and protective factors in the development of psychopathology", *Journal of Nervous & Mental Disease*, Vol. 180, No. 1, 1990, pp. 170 – 170.

Roosa, M. W., "Some Thoughts about Resilience versus Positive Development, Main Effects versus Interactions, and the Value of Resilience", *Child Development*, Vol. 71, No. 3, 2000.

Rutten, B. P., "Resilience in mental health: linking psychological and neurobiological perspectives", *Acta Psychiatrica Scandinavica*, Vol. 128, No. 1, 2013.

Rutter, M. and Silberg, J., "Gene-environment interplay in relation to emotional and behavioral disturbance", *European Psychiatry*, Vol. 53, No. 1, 2002.

Rutter, P. A., Freedenthal, S. and Osman, A., "Assessing protection from suicidal risk: Psychometric properties of the Suicide Resilience Inventory", *Death Studies*, Vol. 32, No. 2, 2008.

Saltzman, W. R., "Enhancing Family Resilience Through Family Narrative Co-construction", *Clinical Child & Family Psychology Review*, Vol. 16, No. 3, 2013.

Sanders, A. E., Lim, S. and Sohn, W., "Resilience to urban poverty: theoretical and empirical considerations for population health", *American Journal of Public Health*, Vol. 98, No. 6, 2008.

Schmidt, J. A., "Correlates of Reduced Misconduct Among Adolescents Facing Adversity", *Journal of Youth and Adolescence*, Vol. 32, No. 6, 2003.

Shek, D. T., "Using students' weekly diaries to evaluate positive youth development programs: the case of Project P. A. T. H. S. in Hong Kong", *Adolescence*, Vol. 44, No. 173, 2009.

Singer, G. H. S. and Powers, L. E., "Contributing to resilience in families: An overview", 1993.

Skovdal, M. and Campbell, C., "Orphan competent communities: a framework for community analysis and action", *Vulnerable Children & Youth Studies*, Vol. 5, sup1, 2010.

Southwick, S. M., Vythilingam, M. and Charney, D. S., "The Psychobiology of Depression and Resilience to Stress: Implications for Prevention and Treatment", *Annual Review of Clinical Psychology*, Vol. 1, No. 1, 2005.

Stafford and Kathryn, "Weighing the Costs of Disaster", *Americas*, Vol. 57, 2005.

Stanilov, G. and Zulanke, R., "The Mindset of Teachers Capable of Fostering Resilience in Students", *Canadian Journal of School Psychology*, Vol. 23, No. 1, 2008.

Steiner, C. F., "Population and Community Resilience in Multitrophic Communities", *Ecology*, Vol. 87, No. 4, 2006.

Stuart, T., Hauser, M. D. and Joseph, P., "Overcoming Adversity in Adolescence: Narratives of Resilience", *Psychoanalytic Inquiry*, Vol. 26, No. 4, 2006.

Swanson, J., "Predicting Early Adolescents' Academic Achievement, Social Competence, and Physical Health from Parenting, Ego Resilience, and Engagement Coping", *The Journal of Early Adolescence*, Vol. 31, No. 4, 2011.

Taylor, L. K., "Risk and resilience: the moderating role of social coping for maternal mental health in a setting of political conflict", *International Journal of Psychology*, Vol. 48, No. 4, 2013.

Tol, W. A., Song, S. and Jordans, M. J., "Annual Research Review: Resilience and mental health in children and adolescents living in areas of armed conflict-a systematic review of findings in low-and middle-income countries", *Journal of Child Psychology and Psychiatry*, Vol. 54, No. 4, 2013.

Tol, W. A., "Promoting Mental Health and Psychosocial Well-Being in Children Affected by Political Violence: Part I-Current Evidence for an Ecological Resilience Approach", Handbook of Resilience in Children of War, 2013.

Tugade, M. M. and Fredrickson, B. L., "CHAPTER 9: Positive Emotions and Emotional Intelligence", *Counterpoints*, Vol. 336, 2008.

Ungar, M., Ghazinour, M. and Richter, J., "Annual Research Review: What is resilience within the social ecology of human development?" *Journal of Child Psychology and Psychiatry*, Vol. 54, No. 4, 2013.

Ungar, M., "The social ecology of resilience: addressing contextual and cultural ambiguity of a nascent construct", *American Journal of Orthopsychiatry*, Vol. 81, No. 1, 2011.

Ungar, Michael and Liebenberg, L., "Assessing Resilience across Cultures Using Mixed Methods: Construction of the Child and Youth Resilience Measure", *Journal of Mixed Methods Research*, Vol. 5, No. 2, 2011.

Ursula, M. G. and Linda, M., "Implications of Risk and Resilience in the Life of the Individual Who is Gifted/Learning Disabled", *Roeper Review*, Vol. 27, No. 4, 2005.

Vorria, P., Ntouma, M. and Rutter, M., "Vulnerability and resilience after early institutional care: The Greek Metera study", *Development and Psychopathology*, Vol. 27, No. 3, 2015.

Walsh, F., "Family resilience: a framework for clinical practice", *Family Process*, Vol. 42, No. 1, 2003.

Wang, M. C., "Finding Resilience: The Mediation Effect of Sense of Community on the Psychological Well-Being of Military Spouses", *Journal of Mental Health Counseling*, Vol. 37, No. 2, 2015.

Wasonga, T., Christman, D. E. and Kilmer, L., "Ethnicity, Gender and Age: Predicting Resilience and Academic Achievement among Urban High School Students", *American Secondary Education*, Vol. 32, No. 1, 2003.

Webb, C. T., "What Is the Role of Ecology in Understanding Ecosystem Resilience?" *Bio Science*, Vol. 57, No. 6, 2007.

Weems, C. F. and Banks, D. M., "Severe Stress and Anxiety Disorders in Adolescence: The Long-Term Effects of Disasters", *Traumatic Stress and Long-Term Recovery*, Springer International Publishing, 2015.

Wekerle, C., Waechter, R. and Chung, R., "Contexts of Vulnerability and Resilience: Childhood Maltreatment", *Cognitive Functioning and Close Relationships*, The Social Ecology of Resilience, Springer New York, 2012.

Werner, E. E. and Smith, R. S., "Overcoming the odds: high risk children from birth to adulthood", American Journal of Sociology, 1993, p. 289.

Werner, E. E. and Smith, R. S., "Vulnerable But Invincible: A Longitudinal Study of Resilient Children and Youth", 1982.

Westphal, M. and Bonanno, G. A., "Posttraumatic Growth and Resilience to Trauma: Different Sides of the Same Coin or Different Coins?" *Applied Psychology*, Vol. 56, No. 3, 2007.

Whittington, A., Budbill, N. W. and Aspelmeier, J., "Promoting resiliency in adolescent girls through adventure education", *Jorel*, Vol. 5, No. 2, 2013.

Wille, N. and Ravens-Sieberer, U., "How to Assess Resilience: Reflections on a Measurement Model", *Health Assets in a Global Context*, Springer New York, 2010.

Windle, G., Bennett, K. M. and Noyes, J., "A methodological review of resilience measurement scales", *Health and Quality of Life Outcomes*, Vol. 9, No. 1, 2011.

Wright, M. O. and Masten, A. S., "Resilience Processes in Development", *Springer US*, 2005.

Yu, X. N., "Factor structure and psychometric properties of the Connor-Davidson Resilience Scale among Chinese adolescents", *Comprehensive Psychiatry*, Vol. 52, No. 2, 2011.

Zimmerman, M. A., Ramírezvalles, J. and Maton, K. I., "Resilience among urban African American male adolescents: a study of the protective effects of sociopolitical control on their mental health", *American Journal of Community Psychology*, Vol. 27, No. 6, 1999.

Zobel, C. W. and Khansa, L., "Characterizing multi-event disaster resilience", *Computers & Operations Research*, Vol. 42, No. 2, 2014.

后　记

　　当一件事情要告一段落的时候，忙碌的大脑才能从一个个的抽象逻辑中抽出，检视自我这一阶段的变化，因此也有了写出自己博士论文后记的想法。

　　与南京大学社会学院的故事开启于 2010 年的访学，西北大学与南京大学的对口支援项目为我这样的西北地区小教师提供了进入名校接受熏陶的机会。因此，初识了南京大学，了解了南京大学的学校和学生，结识了我最亲爱的彭华民教授，也孕育了我的博士生涯。

　　刚刚通过入学考试的时候，对自我的不信任促使我给老师提出了一个非常突兀的问题："我的博士论文要做什么？"这个每个人几乎都在进行自我探索的问题，我却抛给了彭老师，她在几天之后的西安之行时给了我答案：抗逆力。后来的论文过程中我才深切体会到，这是一个专门为我量身定做的课题，我的心理学背景在这样的课题中能够使我更为迅速地进入问题探索与研究之中。然而当时的我从未听说过这一名词（因为学科差异，不同学科的研究者在翻译中使用了不同的名称，如心理弹性、心理韧性、韧性、复原力等）。一番文献查阅之后，终于明白了抗逆力的含义，也便开始了抗逆力的各种阅读与思考。

　　如果说其他博士从二年级之后才开始思考博士论文的选题，那么我的思考则是从入学之前开始，因此也有了更多的时间将自己的关注点放在抗逆力的各个方面。文献的阅读让我将清了抗逆力本身的社会意涵：弱势群体的关注是其核心所在。虽说目前研究中对于家庭、组织等不同层面的抗逆力都有了相应的考虑，但是抗逆力其核心任务仍在各类弱势群体的关怀中被提出和应用。而这个受到西方积极心理学思潮影响的新兴概念虽说内涵众多、假设纷纭，但终究无法脱离对不同危机情境适应的这一美好向往。优势视角对问题视角的替换给予了人们更多积极的期待，也由于人本身的复杂性而呈现出研究结果的各种纷呈态势。

布朗芬布鲁纳的生态系统论视角为这样纷呈杂乱的研究结果提供了新的解释框架：人是个社会人，人的本质就是各种社会关系的总和，那么对人的理解当然需要在各种社会关系中进行。因此在对抗逆力的理解中仍旧需要系统论的解释框架，也因此使得我在之后的论文研究中将个体的处遇放在了重要的地位。但是生态系统论的视角仍旧存在一个漏洞：依据发展心理学的观点，人是发展变化的，在每个特定的发展阶段其发展任务不同，个体所面对的生存压力及核心任务自然也存在差异，那么这个发展心理学的核心观点同样需要在抗逆力研究中给予重视，否则研究结果的难以对话也便是自然而然的了。在这一系列的思考和讨论之后，研究框架逐渐变得清晰，布朗芬布鲁纳的生态系统划分中，将个体的生态系统分为微系统、中系统、外系统和宏系统的观点自然有其道理，但生命周期论的关注同样需要在对象选择中加以注意，必定2岁幼儿面对的生态危机与10岁儿童存在明显的不同。

如果说论文的撰写源自理性思维的分析，那么研究对象的选择一定离不开对社会中他者存在的情感爆发。毕节的留守儿童自然是备受瞩目的，而社会发展的历史车轮在落后农村留下的儿童岂止只有毕节？我生活的陕西秦巴山区因为穷山恶水的地理环境已经造就了儿童留守的必然。他们的面临的境况究竟如何？他们的需求究竟表现为怎样？这些需求究竟要由谁来满足？满足结果又怎样？从历时性的视角，他们的留守究竟给他们带来了怎样的遭遇？他们的人生会如何发展？如果说悲天悯人的心理源自自己心理学科的熏陶，那么对留守儿童的关注却基于社会学的想象力。带着这一系列的疑问，论文的研究调查对象在脑海中逐步清晰，也成为自己几年来最为关注的一个话题。

　　调查的地点自然选择在秦巴山区，当第一次驱车 300 余公里来到安康的平利县成时，留守儿童的生存状态不再是阅读中的想象和建构，他们就活生生出现在我的面前。他们一个个稚气的脸上完全没有对我这个陌生人的恐惧或怀疑，而是能够被走近的接纳。他们身边的成年人很多，但都是一个个的他者，包括我自己在内，然而我的心理咨询的工作经历让我很快能够理解他们的需求，满足他们对一个陌生他者的好奇。关系的建立非常顺利，但幼年的儿童对自己的需求、目标等形而上的期待究竟思考多少？结果却让我大失所望。他们很少有这样的思考，周围同伴的类似生活经历并没有让他们意识到父母缺失的遗憾，而是一种理所当然：大家都这样。

　　适应的力量就是如此的强大！他们没有认为自己是被忽视的，只是有一些小小的不方便；他们没有因此而愤怒，只是想着父母离开自己是为了家；他们更不需要为了维护自己的权利而奋起抗争，这一切都发生得如此自然和应该。显然，他们内在的感受与学者们的猜测是如此不同，也正因为此，他们的生活仍然可以有阳光、笑容和幸福。抗逆力就是如此强大。然而这样的乐观并不敢来得太早，毕竟按照生物进化的观点，儿童成长中的父母是不应缺席的，那么父母的缺席究竟意味着什么？

　　面对这样的困境，我开始了新一轮的文献查阅，并将视角扩展到了儿童的父母、老师、抚养人等。果然，不同的视角中建构出来的社会现象是如此不同：父母认为定期的电话联系就是爱，经济上的支持、学业辅导的帮助、偶尔的电话谈心等就是他们能做到几乎所有，"孩子嘛，很简单的"，他们"没有那么复杂的想法"。而老师却有着完全不同的看法，"其实他内心很孤独，他需要大人看见他、关注他""他不坏，就是想让我注意到他""他不好意思跟我说，再说他们这么大的孩子，复杂情感是很难表达出来的"。抚养人表现得非常尽职尽责却无奈，"毕竟是人家的孩子，你不能打太狠"，孩子不爱读书了"我让跟他爸妈说，他爸妈也说服不了，我怎么能行？"……

　　看似一切风平浪静的和谐背后仍有各自的苦不堪言，替代父母的养育者能够替代的是衣食无忧的生活，他们无法做到全然接纳的养育、无条件的支持，更无法关注到儿童工具性满足背后的情感需求。奶奶抱大的小孙子能够从祖辈中获取生物性的需要，却无法得到来自父母的养育责任下的关爱与社会化成长，当他知道了父母的存在却不能得到父母的守护时，潜意识中被抛弃的情感就会迫使他们习得安全感的自我满足，满足的方式或许是压抑，也可能是问题行为，然而问题行为是他者能够看到的，虽说不知道内在的产生机理如何，但仍旧知道问题是存在的。压抑的个体往往是被忽略的，因为他们采用了内部攻击的方式让他者以为问题只在于孩子自己，跟他人无关，甚至粗心的父母认为问题是不存在的，孩子一切表现很好，又乖又懂事，从不缠人。

　　每个人的生命故事都是那么丰富多彩，他们用自己的力量塑造着自我人生的奇迹，或坎坷、或无奈、或乐观、或孤独。在每个人生命故事的阅读中建构自己的论文逻辑，期初满怀热忱的服务意愿在这些生命故事的演绎中显得有些滑稽。看到了他们各自的生命力量，而每个力量背后总有些不能尽人意之处，这不正是生命的意义么？别再说遭遇亲子分离的他们，我们这些"他者"不也如此么？能够做到的只有尊重生命，尊重他们各自的力量。

　　光阴似箭，在我此生最为骄傲的南京大学求学历程几近结束，而我似乎还没有尽情享受南大给我的支持与包容。离别总是有些伤感的，看着一年年新的学生进入南大、进入师门，只能感慨年年岁岁花相似，岁岁年年人不同。

　　感谢我最亲爱的导师彭华民教授，在我对自己的未来犹豫不决中为我指明了前进的方向。因此我得以顺利考入老师师门，能有机会获得老师的耳提面命、悉心教导。也在老师五年来的潜心指导和鼓励中，我从一个基础差、专业偏的头疼学生成长为如今开始拥有一些学术自信的自己。头发虽白，内心欣喜，老师给了我们学术自信、道路自信的底气，也给了我们彭门大家庭的温暖。最初有些惧怕的老师在我们的家庭中却无限慈祥，没有了最初担心的严厉，只有鼓励、鼓励，还是鼓励。每次跟老师的讨论总能让我有所收获，或格式上的规范，或思路的提炼，一些之前从未有过的新的东西，有时细小，有时重要，让我的专业技能在摸索训练中得以快速提升。

　　感谢三年来给予我指导的周晓虹老师、风笑天老师、刘林平老师、翟学伟老师、张鸿雁老师在课堂讨论中给予我的教诲，感谢闵学勤老师、吴愈晓老师、郑震老师给予我方法上的指导，感谢贺晓星老师一直以来对我的鼓励与帮助。感谢师门臧其胜、胡彬彬、高丽茹、姚进忠、秦永超、冯元、刘玉兰在专业学习上对我的帮助，感谢我的同班同学三年来对我生活上的照顾。

　　感谢父母的养育与支持，教会了我努力进取的决心，感谢爱人和女儿的照顾，让我有充分的时间和精力完成学业，感谢我的同事们，是你们给了我前进的动力。

同雪莉

2017 年 9 月于西安